Quick Guide

Quick Guides liefern schnell erschließbares, kompaktes und umsetzungsorientiertes Wissen. Leser erhalten mit den Quick Guides verlässliche Fachinformationen, um mitreden, fundiert entscheiden und direkt handeln zu können.

Weitere Bände in dieser Reihe: http://www.springer.com/series/15709

Christian W. Eggers

Quick Guide Bildrechte

Rechtssichere Bildnutzung für Unternehmen, Vereine, Behörden, Journalisten und Fotografen – inklusive DSGVO

2., vollständig überarbeitete Auflage

Springer Gabler

Christian W. Eggers
Nordbild GmbH
Kiel, Deutschland

Quick Guide
ISBN 978-3-658-26016-3 ISBN 978-3-658-26017-0 (eBook)
https://doi.org/10.1007/978-3-658-26017-0

Die Deutsche Nationalbibliothek verzeichnet diese Publikation in der Deutschen Nationalbibliografie; detaillierte bibliografische Daten sind im Internet über http://dnb.d-nb.de abrufbar.

Springer Gabler

Springer Gabler ist ein Imprint der eingetragenen Gesellschaft Springer Fachmedien Wiesbaden GmbH und ist ein Teil von Springer Nature.
Die Anschrift der Gesellschaft ist: Abraham-Lincoln-Str. 46, 65189 Wiesbaden, Germany

Ihr Bonus als Käufer dieses Buches

Als Käufer dieses Buches können Sie kostenlos unsere Flashcard-App „SN Flashcards" mit Fragen zur Wissensüberprüfung und zum Lernen von Buchinhalten nutzen. Für die Nutzung folgen Sie bitte den folgenden Anweisungen:

1. Gehen Sie auf **https://flashcards.springernature.com/login**
2. Erstellen Sie ein Benutzerkonto, indem Sie Ihre Mailadresse angeben, ein Passwort vergeben und den Coupon-Code einfügen.

Ihr persönlicher „SN Flashcards"-App Code CBAEE-B5B61-939CF-E1B3B-72BFB

Sollte der Code fehlen oder nicht funktionieren, senden Sie uns bitte eine E-Mail mit dem Betreff **„SN Flashcards"** und dem Buchtitel an **customerservice@springernature.com.**

Vorwort

Die Neuauflage dieses Buches ist motiviert durch das kontinuierliche Interesse an den rechtlichen Fragen zur Fotografie sowie der Geltung der Datenschutzgrundverordnung (DSGVO). Der Schwerpunkt der Aktualisierungen zur zweiten Auflage liegt auf Lösungen zur datenschutzkonformen Verwendung von Fotos, Videos und Grafiken für das Marketing und in der Öffentlichkeitsarbeit von Unternehmen, Vereinen und öffentlichen Einrichtungen. Weiter sind Gesetzesänderungen und neue Rechtsprechungen zum Bildrecht eingearbeitet.

Mit dem Einzug der Regelungen der Datenschutzgrundverordnung in die Öffentlichkeitsarbeit ergeben sich zahlreiche Rechtsunsicherheiten zur Umsetzung der Regelungen in die Praxis. Anders als in der ersten Auflage dieses Buches konnte nicht auf höchstrichterliche Entscheidungen zur „Untermauerung" einer Praxis zurückgegriffen werden. Denn zahlreiche Grundsätze, die in jahrzehntelanger Rechtsprechung zum „Fotorecht" als gefestigt galten, sind unter der Anwendung der DSGVO nicht mehr uneingeschränkt haltbar.

Während des Schreibens der Abschnitte zur Personenfotografie und dem Veröffentlichen von Personenfotos ist mir nochmals deutlich geworden, dass zwar im Bereich der Personenfotografie vieles weiterhin möglich ist, jedoch ein die Praxis hemmendes Spannungsfeld zwischen der verfassungsrechtlich garantierten Meinungsfreiheit und den hürdenreichen Vorschriften zur Einhaltung datenschutzrechtlicher Pflichten in der Öffentlichkeitsarbeit besteht. Ein weiterer, neuer Abschnitt dieses Buches befasst sich mit der Öffentlichkeitsarbeit der Behörden und „sonstigen öffentlichen Stellen“, die Art, Umfang und Reichweite ihrer personenbezogenen Öffentlichkeitsarbeit auf Websites und insbesondere in sozialen Netzwerken nunmehr unter dem Erfordernis der Verhältnismäßigkeit staatlichen Handelns auf den Prüfstand stellen müssen.

Mit diesem Quick Guide soll vorrangig dem Bedürfnis entsprochen werden, die Fragen der täglichen Praxis zu beantworten. Die vorgeschlagenen praktischen Lösungen zur Personenfotografie in der Öffentlichkeitsarbeit und im Marketing entspringen in einigen Punkten meinem Verständnis zur Anwendung der DSGVO im Bereich der Personenfotografie. Daher bitte ich Sie, liebe Leserinnen und Leser, um Nachsicht, wenn ausnahmsweise in einem Ratgeberbuch nach kurzer Argumentation ein Lösungsvorschlag mit den Worten „nach hier vertretener Ansicht“ eingeleitet wird.

Eine unschätzbar wertvolle Quelle zu den Problemen „Neuland DSGVO und Fotorecht“ waren und sind die zahlreichen Diskussionen zwischen einzelnen Vertretern der Datenschutzbehörden und Juristinnen und Juristen im sozialen Netzwerk Twitter.

Herrn Johannes Nehlsen danke ich für seine kritische Durchsicht des Abschnittes „Menschen fotografieren“ sowie der Grafiken zum Thema Personenfotografie in diesem Buch.

Für die entgegenkommende und freundliche verlagsmäßige Betreuung danke ich Herrn Rolf-Günther Hobbeling.

Kiel, Deutschland, im März 2019 Christian W. Eggers

Online-Service zum Buch

Fortlaufende Informationen zur aktuellen Rechtsprechung zum Bildrecht finden Sie unter https://nordbild.com/aktuelle-Rechtsprechung/

Inhaltsverzeichnis

Über den Autor

Christian W. Eggers ist zertifizierte Fachkraft für Datenschutz, Dozent für Bildrechte und Geschäftsführer der Nordbild GmbH. Mit seinen Erfahrungen als Pressefotograf, als Bildredakteur und als Geschäftsführer einer Foto- und Grafikagentur kennt Christian Eggers beide Seiten des Bildrechtemanagements: die des Bildproduzenten und die des Bildnutzers. Aus seiner langjährigen Seminartätigkeit zur Schulung von Unternehmen und Behörden zum Thema Bildrechte und Datenschutz kennt er die Fragestellung aus der Marketing-Praxis, der Öffentlichkeitsarbeit sowie dem Fotografie- und Video-Bereich.

Abbildungsverzeichnis

1

Bildrecht sehen lernen

Was Sie aus diesem Kapitel mitnehmen

Dieses Kapitel vermittelt eine Methode zur ersten Orientierung bei der Prüfung der Bildrechte. Es geht um die gedankliche Trennung zwischen der urheberrechtlichen Berechtigung, ein fremdes Werk nutzen zu dürfen und der Berechtigung Motive, also bestimmte Bildinhalte, wiedergeben zu dürfen. Beide Berechtigungen müssen am konkreten Einzelfall im Veröffentlichungszusammenhang des Bildes geprüft werden.

- Sie lernen, wie Sie mit zwei grundlegenden Fragen den Überblick im Bildrecht behalten.
- Sie können damit erkennen, welche Berechtigungen Sie prüfen und eventuell einholen müssen.

Ein Bild kann unter unterschiedlichen Gesichtspunkten betrachtet werden. Den Layouter interessieren Gestaltung und Formate. Der Redaktion geht es zunächst um das inhaltlich „passende" Bild und die Druckerei legt ihr Augenmerk auf die technische Reproduzierbarkeit des Bildes. Im Verlauf einer Produktion taucht – zumeist in der Bildredaktion – die Frage auf „Dürfen wir das Bild veröffentlichen?" Zur Beantwortung dieser Frage bedarf es eines „rechtlichen Blicks", der schnell erlernbar ist.

C. W. Eggers, *Quick Guide Bildrechte*, Quick Guide,
https://doi.org/10.1007/978-3-658-26017-0_1

1.1 Wie Sie mit zwei Fragen Ihre Berechtigungen prüfen

Der rechtliche Blick auf ein Bild konzentriert sich immer auf zwei Fragen, die vor einer konkreten Veröffentlichung des ausgesuchten Bildes gestellt werden müssen:

- Bin ich berechtigt, das Werk eines Urhebers in der geplanten Verwendung zu nutzen?
- Darf ich das Motiv in der geplanten Veröffentlichung anderen Menschen zeigen?

Die Abb. 1.1 verdeutlicht das Prinzip: Dasselbe Bild muss auf zwei Berechtigungen gleichzeitig überprüft werden. Fragestellungen: „Darf das Werk als solches, ungeachtet seines Inhalts, genutzt werden?“ und

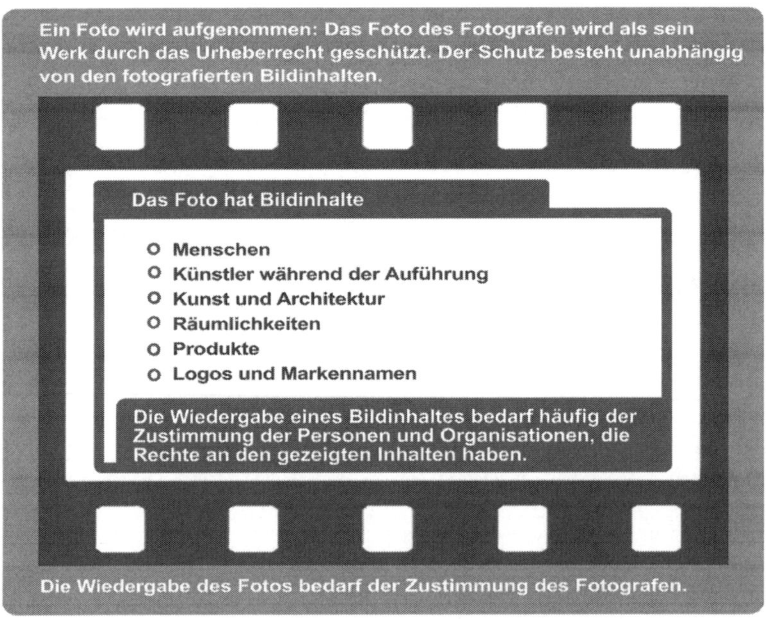

Abb. 1.1 Dasselbe Bild muss auf zwei Berechtigungen gleichzeitig überprüft werden

„Darf das Thema des Werkes ohne Zustimmungen der Rechteinhaber an den gezeigten Inhalten genutzt werden?"

1.2 Beispiel zu den Fragestellungen

Fotograf A erhält den Auftrag, für das Unternehmen B eine Mitarbeiterin für die Team-Vorstellung auf der Website des Unternehmens zu fotografieren. Unternehmen B veröffentlicht das Foto auf der Seite „Unser Team" und in einem Facebook-Posting zur Vorstellung der neuen Mitarbeiterin.

Die erste Frage zielt auf die Urheberrechte des Fotografen ab: Hat Unternehmen B die Nutzungsberechtigungen von Fotograf A zur Veröffentlichung seines Fotos auf der Unternehmens-Website und auf Facebook eingeräumt bekommen?

Die zweite Frage zu Ihren Berechtigungen muss lauten: Hat das Unternehmen B das Recht, die Mitarbeiterin im Bild auf der Unternehmens-Website und auf Facebook zu veröffentlichen?

Unternehmen B benötigt also zwei unterschiedliche Berechtigungen für die Veröffentlichung dieses Fotos. Denn die Persönlichkeitsrechte der Mitarbeiterin sind durch die Datenschutzgrundverordnung (DSGVO) geschützt und das Foto des Fotografen ist durch das Urheberrecht vor unbefugter Nutzung geschützt. Die Mitarbeiterin sowie auch der Fotograf müssen den geplanten Veröffentlichungen zugestimmt haben oder es ergibt sich ausnahmsweise eine gesetzliche Erlaubnis zur rechtskonformen Nutzung des Fotos.

1.3 Der konkrete Kontext der Veröffentlichung

Wahrscheinlich kennen Sie die Frage von Ihren Kollegen: „Darf ich das Bild veröffentlichen?" Wie Sie jetzt in den beiden vorangegangenen Abschnitten erfahren haben, denken Sie zunächst in zwei Richtungen:

- Bin ich berechtigt das Bild selbst zu nutzen?
- Darf ich den Bildinhalt, also das Motiv, anderen Menschen zeigen?

Wenn Sie jetzt zusätzlich in die Fragestellungen einbeziehen, in welchem Zusammenhang, also mit welcher Bestimmung und in welchem Umfeld das Bild genutzt werden soll, können Sie auch beurteilen, ob die geplante konkrete Veröffentlichung problematisch oder unproblematisch ist.

1.3.1 Veröffentlichungskontext und die Nutzungsrechte

Urheberrechtlich spielt die Art der Verwendung eine besondere Rolle. Beispielsweise ist zu unterscheiden, ob Sie Nutzungsrechte für Internetveröffentlichungen oder nur für Druck-Erzeugnisse erworben haben. Auch kann bei der Einräumung von Nutzungsrechten unterschieden werden, ob das Bild für Anzeigen oder allein für einen redaktionellen Blogbeitrag genutzt werden darf. Sie können die Frage zu Ihren urheberrechtlichen Befugnissen in der Regel nur dann beantworten, wenn Sie die Umstände der Nutzung des Bildes kennen und Ihre erworbenen Nutzungsrechte an der konkreten Verwendung überprüfen.

1.3.2 Veröffentlichungskontext und die Motivnutzung

Rechtlich vielschichtig ist die Frage zu Ihren Berechtigungen den Bildinhalt, also das Bildthema, zeigen zu dürfen. Denn Fotos zeigen Personen, Kunst, Produkte, Marken und Namen. Je nach Bildinhalt ist eine Vielzahl von Rechten der abgebildeten Personen, der Künstler, der Unternehmen und Namensträger aus unterschiedlichen Rechtsgebieten zu berücksichtigen.

Die Fragestellungen zum Veröffentlichungszusammenhang lauten: „In welchem Umfeld und mit welchen Informationen versehen wird der Bildinhalt gezeigt? Zu welchem Zweck werden einzelne Bildinhalte in Beziehung gesetzt? Sind Sie dazu berechtigt, einen Bildinhalt in den geplanten Zusammenhängen wiederzugeben?“

Beispiele zum Veröffentlichungszusammenhang der Motivnutzung

- Beispiel 1: Sie haben Fotos von Personen auf einem Unternehmensevent angefertigt. Zur Berichterstattung haben Sie auch die Einwilligungen der Personen in die Veröffentlichung ihres Bildes eingeholt. Nun planen Sie einen Flyer zur Bewerbung einer weiteren Veranstaltung mit den vorliegenden Fotos. Da aber die Einwilligungen in die Veröffentlichungen nicht zur Werbung, sondern nur zur Berichterstattung erteilt wurden, können Sie die Fotos in dem neuen Zusammenhang nicht veröffentlichen. Es sei denn, Sie holen für den geplanten Veröffentlichungszweck wiederum Einwilligungen der gezeigten Personen ein.
- Beispiel 2: Ihr Unternehmen vertreibt Tischdekorationen. Ihr Produktfoto zeigt ein künstlerisch gestaltetes Service einer berühmten Porzellanmanufaktur als dekorativen Blickfang neben einem Ihrer Produkte. Ihre Frage muss nun lauten: „Darf ich den Bildinhalt, das fremde Service, im Zusammenhang mit der Bewerbung meiner Produkte zeigen?" Da das neben Ihren Produkten gezeigte fremde Produkt urheberrechtlich geschützt ist, benötigen Sie zum Abfotografieren und zur Veröffentlichung grundsätzlich die Einwilligung der Rechteinhaber.
- Beispiel 3: Würde ein Foto des urheberrechtlich geschützten Geschirrservice aus dem beschriebenen Beispiel nun im Zusammenhang mit einer Berichterstattung über Tagesereignisse gezeigt werden, etwa weil das Service für besondere Gestaltung einen Preis bekommen hat, dürfte es in dem Artikel über die Auszeichnung ohne Einwilligung der Rechteinhaber gezeigt werden. Das Urheberrecht macht hierfür eine Ausnahme zugunsten der Pressefreiheit.

1.3.3 Veröffentlichungskontext und die veröffentlichende Organisation

Bildrechte müssen auch im Licht der Funktion der veröffentlichenden Organisation betrachtet werden. So ist der rechtliche „Spielraum" eines Presseverlages ein anderer, als der einer Pressestelle einer staatlichen Universität. Veröffentlicht ein privatrechtlich organisiertes gewerbliches Unternehmen Fotos, sind diese auch unter wettbewerbsrechtlichen Gesichtspunkten zu beurteilen.

Die Presseabteilung einer öffentlichen Stelle bewegt sich mit personifizierter Berichterstattung so beispielsweise auf einem viel schmaleren Grat als ein Unternehmen mit einer Kundenzeitschrift, die in einen eigenständigen Verlag ausgegliedert ist. Eröffnen Kommunikationsrechte der Unternehmen und Vereine Spielräume der Meinungsfreiheit, sind mit der Verwendung von Fotos in werblichen Zusammenhängen die Kriterien des gewerblichen Rechtsschutzes von Bedeutung, die die Verwendungsmöglichkeiten einschränken. Auf diese Rahmenbedingungen wird in den einzelnen Abschnitten der folgenden Kapitel eingegangen.

Ihr Transfer in die Praxis

Wenn Sie unsicher sind, ob Sie ein Foto veröffentlichen dürfen, schauen Sie immer in diese zwei Richtungen: Geht es um Ihre urheberrechtliche Berechtigung, ein fremdes Foto nutzen zu dürfen oder geht es um Ihr Recht, das Bildthema wiedergeben zu dürfen? Im nächsten Schritt stellen Sie sich die Frage, ob Sie das Foto in dem konkret geplanten Zusammenhang der Veröffentlichung verwenden dürfen. Wie Sie Ihre Berechtigungen prüfen, erfahren Sie in den nachfolgenden Kapiteln dieses Buches.

2

Bildrechte in Marketing und PR in der Übersicht

Was Sie aus diesem Kapitel mitnehmen

Bildrecht besteht aus einer Vielzahl von unterschiedlichen Normen aus unterschiedlichen Rechtsgebieten. Immer wenn etwas mit einem Bild „gemacht" wird, können Ihre Handlungen zahlreiche unterschiedliche Rechtssphären berühren. In der Praxis ist es daher sinnvoll, die Prüfung der Bildrechte an die Handlungen der Produktionsschritte in Marketing und PR zu koppeln.

Sie erhalten nach Tätigkeiten geordnet einen Überblick über Ihre Rechte und Pflichten in den Handlungsabschnitten der Bildproduktion. Aufgeteilt in die Abschnitte „Fotografieren, Editieren, Publizieren" können Sie erkennen, welche Rechtsgebiete und Gesetze Ihre konkreten Handlungen berühren.

Eine Vielzahl von Rechtsnormen aus unterschiedlichen Rechtsgebieten sind bei der Arbeit mit Fotos, Grafiken und Filmen zu beachten. Auch wenn hier viel von Fotos gesprochen wird: Unter Bildern sind auch Filme und Grafiken zu verstehen. Sie sind rechtlich nicht anders zu behandeln als Fotos.

C. W. Eggers, *Quick Guide Bildrechte*, Quick Guide,
https://doi.org/10.1007/978-3-658-26017-0_2

Das Bildrecht als eine sogenannte Querschnittsmaterie des Rechts ist geprägt durch aktuelle technische Entwicklungen und die Rechtsprechung. Die ineinandergreifenden Normen, die von der Anfertigung bis zur Veröffentlichung von Bildern zu beachten sind, bilden die Rechtsmaterie Bildrecht.

Bei der praktischen Arbeit, sozusagen im Eifer des Gefechts, ist es nicht immer einfach zu erkennen, auf welche Weise wessen Rechte bei der Arbeit mit Bildern berührt werden und welche Pflichten und Berechtigungen zu beachten sind. Wie in Kap. 1 dargelegt, hilft bei der Orientierung die gedankliche Trennung zwischen Ihrer urheberrechtlichen Berechtigung, das Bild selbst nutzen zu dürfen, und Ihrer Berechtigung, die Bildinhalte, das Thema des Bildes, wiedergeben zu dürfen.

Die Handlungen der Bildproduktion in Marketing und Öffentlichkeitsarbeit

Die Abb. 2.1 zeigt die Handlungen, die im Marketing und der Öffentlichkeitsarbeit die Bildproduktion bestimmen. Die einzelnen Tätigkeiten gliedern sich in die drei Produktionsabschnitte: Dem Fotografieren, dem Editieren und dem Publizieren.

Den einzelnen Tätigkeiten sind in den nachfolgenden Kapiteln die wichtigsten Rechtsgebiete und Gesetze zugeordnet, die im Arbeitsablauf einer Produktion berührt werden können.

Die Abb. 2.1 zeigt die drei Handlungsabschnitte mit ihren einzelnen Tätigkeiten einer Bildproduktion bis zur Veröffentlichung. Fotografieren (Kap. 3), Editieren (Kap. 4 und 5) und Publizieren (Kap. 6) bilden die drei Produktionsabschnitte mit ihren Handlungen, denen die zu beachtenden Gesetze und Rechtsprechungen zugeordnet sind.

Bei den einzelnen Tätigkeiten in den Produktionsschritten ist, wie in Kap. 1 dargestellt, zu unterscheiden zwischen Regelungen, die die Aufnahme und die Wiedergabe der Bildinhalte betreffen und den urheberrechtlichen Regelungen, welche die Nutzung des Bildes als fremdes Werk betreffen.

Die Abb. 2.1 vermittelt eine Orientierung über die Bereiche des Bildrechts. Sie kann auch als Wegweiser bei der Rechteklärung in der praktischen Arbeit dienen.

Abb. 2.1 Die drei Handlungsebenen der Rechteprüfung

Die nachfolgenden Kapitel dieses Buches nehmen auf die in der Abb. 2.1 genannten Handlungen mit ihren Rechten und Pflichten bei der Bildproduktion vertiefend Bezug. Sie können jetzt kritische Stellen Ihres Handelns in den einzelnen Produktionsschritten auffinden und rechtlich einordnen.

Ihr Transfer in die Praxis

- Welche der in Abb. 2.1 genannten Handlungen üben Sie aus?
- Bei welchen Handlungen haben Sie schon einmal rechtliche Schwierigkeiten überwinden müssen?

3 Rechteklärung im Produktionsabschnitt Fotografieren

Was Sie aus diesem Kapitel mitnehmen

Sie erfahren, wessen Rechte und welche Pflichten Sie schon im ersten Schritt einer Fotoproduktion, dem Fotografieren, einhalten sollten. Für die Rechteklärung ist das von Bedeutung, da ein unrechtmäßig aufgenommenes Foto nur schwer rechtmäßig veröffentlicht werden kann und das Unrecht unter Umständen damit noch zusätzlich vertieft wird. Schwerpunkt dieses Kapitels ist die mit Geltung der Datenschutzgrundverordnung (DSGVO) erforderliche Prüfung und Anwendung der gesetzlichen Erlaubnisse zur Personenfotografie.

3.1 Menschen fotografieren

Unbestritten sind Personenfotos auch personenbezogene Daten. Bisher bestand weitgehende Einigkeit darüber, dass die Rechte fotografierter Personen nach den Grundsätzen zum allgemeinen Persönlichkeitsrecht (APR) beim Anfertigen von Fotos sowie beim Veröffentlichen nach den speziellen Regelungen des Kunsturheberrechtsgesetzes (KUG) „Recht am Bild" ausreichend geschützt sind.

C. W. Eggers, *Quick Guide Bildrechte*, Quick Guide,
https://doi.org/10.1007/978-3-658-26017-0_3

Mit Geltung der Datenschutzgrundverordnung (DSGVO) ab dem 25. Mai 2018 wird darüber gestritten, ob und inwieweit die Personenfotografie durch die DSGVO abschließend geregelt ist. Weitgehend Einigkeit besteht darüber, dass die Verarbeitung von Personenfotos zu journalistischen Zwecken durch Unternehmen der Presse und durch deren (freien) Mitarbeiter auf Grund des Medienprivilegs nicht unter die Regelungen der DSGVO fällt.

Aus der bisherigen Rechtsprechung, den Diskussionen in der Fachliteratur sowie den juristischen Kommentierungen zur DSGVO ergab sich bis zum Redaktionsschluss dieses Kapitels[1] kein einheitliches Meinungsbild zur Anwendbarkeit der DSGVO auf die Personenfotografie im Rahmen der Öffentlichkeitsarbeit und dem Marketing von Unternehmen, Vereinen und öffentlichen Einrichtungen.

Doch selbst wenn der Anwendungsbereich des KUG unverändert, so wie vor dem 25. Mai 2018, fortgelten sollte, ist dieser nach dem Wortlaut des KUG allein auf das Veröffentlichen von Personenfotos beschränkt. Das eigentliche Anfertigen der digitalen Fotos wird mit Existenz der DSGVO und ihrem Anwendungsvorrang gegenüber nationalen Regelungen nicht mehr so wie bisher nach den milderen Grundsätzen der Rechtsprechung zum allgemeinen Persönlichkeitsrecht, welches hier nicht durch ein besonderes Gesetz geregelt ist, behandelt werden können.[2]

Ebenso wie die Anfertigung unterliegen mit derzeitiger Rechtslage selbst bei einem uneingeschränkten Fortbestand des KUG die Verarbeitungsschritte Bearbeiten, Speichern und Archivieren dem „Erlaubnisvorbehalt“ der DSGVO. Da schon am Beginn einer Fotoproduktion, bei der Datenerhebung, die datenschutzrechtlichen Voraussetzungen und Pflichten entsprechend DSGVO eingehalten werden müssen, sind die „milderen“ Regelungen des KUG zu den Bildveröffentlichungen kaum eine Erleichterung für die Praxis.

---

[1] 1. März 2019.

[2] Der bloße technische Vorgang des Fotografierens von Personen, der Druck auf den Auslöser einer Kamera, war auch schon vor der Geltung der DSGVO rechtlich nicht unerheblich. Bereits 2008 hat die Rechtsprechung das Gefährdungspotential digitaler Fotografie als Argument für den Schutz des Betroffenen schon bei der bloßen Anfertigung der Fotos angeführt. Vgl. BVerfG, Beschluss v. 26. Februar 2008, Az. 1 BvR 1602/07.

Ihr Transfer in die Praxis – Welchen Regeln ist zu folgen?
Bis zur vollständigen Klärung der Anwendbarkeit des KUG gegenüber der DSGVO, entweder durch die nationale Gesetzgebung oder mit Urteil des EuGH, ist es ratsam den jeweils strengeren Regeln zu folgen und bei der Anfertigung und Nutzung von Personenfotos die Voraussetzungen der DSGVO einzuhalten.

Die inzwischen zahlreichen Stellungnahmen der für die Sanktionierung von Datenschutzverstößen zuständigen Aufsichtsbehörden legen die Anwendbarkeit der DSGVO für die Produktion und Nutzung von Personenfotos zu Grunde. Danach ist die DSGVO bei der Arbeit mit Personenfotos zum Zwecke der Öffentlichkeitsarbeit und des Marketings der Unternehmen, der Vereine und der Behörden bzw. öffentlichen Einrichtungen in allen Produktionsebenen (Anfertigungen, Bearbeiten, Veröffentlichen, Archivieren und Löschen) einzuhalten.

Zu bedenken ist, dass bei einer verbindlichen Klärung zugunsten der Anwendbarkeit der DSGVO, Ihre Personenfotos, die Sie nach dem 25. Mai 2018 angefertigt haben, nur dann weiter nutzbar sind, wenn diese Fotos auch entsprechend der Regelungen der DSGVO angefertigt und genutzt wurden.

3.1.1 Wo es so bleibt, wie es war – Anwendbarkeit des KUG

Nachfolgende Aufzählungen zeigen Ihnen, in welchen Bereichen sich auch nach Geltung der DSGVO keine Veränderungen für das Bildrecht ergeben. Der Rahmen des allgemeinen Persönlichkeitsrechts (Anfertigen der Fotos) und des Kunsturhebergesetzes (Veröffentlichen der Fotos) gilt für

- Personenfotos der Unternehmen der Presse sowie der für sie tätigen Journalisten, soweit diese Fotos journalistischen Zwecken dienen („Medienprivileg").
- Personenfotos im Rahmen der Berichterstattung durch die Unternehmenspresse, sofern diese über eine autonome Redaktion verfügt, organisatorisch und rechtlich (z. B. als eigener Verlag) eigenständig ist und periodische Werke erstellt.

- Fotos verstorbener Personen sind nicht Gegenstand des Datenschutzes. Diese Fotos sind wie bisher nach den Maßstäben des KUG zu beurteilen.
- Personenfotos, die ausschließlich für persönliche oder familiäre Zwecke angefertigt und genutzt werden. „Haushaltsausnahme" Art. 2 Abs. 2 Buchst. c DSGVO.
- Das KUG schützt weiter den Vermögenswert der eigenen Abbildung, so z. B. als Teil der Anspruchsgrundlage eines Fotomodels zur Geltendmachung des Lizenzschadens bei unberechtigter Nutzung des Abbildes.
- Die Rechtsprechung zum KUG (Fallgruppen des berechtigten Interesses des Fotografierten) wird im Rahmen einer Interessenabwägung zwischen den Verantwortlichen und den Betroffenen entsprechend Art. 6 Abs. 1 Buchst. f DSGVO (bei Unternehmen) und Art. 6 Abs. 1 Buchst. e DSGVO (bei öffentlichen Einrichtungen) herangezogen.

Datenschutz und private Fotos

Nicht anwendbar ist die DSGVO auf Fotos, die durch natürliche Personen „zur Ausübung ausschließlich persönlicher oder familiärer Tätigkeiten" angefertigt und genutzt werden. Hier schützt weiterhin das KUG abgebildete Personen. Diese Ausnahme des Art. 2 Abs. 1 Buchst. c DSGVO vom Anwendungsbereich der DSGVO wird als „Haushaltsausnahme" bezeichnet.

Entscheidend für das Vorliegen der Ausnahme ist, dass dem Anfertigen und Nutzen der Personenfotos jeglicher Bezug zu einer beruflichen oder wirtschaftlichen Tätigkeit fehlt. Schon eine Vermischung von beruflichen und privaten Zwecken fällt danach nicht mehr unter die Haushaltsausnahme.[3]

Weiter ist der Verbreitungsgrad ausschlaggebend. Selbst dann, wenn die Fotos allein „zur Ausübung ausschließlich persönlicher oder familiärer Tätigkeiten" angefertigt wurden, sie keinen Bezug zu einer beruflichen oder wirtschaftlichen Tätigkeit aufweisen, liegt mit dem Veröffentlichen der Fotos an einen unbestimmten Nutzerkreis, etwa in sozialen Netzwerken, schon keine Haushaltsausnahme mehr vor und die Bilder unterliegen den Bestimmungen zum Datenschutz.[4]

---

[3] Kühling/Buchner (2018), DS-GVO BDSG, Art. 2 Rn. 26.

[4] Vgl. EuGH, Urteil v. 14. Februar 2019, Az. C-345/17.

Kann aber nur ein begrenzter Personenkreis auf die Bilddaten, etwa im Rahmen von Einzel- oder Gruppennachrichten, zugreifen, soll die Haushaltsausnahme wiederum gültig sein.[5] Der EuGH hat dennoch die Anwendbarkeit der Datenschutzgesetze für die Fälle bejaht, in denen trotz Begrenzung des Nutzerkreises die Möglichkeit besteht durch Teilen, Liken und Kommentieren des den Kreis der Betrachter des Personenfotos zu erweitern.[6] Mit Geltung der DSGVO ist jedoch fraglich, ob diese Rechtsprechung weiterhin Bestand haben wird. Denn der Erwägungsgrund 18 der DSGVO stellt klar, dass auch die Nutzung von sozialen Netzwerken unter die Haushaltsausnahme fallen kann.

3.1.2 Wo es nicht bleibt, wie es war – Anwendbarkeit der Datenschutzgesetze

Unternehmen, Freiberufler, Vereine und öffentliche Einrichtungen unterliegen mit ihren Fotoproduktionen den Datenschutzgesetzen (siehe Abschn. 1.1). Damit stellt sich für Sie in den Arbeitsschritten einer Fotoproduktion die Frage, ob eine datenschutzrechtliche Legitimation zur jeweiligen Handlung (Erlaubnis) bei der Arbeit mit Personenfotos besteht oder wie diese herzustellen ist.

Den Datenschutzgesetzen unterfallen:

- Personenfotos, die durch Unternehmen und Vereine zum Zwecke der Bewerbung von Dienstleistungen und Waren angefertigt und genutzt werden.
- Personenfotos, die durch Unternehmen und Vereine zum Zwecke der Berichterstattung über ihre Aktivitäten, zur Selbstdarstellung und Ausübung der Meinungsfreiheit im Rahmen der Presse- und Öffentlichkeitsarbeit angefertigt und verbreitet werden.
- Fotos, die auf Veranlassung der Arbeitgeber im Beschäftigtenverhältnis angefertigt und genutzt werden.

[5] Kühling/Buchner (2018), DS-GVO-BDSG, Art. 2 Rn. 25.

[6] Vgl. „Lindqvist-Urteil", EuGH, Urteil v. 6. November 2003, Az. C-101/01 und „Satamedia-Urteil", EuGH, Urteil v. 16. Dezember 2008, Az. C-73/07.

- Personenfotos, die durch Behörden oder öffentliche Einrichtungen zum Zwecke der Öffentlichkeitsarbeit (sachorientierte Informationen) angefertigt und genutzt werden, sowie Fotos, die zum Zwecke der Werbung angefertigt und genutzt werden (z. B. zum Stadtmarketing).

3.1.3 Dürfen Fotos, die vor Geltung der DSGVO angefertigt wurden, weiter genutzt werden?

Haben Sie vor dem 25. Mai 2018 Personenfotos entsprechend den Regelungen des KUG veröffentlicht, müssen diese Veröffentlichungen nach der hier vertretenen Ansicht nicht gelöscht werden. Für ab dem 25. Mai 2018 und zukünftige Veröffentlichungshandlungen sind drei Fälle zu unterscheiden:

- Personenfotos, deren Nutzung gegen Vergütung im Rahmen eines Model-Vertrages genutzt werden, sind meist unproblematisch. Denn hier ist der Nutzungsrahmen (Dauer der Nutzung, Umfang der Nutzung, Weitergabe an Dritte) meist detailliert vertraglich geregelt, so dass ein Model als „Betroffener" nachweisbar eingewilligt hat und dabei hinreichend über Zweck und Umfang der Datenverarbeitungen informiert ist.
- Personenfotos, die auf der Rechtsgrundlage einer Einwilligung nach dem KUG genutzt werden, müssen bei erneuten Verbreitungen (z. B. Hochladen auf die Website) den Erfordernissen der Einwilligung entsprechend Art. 6 Abs. 1 Bucht. a, Art. 7 DSGVO entsprechen (siehe Abschn. 3.1.7). In zahlreichen Fällen ist dieses aus der Praxis heraus nicht der Fall, so dass eine aktuelle Einwilligung entsprechend DSGVO einzuholen ist, wenn z. B. ein Archivfoto erneut veröffentlicht wird.
- Personenfotos, die nach den Ausnahmeregelungen des KUG Versammlung und Zeitgeschehen veröffentlicht wurden, stellen bei erneuter Veröffentlichung zurzeit ein rechtliches Risiko dar. Hier ist zu prüfen, ob die Voraussetzungen der Rechtsgrundlage Art. 6 Abs. 1 Buchst. f DSGVO „berechtigtes Interesse" erfüllt sind (siehe Abschn. 3.1.9) bzw. für öffentliche Stellen ein „öffentliches Interesse" gemäß Art. 6 Abs. 1 Buchst. e DSGVO (siehe Abschn. 3.1.10) vorliegt.

3.1.4 Kein Personenfoto ohne Rechtsgrundlage – Erlaubnisvorbehalt

Mit Geltung der DSGVO bestehen zur Erkennbarkeit von Personen auf Fotos strenge Maßstäbe. Sind Personen auch nur von irgendeiner anderen Person identifizierbar und sei es über die Kleidung, handelt es sich um personenbezogene Daten entsprechend Art. 4 Nr. 1 DSGVO. Die Konsequenz ist, dass Sie zur Aufnahme eine Erlaubnis entsprechend der DSGVO benötigen. Denn aus datenschutzrechtlicher Sicht stellt der Druck auf den Auslöser bei Speicherung eines Personenfotos eine Datenverarbeitung (hier „Datenerhebung") dar. Die Abb. 3.1 zeigt eine Gegenlichtaufnahme in der die Personen als nicht identifizierbar gelten dürften. Bei Internet-Veröffentlichungen sollten die Metadaten zum Aufnahmeort und zur Aufnahmezeit gelöscht werden. Dabei darf es jedoch nicht zu einem Konflikt mit dem Urheberrecht kommen. Dieses kann der Fall sein, wenn bestimmte Metadaten, wie etwa die Angaben zur Urheberschaft und Quelle, entfernt werden.[7]

Abb. 3.1 Sind Personen für niemanden erkennbar, handelt es sich nicht um personenbezogene Daten und es bedarf keiner Rechtsgrundlage entsprechend der DSGVO für die Anfertigung und Veröffentlichung

[7] OLG Köln, Urteil v. 20. Januar 2017, Az. 6 U 105/16.

Entscheidend ist, dass für jede Datenverarbeitung zunächst ausnahmslos eine gesetzliche Erlaubnis bestehen muss. Andernfalls ist der Druck auf den Auslöser, soweit Personen identifizierbar im Visier sind, rechtswidrig. Dieses Prinzip des „Erlaubnisvorbehalts" der DSGVO durchzieht den gesamten Prozess einer Fotoproduktion: Immer dann, wenn Sie mit Personenfotos arbeiten (Aufnehmen, Bearbeiten, Übermitteln, Veröffentlichen, Archivieren) liegt eine Datenverarbeitung im Sinne der DSGVO vor. Für jede Handlung einer Datenverarbeitung ist danach zu fragen, ob diese auf eine gesetzliche Grundlage entsprechend des Art. 6 DSGVO zu stützen ist. Fehlt es an einer Erlaubnis, auch Rechtsgrundlage genannt, zur Datenverarbeitung, ist sie verboten.

Wie Sie Ihre Fotoproduktionen mit der Anwendung der „richtigen" Rechtsgrundlage absichern, erfahren Sie in den nachfolgenden Abschnitten.

3.1.5 Datenschutzrechtliche Pflichten bei der Arbeit mit Personenfotos

Besteht eine Erlaubnis zur Aufnahme und Verwendung des Personenfotos entsprechend der DSGVO, ergeben sich zusätzlich zur Einhaltung der jeweiligen Verarbeitungserlaubnis weitere Pflichten zum Schutz der zu fotografierenden und abgebildeten Personen.

Ersteller und Nutzer von Personenfotos haben als „Verantwortliche" gegenüber den abzubildenden Personen gesetzliche Pflichten, ohne dass Abgebildete als „Betroffene" diese erst aktiv einfordern müssen. Hierzu gehören insbesondere die Pflichten Betroffene über Zweck und Umfang der Datenverarbeitungen aufzuklären. Dabei besteht stets die Pflicht Betroffene über ihre Rechte, wie z. B. das Recht auf Widerspruch zur Datenverarbeitung, in Kenntnis zu setzen (siehe Abschn. 3.1.15). Weiter legt die DSGVO den Verantwortlichen die Nachweispflicht der Einhaltung zur Rechtmäßigkeit der Verarbeitungen auf. Auch daraus resultieren Dokumentationspflichten. Auf den Umfang und die praktische Einhaltung der Pflichten wird im Nachfolgenden unter den Abschnitten zur Anwendung der gesetzlichen Erlaubnisse, also der jeweiligen Rechtsgrundlage zur Personenfotografie, eingegangen.

3.1.6 Überblick zu den Rechtsgrundlagen zur Arbeit mit Personenfotos

Das Aufnehmen und Nutzen von Personenfotos bedarf einer Erlaubnis entsprechend der „Erlaubnistatbestände“ (Rechtsgrundlagen) des Art. 6 DSGVO. Mit Erlaubnis ist nicht gemeint, dass diese immer als Einwilligung der betroffenen Person in die Erstellung und Nutzung des Fotos entsprechend Art. 6 Abs. 1 Buchst. a DSGVO vorliegen muss. Die Einwilligung ist nur eine von mehreren in Betracht kommenden „Erlaubnissen“ zur Arbeit mit Personenfotos zum Zwecke der Öffentlichkeitsarbeit und des Marketings. Die Abb. 3.2 vermittelt Ihnen einen schnellen Überblick zu den möglichen Rechtsgrundlagen („Erlaubnisse“) zur Arbeit mit Personenfotos.

Die Anfertigung von Personenfotos im Bereich des Marketings und der Öffentlichkeitsarbeit lassen sich auf nachfolgende Rechtsgrundlagen stützen:

- Einwilligung (Art. 6 Abs. 1 Buchst. a, Art. 7 DSGVO)
- Vertragliche Rechtsgrundlagen (Art. 6 Abs. 1 Buchst. b DSGVO) wie z. B. mit Models oder für Arbeitnehmer im Rahmen von Beschäftigtenverhältnissen
- „Berechtigte Interessen“ (Art. 6 Abs. 1 Buchst. f DSGVO) beziehungsweise „öffentliches Interesse“ für öffentliche Einrichtungen (Art. 6 Abs. 1 Buchst. e DSGVO)
- Ausübung der Meinungsfreiheit (Entwurf eines § 27a BDSG, siehe unten unter „Ausübung der Meinungsfreiheit“)

Einwilligung als Rechtsgrundlage im Überblick

Die Einwilligung der zu fotografierenden Person entsprechend Art. 6 Abs. 1 Buchst. a, Art. 7 DSGVO ist in der Praxis dann geboten, wenn die Anfertigung der Fotos nicht mit einem Model-Vertrag (siehe Abschn. 3.1.8) legitimiert werden soll und die rechtlichen Voraussetzungen der „Interessen-Rechtsgrundlagen“ die geplanten Nutzungen nicht abdecken können. Dieses ist insbesondere bei werblichen Nutzungen der Fall. Zu den Grenzen der „Interessen-Rechtsgrundlagen“ (siehe Abschn. 3.1.9 und 3.1.10).

Abb. 3.2 Einteilung der Rechtsgrundlagen nach Anwendungsfällen

Vorteil einer Einwilligung entsprechend der Anforderungen der DSGVO ist gegenüber den „Interessen-Rechtsgrundlagen" ihre Eindeutigkeit in Bezug auf die Verwendungen der Fotos sowohl für Bildnutzer wie auch für die abgebildeten Personen. Ein weiterer Vorteil besteht in der Rechtssicherheit durch Transparenz sowie der Fairness insbesondere bei Fotografien in Machtgefällen zwischen den Beteiligten wie z. B. in Beschäftigtenverhältnissen. Werden die strengen Regelungen zur Freiwilligkeit der Einwilligung beachtet, versetzt die Einwilligung den Betroffenen in die Lage autonom über das „Ob" und das „Wie" der Datenverarbeitungen selbstbestimmt zu entscheiden. Mit dem jederzeitigen Widerrufsrecht, ohne dass eine rechtliche Begründung dafür vorliegen muss, behält der Betroffene ein Höchstmaß der Kontrolle über „seine" Fotos.

Genau diese sinnvolle Regelung kann im Bereich einer Fotoproduktion jedoch nachteilig für die Bildnutzer sein. Wurden mit wirtschaftlichem Aufwand Fotos erstellt und wird die Einwilligung mit Wirkung für die Zukunft, ohne dass dafür eine Begründung notwendig ist, widerrufen, sind die Fotos nicht mehr zu verwerten. Der Fotoproduzent bleibt auf seinen Kosten sitzen, denn ein Wertausgleich ist bei einem Widerruf entsprechend Art. 7 Abs. 3 DSGVO nicht vorgesehen.

Die Einwilligung oder ein Model-Vertrag mit Vergütung (siehe Abschn. 3.1.8) kommen dann als sicherste Rechtsgrundlagen in Betracht, wenn die geplanten Veröffentlichungen als heikel anzusehen sind, da das Schutzbedürfnis der fotografierten Personen besonders hoch angesiedelt ist. Dieses ist der Fall …

- bei Mitarbeiterfotos eines Unternehmens, Vereins oder einer Behörde, die durch Arbeitgeber zur Öffentlichkeitsarbeit genutzt werden, soweit diese nicht arbeitsvertraglich dazu verpflichtet sind (siehe Abschn. 3.1.11)
- bei Fotos von Minderjährigen,
- bei Fotoanfertigungen aus der engeren Sozialsphäre oder gar Privatsphäre,
- bei Fotoverwendungen zur werblichen Nutzung,
- bei Personenfotos, mit denen der Zweck der Darstellung besonders sensibler Informationen verfolgt wird.

In vielen Fällen der Praxis zur Fotografie in der Öffentlichkeitsarbeit ist die Einwilligung kaum praktikabel. So zum Beispiel bei größeren

Veranstaltungen. Hier sind die „Interessen-Rechtsgrundlagen“, soweit die Bilder nicht für werbliche Verwendungen vorgesehen sind, die praktikableren Rechtsgrundlagen (siehe Abschn. 3.1.9 für Unternehmen und Vereine Abschn. 3.1.10 für öffentliche Stellen).

Einwilligung bei „besonders sensiblen Daten“ – Art. 9 DSGVO
Eine besondere Bedeutung kommt der Einwilligung dann zu, wenn sogenannte Daten besonderer Kategorien verarbeitet werden sollen. Art. 9 DSGVO verbietet ausdrücklich die Verarbeitung von Daten, aus denen die „rassische und ethnische Herkunft, politische Meinungen, religiöse oder weltanschauliche Überzeugungen oder die Gewerkschaftszugehörigkeit hervorgehen“. Ebenso gilt dieses für die Verarbeitung von Gesundheitsdaten und Daten zur sexuellen Orientierung.

Bei wörtlicher Auslegung des Artikels 9 DSGVO kommt damit im Bereich der Personenfotografie zum Zwecke der Öffentlichkeitsarbeit nur die Einwilligung des Betroffenen entsprechend Art. 6 Abs. 1 Buchst. a, Art, 7 DSGVO oder eine rechtsgeschäftliche Einwilligung im Rahmen eines Model-Vertrags als Rechtsgrundlage in Betracht, wenn aus den Fotos die entsprechend Art. 9 DSGVO als sensibel eingestuften Informationen zu einer Person hervorgehen. So wäre in dem viel diskutierten Beispiel eines Brillenträgers auf einer Großveranstaltung dieser nur mit Zustimmung als Teilnehmer der Veranstaltung abzubilden. Denn der sichtbare Umstand, dass die Person eine Brille trägt, beinhaltet damit eine „Gesundheitsinformation“. Ein Brillenträger könnte damit nicht im „berechtigten Interesse“, nach Art. 6 Abs. 1 Buchst. f DSGVO fotografiert und abgebildet werden, so wie dieses bei öffentlichen Veranstaltungen sonst grundsätzlich möglich ist. Dieses Ergebnis erscheint seltsam. Denn letztendlich beinhaltet jedes Personenfoto auch Informationen über den Gesundheitszustand und die ethnische Herkunft der abgebildeten Personen.

Nach der hier vertretenen Ansicht ist zunächst auf den Zweck der Datenverarbeitung abzustellen. Geht es dem Verantwortlichen bei der Verbreitung der Personenfotos gerade nicht um die Darstellung und Thematisierung des Gesundheitszustandes der fotografierten Personen, geraten diese Informationen zufällig und beliebig in das Bild, fallen diese

Fotos nicht unter die Reichweite des Art. 9 DSGVO.[8] Für diese Auslegung spricht auch der Erwägungsgrund 51 zur DSGVO.[9]

Beispiel – Wann vermittelt ein Foto sensible Informationen

Die Gemeinde G veranstaltet den jährlichen Neujahrsempfang im Rathaus. Ein Foto der Besucher zeigt neben anderen Personen einen Rollstuhlfahrer im Bild. Das Foto wird im Rahmen der Berichterstattung über den Empfang im gedruckten Gemeindeblatt der Gemeinde G veröffentlicht. Die Gemeinde kann die Besucher auf der Rechtsgrundlage „öffentliches Interesse" (siehe Abschn. 3.1.10) ohne Einwilligungen der Besucher fotografieren und veröffentlichen. Eine gesonderte Einwilligung des Rollstuhlfahrers ist nach der hier vertretenen Ansicht entbehrlich, da dieser als Teilnehmer der Veranstaltung zufällig im Bild zu sehen ist. Anders ist es, wenn das Bild im Zusammenhang mit einem Bericht der Gemeinde über die erweiterte Barrierefreiheit des Rathauses veröffentlicht wird. Denn hier wird die gesundheitliche Einschränkung des gezeigten Rollstuhlfahrers thematisiert. Für diese Fälle ist die Einwilligung oder ein Model-Vertrag des Rollstuhlfahrers auf Grund der Regelung des Art. 9 DSGVO zwingend.

Wie aber sind die Fälle zu lösen, in denen die Veranstaltung selbst ein Treffen von Mitgliedern oder Anhängern einer politischen Überzeugung (z. B. auf einem Parteitag) darstellt? Können ebenso auch Fotos einer Großveranstaltung wie eines Kirchentages oder einer öffentlichen Demonstration von Gewerkschaftsmitgliedern auf Grund der Regelungen des Art. 9 DSGVO nur mit Einwilligung jedes einzelnen Teilnehmers erstellt werden? Eine Ausnahme zur zwingenden Einwilligung zur Verarbeitung sensibler Daten sieht Art. 9 Abs. 2 Buchst. e DSGVO vor, wenn die betroffene Person ihre sensiblen Daten selber offensichtlich öffentlich gemacht hat. Nicht zu einem „öffentlich gemachten Datum" macht sich z. B. eine „Person, die sich auf Krücken im öffentlichen Verkehrsraum bewegt."[10]

Zu einer anderen Beurteilung ist jedoch in den Fällen zu kommen, in denen sich z. B. Menschen mit Behinderungen im öffentlichen Raum

---

[8] Vgl. Paal/Pauly (2018), DS-GVO BDSG, Art. 9 Rn. 9.

[9] Erwägungsgrund 51 Satz 3 DSGVO: Die Verarbeitung von Lichtbildern sollte nicht grundsätzlich als Verarbeitung besonderer Kategorien von personenbezogenen Daten angesehen werden.

[10] Simitis/Hornung/Spieker (2019), Datenschutzrecht, Art. 9 Rn. 58.

versammeln, um für ihre Rechte auf Inklusion zu demonstrieren. Denn hier liegt ein bewusster Willensakt der Teilnehmenden vor, in der Öffentlichkeit wahrgenommen zu werden. Die Personen sind dann nur noch eingeschränkt schutzwürdig, „weil sie insoweit selbst eine Verantwortung für ihren Persönlichkeitsschutz" tragen. Die Einwilligung ist in diesen Fällen nicht die zwingende Rechtsgrundlage zur Anfertigung und Nutzung der Versammlungsfotos. Das Gleiche gilt für Parteitage, religiöse Veranstaltungen in der Öffentlichkeit und öffentliche Kundgebungen von Gewerkschaftlern.[11]

Das bedeutet jedoch nicht, dass Personen als Teilnehmende öffentlicher Versammlungen der Anfertigung von Fotos schutzlos ausgeliefert sind. Auch hier bedarf es einer Rechtsgrundlage entsprechend des Art. 6 DSGVO (siehe Abschn. 3.1.13).

Einwilligung Minderjähriger

Nicht „automatisch" immer zwingend, wie häufig zu lesen, sind die Einwilligung Minderjähriger und deren sorgeberechtigter Elternteile. Dennoch ist auf Grund der besonderen Schutzwürdigkeit von Kindern und Jugendlichen die Rechtsgüterabwägung im Rahmen des Art. 6 Abs. 1 Buchst. f DSGVO „berechtigte Interessen" mit besonders strengen Maßstäben zu prüfen, ob die Fotos das Kindeswohl gefährden. Das Gleiche gilt für die Prüfung der Verhältnismäßigkeit („Erforderlichkeit") im Rahmen der behördlichen Pressearbeit auf der Rechtsgrundlage des Art. 6 Abs. 1 Buchst. e DSGVO „öffentliches Interesse" (ausführlich Abschn. 3.1.12). Deshalb wird zur Vermeidung der Rechtsunsicherheit bei der Abwägung in der Praxis vorsichtshalber häufig die Einwilligung als Rechtsgrundlage vorgezogen.

Vertragliche Rechtsgrundlagen im Überblick

Model-Vertrag gegen Vergütung: Eine weitere Legitimation der Arbeit mit Personenfotos besteht auf der Rechtsgrundlage „Vertrag" entsprechend Art. 6 Abs. 1 Buchst. b DSGVO. Im professionellen Bereich wird zwischen Model und Nutzer eine Vereinbarung über die Tätigkeit des

[11] Vgl. Simitis/Hornung/Spieker (2019), Datenschutzrecht, Art. 9 Rn. 57.

Models während des Aufnahmetermins und über die Nutzung des Abbildes des Models getroffen. Das Model muss sich an der Zustimmung zur Veröffentlichung vertraglich festhalten lassen. Ein Widerrufsrecht besteht hier nicht, so wie er für die jederzeitige und nicht zu begründende Rücknahme der Einwilligung vorgesehen ist. Wird nur eine symbolische und wirtschaftlich sinnlose Anerkennung geleistet, kann mit der vertraglichen Ausgestaltung der Fotonutzungen nach der hier vertretenen Ansicht die Rechtsposition des Models zum Widerruf der Bildnutzungen rechtsmissbräuchlich unterlaufen werden und die vertragliche Bindung hinfällig werden. Hierzu und zur Umsetzung des Model-Vertrags (siehe Abschn. 3.1.8).

Stockfotos der Agenturen: Relativ unproblematisch sind auch im „Zeitalter der DSGVO" die Personenfotos, die von Bildagenturen zur Nutzung durch ihre Kunden vertrieben werden. Hier werden die Veröffentlichungsrechte des Abbildes des Models durch die Agentur geklärt und im Rahmen eines Lizenzerwerbs eingeräumt. Die Agentur muss berechtigt sein die Veröffentlichungsrechte einzuräumen und der Kunde hat sich an die Bedingungen des „Model Release" entsprechend der getroffenen Vereinbarungen und der AGB zu halten (siehe unter Abschn. 5.1.2).

Arbeitsvertrag: In seltenen Fällen von Beschäftigten im Bereich der Öffentlichkeitsarbeit und des Marketings kann sich eine arbeitsvertragliche Pflicht zur Mitwirkung an der Außendarstellung eines Unternehmens oder eines Vereins ergeben (siehe unter Abschn. 3.1.14).

Kollektivvereinbarungen: Ob durch Vereinbarungen zwischen Arbeitgebern und den Mitarbeitervertretungen Fotoanfertigungen und Nutzungen zu internen Zwecken (etwa im Mitarbeitermagazin oder im Intranet zur Vorstellung des Mitarbeitenden) rechtswirksam mit verpflichtender Wirkung für Beschäftigte legitimiert werden können, erscheint zweifelhaft (siehe Abschn. 3.1.15). Kollektivvereinbarungen sind keine Verträge im Sinne des Art. 6 Abs. 1 Buchst. b DSGVO, sondern Vereinbarungen eigener Art. Sie unterfallen dem Beschäftigtendatenschutz, geregelt im Bundesdatenschutzgesetz (BDSG) und sie können nach einer juristischen Mindermeinung unter sehr engen Voraussetzungen eine Erlaubnis zur Veröffentlichung von Mitarbeiterfotos im Intranet einer Organisation darstellen.

„Interessen-Rechtsgrundlagen" im Überblick

Erlaubnisse zur „Datenverarbeitung Personenfotos" können sich auch aus dem von den Verantwortlichen verfolgten Zweck der Personenaufnahmen ergeben. Liegt der Zweck, das „Interesse", in einem rechtlich anerkannten Anliegen des Verantwortlichen, soll es grundsätzlich auch möglich sein, ohne die willentliche Mitwirkung der Bertoffenen personenbezogene Daten zu verarbeiten. Grenzen finden Datenverarbeitungen im Interesse des Verantwortlichen in der Gegenüberstellung der Rechte der Betroffenen. Anwendbar ist die Rechtsgrundlage „berechtigte Interessen" nach Art. 6 Abs. 1 Buchst. f DSGVO für die Erstellung und Nutzung von Fotos durch natürliche Personen, Unternehmen und Vereine (siehe Abschn. 3.1.9). Die Rechtsgrundlage „öffentliches Interesse" entsprechend Art. 6 Abs. 1 Buchst. e DSGVO ist ausschließlich für den Bereich der Fotografie durch Behörden und sonstige öffentliche Stellen anwendbar (siehe Abschn. 3.1.10).

Für die Öffentlichkeitsarbeit als legitimes Interesse von Unternehmen und Vereinen („berechtigte Interessen") sowie für die Öffentlichkeitsarbeit als Aufgabe von öffentlichen Einrichtungen („öffentliches Interesse") sind die „Interessen-Rechtsgrundlagen" von zentraler Bedeutung.

Die Vorteile der Anwendung der „Interessen-Rechtsgrundlagen" bestehen in ihrer Praktikabilität. Häufig sind Einwilligungen praktisch nicht einholbar und Model-Verträge gegen Vergütung kaum als „Normalfall" der Öffentlichkeitsarbeit praktikabel. Die Ausführung von Fotoaufträgen bei unbekanntem und wechselndem Publikum wird nahezu unmöglich. So ist ein wichtiger Anwendungsfall der Rechtsgrundlage „berechtigte Interessen" gemäß Art. 6 Abs. 1 Buchst. f DSGVO z. B. die Veranstaltungsfotografie eines Unternehmens zur internen Dokumentation sowie zur Berichterstattung über die Veranstaltung (siehe Abschn. 3.1.13).

Werden Veranstaltungsfotos durch die Presseabteilung einer öffentlichen Einrichtung erstellt, kann diese sich dabei unter Umständen auf ihre Aufgabenerfüllung im öffentlichen Interesse berufen und die Anfertigung und Nutzung unter den engen Voraussetzungen des Art. 6 Abs. 1 Buchst. e DSGVO legitimieren (siehe Abschn. 3.1.10).

Ein weiterer Vorteil rechtlicher Art ergibt sich für den Verantwortlichen daraus, dass ein „Foto-Veto" der Betroffenen lediglich als

Widerspruch (Art. 21 DSGVO) möglich ist. Denn anders als bei einem Widerruf der Einwilligung (Art. 7 Abs. 3 DSGVO) bedarf der Widerspruch gegen die Datenverarbeitung im „berechtigten Interesse" (siehe Abschn. 3.1.9) sowie im „öffentlichen Interesse" (siehe Abschn. 3.1.10) eines besonderen Grundes (siehe Abschn. 5.1.7). Damit besteht für die Fotonutzer gegenüber dem Widerruf einer Einwilligung ein geringeres Risiko einer Blockade der Verwertung.

Die Nachteile der „Interessen-Rechtsgrundlagen" bestehen in der Anwendungsunsicherheit. Denn die in jedem Einzelfall vorzunehmende Rechtsgüterabwägung zwischen den berechtigten Interessen des Verantwortlichen und dem berechtigten Interesse des Betroffenen (gegen die Datenverarbeitung) führt selbst bei Juristen häufig zu unterschiedlichen Einschätzungen. Ebenso ist die Prüfung der Verhältnismäßigkeit im Rahmen der behördlichen Pressearbeit ohne Rechtskenntnisse nicht zu bewältigen. Auch sind die Ansichten der Datenschutzaufsichtsbehörden zu den Grenzen der Anwendbarkeit der „Interessen-Rechtsgrundlagen" im Rahmen der Öffentlichkeitsarbeit uneinheitlich.

Im Bereich der Fotografie kann jedoch zum Glück auf die Fallgruppenbildung der Rechtsprechung im Rahmen des § 23 Abs. 2 KUG zurückgegriffen werden. Damit ist es zumindest möglich die „berechtigten Interessen" der Betroffenen als Gegengewicht zu den „berechtigten Interessen" der Verantwortlichen auf der Grundlage gefestigter Rechtsprechung zu benennen und abzuwägen (siehe Abschn. 3.1.10).

Ausübung der Meinungsfreiheit – Ausblick

Eine deutliche Erleichterung für die Öffentlichkeitsarbeit von Unternehmen und Vereinen würde mit Geltung des Entwurfes eines § 27a Bundesdatenschutzgesetz (BDSG) eintreten. Der Entwurf dieser Regelung soll die in Art. 85 DSGVO aufgestellte Verpflichtung der nationalen Gesetzgeber zur Harmonisierung von Datenschutz und Meinungsfreiheit erfüllen. Danach würden sich für die gesamte Öffentlichkeitsarbeit von Unternehmen und Vereinen, soweit sie sich auf die Ausübung der Kommunikationsrechte als „berechtigtes Interesse" stützen, Lockerungen der Informationspflichten und Auskunftsrechte ergeben, so dass die durch Art. 5 Grundgesetz (GG) geschützte Ausübung der Meinungsfreiheit nicht durch die bürokratischen Folgepflichten und der weitreichenden

Betroffenenrechte der DSGVO erstickt wird. Der Entwurf des § 27a BDSG wird jedoch keine Erleichterungen für die Öffentlichkeitsarbeit staatlicher Einrichtungen mit sich bringen. Denn diese sind nicht Träger von Grundrechten und können sich nur in Ausnahmefällen (siehe Abschn. 3.1.10) auf die Ausübung der Meinungsfreiheit bei der Öffentlichkeitsarbeit berufen.

Die Regelung soll auf Initiative der SPD-Bundestagsfraktion in das „Zweite Datenschutzanpassungs- und Umsetzungsgesetz" aufgenommen werden und in der ersten Jahreshälfte 2019 verabschiedet sein.[12]

Ihr Transfer in die Praxis – Welche Rechtsgrundlage für welche Fälle?
Die DSGVO bietet je nach Verwendungsabsicht der Fotos einen rechtlichen Gestaltungsspielraum durch die „richtige" Wahl der Rechtsgrundlage für Ihre geplanten Nutzungen. Diesen Gestaltungsspielraum können Sie sich zunutze machen. Die unterschiedlichen Rechtsgrundlagen (die Einwilligung, der Vertrag und die „Interessen-Rechtsgrundlagen") haben ihre Vor- und Nachteile in der praktischen Arbeit. Wichtig ist es für Sie im Laufe der Lektüre der nachfolgenden Abschnitte erkennen zu können, wann welche Rechtsgrundlage für den Verwendungszweck und für die Umstände der konkret geplanten Fotoproduktion „passend" und ausreichend ist.

In nur seltenen Fällen ist die Einwilligung (Art. 6 Abs. 1 Buchst. a DSGVO) als Rechtsgrundlage ohne Alternative. So ist z. B. die Einwilligung der Fotografierten bei einem Übersichtsfoto einer Veranstaltung oft weder praktikabel noch rechtlich sinnvoll. Sollen die Veranstaltungsfotos lediglich der sachbezogenen Berichterstattung über die Veranstaltung dienen, ist die Rechtsgrundlage „berechtigte Interessen" nach Art. 6 Abs. 1 Buchst. f DSGVO für die Bildverwendungen meist ausreichend (siehe Abschn. 3.1.9). Sollen jedoch die Fotos der Veranstaltung auch für werbliche Zwecke in Anzeigen Verwendung finden (z. B. in einem Verkaufsprospekt), ist wiederum die Wahl der Einwilligung (siehe Abschn. 3.1.7) oder besser noch eines (Model-)Vertrags als Rechtsgrundlage (siehe Abschn. 3.1.8) zwingend.

Wenig sinnvoll ist es dagegen für ein sehr einfaches und auswechselbares Personenfoto zur Illustration eines Blogbeitrages einen Modelvertrag mit Vergütung, zu schließen. Anders ist es, wenn ein aufwendiger Imagefilm produziert werden soll und das Risiko des freien Widerrufs zu erheblichen wirtschaftlichen

---

[12] https://blogs.spdfraktion.de/netzpolitik/2018/12/12/datenschutz-und-meinungsfreiheit-2/ Bis zum Redaktionsschluss dieses Abschnitts am 1. März 2019 lag keine Entscheidung hierzu vor.

Schäden führen kann. In diesen Fällen ist es zweckmäßig mit den Akteuren Verträge über die Mitwirkung auf der Grundlage einer Vergütung zu schließen. Denn hier muss sich der „Betroffene“, anders als bei der Einwilligung entsprechend Art. 6 Abs. 1 Buchst. a DSGVO, an seiner Zustimmung im Rahmen eines Vertragsabschlusses festhalten lassen. Handelt es sich um Mitarbeitende im Bild, kommt wiederum der besondere Schutz des Arbeitnehmers über den Beschäftigtendatenschutz ins Spiel und hier ist die Einwilligung zur Mitwirkung an Fotos zur Öffentlichkeitsarbeit in zahlreichen Fällen das Mittel der Wahl (siehe Abschn. 3.1.11).

Schon weit im Vorfeld einer Fotoproduktion ist es daher für Sie nützlich, den geplanten Verwendungen die praktikabelste der drei wichtigsten möglichen Rechtsgrundlagen (Einwilligung, Vertrag „Interessen“) zur Erstellung und Nutzung von Personenfotos zur Öffentlichkeitsarbeit und zum Marketing zuzuordnen.

3.1.7 Umsetzung der Einwilligung

In der Praxis empfiehlt sich bei Fotoaufnahmen ein vorgefertigter Einwilligungstext. Dieser kann per E-Mail versendet werden und der Betroffene kann mit seiner Antwort-Mail auch einwilligen (siehe aber Abschn. 3.1.11). Im Getümmel einer Veranstaltung, sofern nicht auf der Rechtsgrundlage „berechtigte Interessen“ fotografiert werden kann, ist es jedoch zur Nachweisbarkeit der Einwilligung sinnvoll, dass zwei Exemplare der schriftlichen Erklärung (eines für den Betroffenen und eines für den Verantwortlichen) vom Betroffenen unterschrieben werden. Bedeutsam zur Erteilung einer rechtsgültigen Einwilligung sind die Regelungen der Art. 4 Nr. 11, Art. 6 Abs. 1 Buchst. a und Art. 7 DSGVO.

Bedingungen und Bestandteile der Einwilligung gemäß Art. 6 Buchst. a, Art. 7 DSGVO

Die Einwilligung muss vor der Datenerhebung eingeholt werden. Das bedeutet, dass Sie vor dem Druck auf den Auslöser die Einwilligungen der zu fotografierenden Personen einholen müssen. Eine „Heilung“ der fehlenden Einwilligung ist nach der DSGVO durch ein „Nacheinwilligen“ der bereits konkret vorgenommenen Datenverarbeitung nicht vorgesehen. Haben Sie jedoch ein Foto im Rahmen einer Berichterstattung über eine öffentliche Veranstaltung (z. B. Tag der offenen Tür der

Volkshochschule einer Stadt) auf der Rechtsgrundlage „öffentliches Interesse“ (siehe Abschn. 3.1.10), also ohne Einwilligung, angefertigt und veröffentlicht, besteht auch danach noch die Möglichkeit die abgebildeten Personen (sofern denn diese bekannt sind) in eine geplante Nutzung zur Verwertung des Fotos in einem VHS- Kursprogramm einwilligen zu lassen.

Nachfolgende Aufzählungen zeigen Ihnen, welche Bestandteile Sie bei der Erstellung einer Einwilligungserklärung bearbeiten müssen.

Form und Nachweisbarkeit: Auch wenn die DSGVO die Schriftform nicht zwingend voraussetzt, ist auf Grund der geforderten Nachweisbarkeit der Erteilung der Einwilligung die Schriftlichkeit geboten. Liegt ein Schriftstück vor, ist die Unterschrift des Einwilligenden nicht zwingend. Jedoch erfüllt die Unterschrift in der Praxis das Erfordernis einer eindeutig zustimmenden Handlung in die Datenverarbeitung.[13]

Wenn z. B., wie in der Praxis üblich, im E-Mail Verkehr der Betroffene seine Zustimmung bekundet, ist auch damit dem Erfordernis der Nachweisbarkeit der Zustimmung Genüge getan. Vorformulierte Texte sollen in einer verständlichen Sprache abgefasst sein. Ist die Einwilligung mit weiteren Dokumenten (etwa mit Tagungsunterlagen) verbunden, muss der Einwilligungstext gegenüber anderen Dokumenten grafisch deutlich herausgehoben gestaltet sein.

Benennung der Verantwortlichen für die Fotoaufnahmen: Die Einwilligung muss gegenüber den für die Datenverarbeitungen Verantwortlichen erklärt werden. Das ist derjenige, der die Aufnahmen veranlasst hat und über die Mittel und Zwecke der Datenverarbeitung bestimmt. Wird ein externer Dienstleister von einem Unternehmen beauftragt für das Unternehmen Fotos anzufertigen und die Einwilligungserklärungen einzuholen, muss aus den Einwilligungserklärungen hervorgehen, dass diese Fotos für das beauftragende Unternehmen eingeholt werden. Das Unternehmen ist als der Verantwortliche mit Namen und Anschrift zu benennen. Auch sollte der beauftragte Fotograf nach der hier vertretenen

[13] Zu den besonderen Formerfordernissen der Einwilligung im Beschäftigtenverhältnis siehe Abschn. 3.1.11.

Ansicht mit Namen und Anschrift benannt sein (Näheres zur Verantwortlichkeit bei externen Fotografen siehe Abschn. 4.1.1).

Anlassbezogenheit und Bestimmtheit: Niemand kann rechtswirksam in Fotoveröffentlichungen und Nutzungen einwilligen, die er nicht kennt. Das war auch schon vor der DSGVO so, nur dieser Grundsatz wurde in der Praxis weniger beachtet. Die DSGVO verbietet Pauschaleinwilligungen, so wie zuvor auch die Rechtsprechung zum „Recht am Bild“ nach dem KUG. Das bedeutet, dass stets der genaue Zweck und der Umfang der Datenverarbeitung Gegenstand der Erklärung sein müssen. Aus dem Erfordernis der Bestimmtheit sowie der der „Anlassbezogenheit“ der Einwilligung ergeben sich bei Fotoproduktionen Angaben

- zum Anlass der Fotoaufnahmen (z. B. „… anlässlich des Tages der offenen Tür.“)
- sowie zum genauen Verwendungszweck der Fotos (z. B. „… zur Berichterstattung zum Zwecke der Unterrichtung der Öffentlichkeit über den Ablauf der Veranstaltung.“),
- zur Art und Umfang der Veröffentlichungen (Print, Website, soziale Netzwerke, Rundfunkausstrahlung)

Können Einwilligungen so erteilt werden, dass sie mehrere Anlässe über einen längeren Zeitraum erfassen? Werden die Anlässe konkret mit Ort und Datum benannt und sind die oben aufgezählten Punkte in der Einwilligung enthalten, spricht gegen diese Praxis aus dem Grundsatz der Bestimmtheit der Einwilligung nichts.

Weitergabe der Fotos an Dritte: Öffentlichkeitsarbeit mit Fotos zielt darauf ab, dass Multiplikatoren (z. B. die örtlichen Presseverlage) die Fotos veröffentlichen. In großen Unternehmen werden die Fotos auch gerne den Tochterunternehmen und Vertriebspartnern zur Nutzung übermittelt und auch das Hochladen in soziale Netzwerke (siehe Abschn. 6.8.3) ist nichts anderes, als die Weitergabe der personenbezogenen Daten an Dritte. Der Betroffene muss genau informiert werden, wer zukünftig über seine Fotos neben dem Verantwortlichen verfügt. Andernfalls kann der Betroffene nicht rechtswirksam einwilligen. Es bedarf daher einer genauesten Auflistung, wer neben dem Verantwortlichen sonst auch noch Empfänger der Fotos sein soll.

Freiwilligkeit der Einwilligung: Eine Freiwilligkeit der Einwilligung liegt dann vor, wenn der Betroffene eine echte oder freie Wahl hat und somit in der Lage ist, die Einwilligung zu verweigern oder zurückzuziehen, ohne Nachteile zu erleiden.[14]

Problematisch sind die Fälle eines wirtschaftlichen oder hierarchischen Ungleichgewichts zwischen der betroffenen Person und dem Verantwortlichen. Denn ein Ungleichgewicht kann dazu führen, dass sich ein Betroffener mehr oder weniger genötigt fühlt, einzuwilligen (siehe Abschn. 3.1.11).

Die Freiwilligkeit kann auch dann fehlen, wenn die Erfüllung eines Vertrages von einer Einwilligung abhängig gemacht wird und diese sich in ihrem Umfang auf Datenverarbeitungen bezieht, die nicht zur Durchführung des Vertrages erforderlich, sondern nur nützlich sind. Dieses soll jedenfalls dann der Fall sein, wenn die Einwilligung selbst und ihre Reichweite nicht verhandelbar sind und der Dienstleister für den Verbraucher eine Monopolstellung einnimmt, weil er keine zumutbare Alternative zu für ihn günstigeren Bedingungen hat.[15]

Wird die Teilnahme an einer Veranstaltung von der unterschriebenen Einwilligung zur Erstellung und Nutzung von Besucherfotos abhängig gemacht, könnte es bei sehr strenger Bewertung an der Freiwilligkeit der Fotoeinwilligung fehlen und diese dann unwirksam sein. Denn für den Veranstalter sind in den meisten Fällen Personenfotos nur nützlich, nicht aber unbedingt erforderlich zur Erfüllung seines Veranstaltungsangebotes. Es empfiehlt sich nicht so vorzugehen. Der Veranstalter riskiert, dass die so eingeholten Einwilligungen rechtsunwirksam sind und er setzt sich zudem des Risikos des freien und nicht zu begründenden Widerrufs des Betroffenen nach Beendigung der Veranstaltung aus. Sinnvoller ist es, Teilnehmer einer öffentlichen Veranstaltung auf der Rechtsgrundlage des Art. 6 Abs. 1 Buchst. f DSGVO „berechtigte Interessen" bzw. Art. 6 Abs. 1 Buchst. e DSGVO „öffentliches Interesse" zu fotografieren und dort, wo Bilder über die Reichweite der „Interessen-Rechtsgrundlagen"

[14] Erwägungsgrund 42 zur DSGVO.

[15] Vgl. Kühling/Buchner (2018), DS-GVO BDSG Art. 7 Rn. 44.

hinausgehen (wie bei Fotos zu reinen Werbezwecken), gezielt konkrete Einwilligungen während der Veranstaltung einzuholen.

Widerrufbarkeit der Einwilligung: Die DSGVO sieht für die Rücknahme einer Einwilligung, dem Widerruf, ausdrücklich vor, dass dieser jederzeit und ohne einen besonderen Grund mit Wirkung für die Zukunft erfolgen kann. Diese Widerrufsmöglichkeit gemäß Art. 7 Abs. 3 DSGVO soll so einfach ausgeübt werden können, wie die Erteilung der Einwilligung gestaltet war. Wurde die Einwilligung per Mail eingeholt, kann der Betroffene auch rechtswirksam seinen Widerruf per Mail erteilen. Die Informationen über die jederzeitige Widerrufbarkeit sind in den Text der Erklärung zwingend aufzunehmen. Weiter muss in dem Text erklärt sein, welche Folgen der Widerruf hat. So z. B. die Löschung eines Fotos von der Website des Verantwortlichen innerhalb einer bestimmten Frist.

Risikoaufklärungen: Die DSGVO setzt zur Einwilligungsfähigkeit des Betroffenen dessen Kenntnis über Risiken der geplanten Datenverarbeitungen voraus. Nun ist das Wissen über die Risiken der Verbreitung von Fotos im Internet individuell. Was für den einen selbstverständlich ist, mag dem anderen völlig unbekannt oder zum Zeitpunkt der Einwilligung nicht bewusst sein.

Die Preisgabe von persönlichen Daten im Internet ist ein kaum zu beherrschendes Risiko des Eintritts schwerwiegender Nachteile im Lebensbereich der Betroffenen. Unbedingt wissen muss der Einwilligende, dass bei Internetveröffentlichungen ein Foto meist nicht mehr vollständig gelöscht werden kann und die Fotos von Dritten missbraucht werden können. Insbesondere ist bei Veröffentlichungen in sozialen Netzwerken dem Einwilligenden bewusst zu machen, dass der Verantwortliche, der das Foto einstellt, nach dem Hochladen sowohl technisch wie auch rechtlich keine Kontrolle mehr über die Verbreitung selbst und die Zusammenhänge, in denen das Foto durch Kommentieren und Teilen gezeigt wird, hat.

Vollständige Informationen gemäß Art. 13 DSGVO

Art. 13 DSGVO enthält eine umfangreiche Aufzählung der Informationen, die dem Einwilligenden vor den Fotoaufnahmen zur Verfügung zu stellen sind. Würden ausnahmslos sämtliche in Art. 13 DSGVO geforderten Informationen in die vorgefertigte Einwilligung aufgenommen werden, würde damit ein mehrere Seiten umfassender Text entstehen, der sicher nicht zur geforderten Verständlichkeit einer vorgefertigten Einwilligungserklärung beiträgt.

Sind die Informationen im Text enthalten, die eine zu fotografierende Person benötigt, um sich für oder gegen die Aufnahmen zu entscheiden, ist auch davon auszugehen, dass die Zustimmung rechtswirksam erteilt werden kann. In diesem Sinne „willensbildend" sind die oben dargestellten Bestandteile zur Einwilligung.

Davon unabhängig muss der Verantwortliche seine Informationspflichten vollständig erfüllen. Eine Möglichkeit besteht darin, dass im Einwilligungsdokument die Aufzählung der Rechte der fotografierten Personen per Link auf der Website des Verantwortlichen, z. B. „www.mustermann-gmbh-ihre-rechte-art-13-dsgvo") bereitgestellt wird. Zusätzlich zum Einwilligungstext kann die elektronisch abrufbare Information natürlich auch noch auf einem gesonderten Ausdruck zur Verfügung gestellt werden. Ausführlich zu den Informationspflichten Abschn. 3.1.15.

Ihr Transfer in die Praxis – Zur Arbeit mit Muster-Einwilligungen

Ein Beispiel einer Einwilligungserklärung in Fotoaufnahmen zur werblichen Nutzung können Sie unter https://www.nordbild.com/dsgvo-vertragsmuster/ herunterladen.

So vielfältig Anlässe und Umstände von Fotoaufnahmen sein können, so vielfältig fallen auch die Einwilligungstexte aus. Vor der Nutzung von fremden Muster-Einwilligungen ohne eine individuelle Bearbeitung für konkrete Zwecke und Anpassungen an die Bedürfnisse des Verantwortlichen und den Betroffenenkreis ist zu warnen. Auch die bereitgestellten Muster der Datenschutzbehörden können Ihnen nur eine Formulierungshilfe und Orientierung bieten und es Ihnen nicht abnehmen, Einwilligungserklärungen an die Foto-Verwendungen Ihrer Organisation anzupassen. Dieses sollte möglichst unter Hinzuziehung von Rechtsberatung erfolgen. Die so erstellten unternehmenseigenen Muster-Einwilligungen für verschiede Zwecke und Personenkreise sind dann einheitlich und verpflichtend innerhalb des Unternehmens zu verwenden.

3.1.8 Umsetzung von Model-Verträgen

Die Rechtsgrundlage Art. 6 Abs. 1 Buchst. b DSGVO erlaubt die Datenverarbeitung dann, wenn sie zur Durchführung oder Anbahnung eines Vertrages zwischen den Vertragspartnern erforderlich ist. Der typische Anwendungsfall ist der eines Kaufvertrags in dessen Rahmen Name und Anschrift zwecks Lieferung als personenbezogene Daten des Käufers „erforderlich“ verarbeitet werden dürfen. An einen Model-Vertrag hat der Gesetzgeber dabei wahrscheinlich nicht gedacht. Denn hier ist die „Datennutzung“, das Abbild einer Person, bedeutender Teil der Leistung des Models als Vertragspartner. Die Fotonutzungen (Datenverarbeitungen) dienen nicht der Durchführung des Model-Vertrages, vielmehr sind sie der Hauptanlass für die Tätigkeit des Models während eines Fototermins. Dennoch lässt sich die Anfertigung und Nutzung von Fotos auf die Rechtsgrundlage des Art. 6 Abs. 1 Buchst. b DSGVO stützen.

Vorteile der vertraglichen Lösungen gegenüber der Einwilligung
Der Vorteil von Fotonutzungen auf der Rechtsgrundlage des Art. 6 Abs. 1 Buchst. b DSGVO „Vertrag“ liegt gegenüber der Einwilligung, darin, dass das Model zukünftige Bildnutzungen nicht jederzeit und ohne Begründung gemäß Art. 7 Abs. 3 DSGVO widerrufen kann. Im Gegensatz zur Einwilligung entsprechend Art. 6 Abs. 1 Buchst. a, Art. 7 DSGVO sind Willenserklärungen als Bestandteil eines Vertrages verbindlich. Das Model muss sich an der Zustimmung festhalten lassen, es sei denn ein Widerruf wird vom Nutzer akzeptiert oder es liegt ein „wichtiger Grund“ vor, der es dem Model unzumutbar macht, an der Erfüllung des Model-Vertrages festgehalten zu werden (siehe Abschn. 5.1.7).

Vertrag mit Profi-Models
Unproblematisch sind die Fälle, in denen Profi-Models gegen Vergütung für den Auftraggeber tätig werden. Es handelt sich um einen gegenseitig verpflichtenden Vertrag (Leistung gegen Gegenleistung) im Sinne der DSGVO. Die Berechtigung des Auftraggebers zur Anfertigung und Verwertung der Fotos folgt aus der vertraglichen Vereinbarung mit dem Model. Das Profi-Model räumt als Hauptbestandteil seiner Leistung

Verwertungsrechte an seinem Abbild gegen Vergütung ein. Diese besteht im professionellen Bereich aus einer angemessenen Geldleistung.

Die Höhe eines angemessenen Honorars als Geldleistung richtet sich nach den branchenüblichen Vergütungen der Model-Agenturen. Im Profi-Bereich sind Honorare nach Zeitaufwand des Models und nach dem einzuräumenden Nutzungsumfang der Bildnisse gestaffelt. Handelt es sich um ein Amateur-Model oder um eine Person, die sich auf Anfrage zur Verfügung stellt, kann die Gegenleistung auch, wie schon erwähnt, in der Einräumung der Nutzungsrechte zu Gunsten des Models an den entstandenen Werken der Fotoproduktion bestehen. Die Autoren der inzwischen wohl nicht mehr aktuellen „Köga-Liste" zu Model-Honoraren veranschlagen einen Tagessatz inklusive der Rechteeinräumung für den Auftraggeber bei Profi-Models ab 800 Euro aufwärts und ein Honorar in Höhe von 400 Euro bei Amateur-Models.[16]

Vertrag auf TFP-Basis

Die Bezeichnung TFP steht für „time for prints". Im Amateurbereich werden häufig zwischen Fotografen und Model Verträge geschlossen, bei der das Model nicht mit einer Geldleistung, sondern mit den Resultaten der Fotoaufnahmen und der Einräumung von Nutzungsrechten vergütet wird.

Vergütung bedeutet dabei nicht, dass diese in Geldleistungen bestehen muss. Es ist auch möglich, dass dem Model als Gegenleistung die urheberrechtlichen Nutzungsrechte zur Eigenwerbung an den entstandenen Fotos eingeräumt werden. Unter Vergütung ist ein nennenswerter wirtschaftlicher Vorteil zu verstehen. Bei hochwertigen Fotos inklusive der Einräumung der urheberrechtlichen Nutzungsrechte für das Model ist dieses auch zu bejahen. Zumindest dann, wenn für das Model die Aufnahmen auch tatsächlich einen Wert darstellen, z. B. als Referenz und zur Eigenwerbung durch Verbreitungen der Fotos. Auch diese Vereinbarungen stellen einen Vertrag im Sinne des Art. 6 Abs. 1 Buchst. b DSGVO dar. Der Verantwortliche muss also nicht auf die Einwilligung entsprechend Art. 6 Abs. 1 Buchst. a, Art. 7 DSGVO zurückgreifen und

[16] Kötz/Gabriel-Jürgens (2018), Honorare und Recht für Models.

er kann auf den Bestand der Willenserklärung ohne die Gefahr eines jederzeitigen Widerrufs ohne Grund nach Art. 7 Abs. 3 DSGVO vertrauen (zum Widerruf der vertraglichen Einwilligung eines Models, siehe Abschn. 5.1.7).

Model-Vertrag aus Gefälligkeit?
Grundsätzlich kann auch ein Vertrag im Sinne des Art. 6 Abs. 1 Buchst. b DSGVO mit der Eingehung einer Gefälligkeit begründet sein. Voraussetzung ist, dass die einseitig verpflichtende Erklärung auf eine autonome Entscheidung der betroffenen Person zurückgeführt werden kann.[17]

Gegen eine rechtlich zulässige vertragliche Ausgestaltung eines Model-Vertrages, ohne dass eine für das Model nennenswerte Gegenleistung zur Einräumung der Verwertungsrechte am eigenen Abbild gegenübersteht, bestehen Bedenken. In diesen Konstellationen sind die vom Betroffenen eingeräumten Verwertungsmöglichkeiten „seiner" Daten selbst das Gut der Gefälligkeit und das Model muss sich an der Datennutzung vertraglich festhalten lassen, ohne dass es hierfür irgendeinen Vorteil erlangt hat. Der nach der DSGVO vorgesehene Erlaubnistatbestand für derartige Konstellationen ist jedoch nicht die Vertragserfüllung nach Art. 6 Abs. 1 Buchst. b DSGVO, sondern die Einwilligung nach Art. 6 Abs. 1 Buchstabe a DSGVO. Andernfalls würde das Schutzniveau der DSGVO durch Unterlaufen der Einwilligung als Rechtsgrundlage ausgehebelt werden können.[18]

Bei „Gefälligkeitsverträgen" mit Mitarbeitenden zur Model-Tätigkeit und Rechteeinräumung zum Zweck der Öffentlichkeitsarbeit dürfte es schon häufig an einer autonomen Entscheidung der Beschäftigten fehlen. Eine vertragliche Bindung unter Aufgabe des Schutzniveaus der Widerrufbarkeit der Einwilligung (Art. 7 Abs. 3 DSGVO) berücksichtigt einseitig die Interessen des Arbeitgebers unter Weglassung der Grundsätze des Beschäftigtendatenschutzes. Ist schon eine frei widerrufbare Einwilligung in vielen Fällen kritisch zu sehen, erscheint eine vertragliche Bindung ohne irgendeinen nennenswerten Vorteil für den Beschäftigten

[17] Kühling/Buchner (2018), DS-GVO BDSG Art. 6 Rn. 30.

[18] Vgl. Kühling/Buchner (2018), DS-GVO BDSG Art. 6 Rn. 30.

rechtsmissbräuchlich. Zur Model-Tätigkeit Beschäftigter gegen Vergütung (siehe Abschn. 3.1.11).

Form und Inhalte des Model-Vertrags
Grundsätzlich kann ein Model-Vertrag auch mündlich wirksam geschlossen werden. Wie meist, empfiehlt es sich den Vertrag in der (unterschriebenen) Schriftform abzufassen (siehe Abschn. 3.1.7). Damit ist auch der datenschutzrechtlichen Nachweis- und Dokumentationspflicht Genüge getan. Der Vertrag sollte im Bildrechtemanagement mit den Fotos des Models verknüpft werden (siehe Abschn. 5.1.7), so dass in der Redaktion erkannt werden kann, welche Verwertungen mit welchen Reichweiten vertraglich abgesichert sind. Weiter sollten Kopien der zur Nutzung freigegeben Fotos dem Vertrag als Anlage angefügt werden.

Was ist zu regeln in einem Model-Vertrag?
Zunächst ist die Stundenzahl der Tätigkeit des Models zur Anfertigung der Aufnahmen zu vereinbaren. Die Vergütungsregelung muss sich auf die Tätigkeit und die anschließende Rechteeinräumung des Models an den Ergebnissen des Fototermins beziehen. Besonders sorgfältig ist sodann die Einräumung der Verwertungsrechte des Abbildes des Models zu bestimmen. Diese sollten folgende Punkte umfassen:

- Spezifikation des Verwendungszwecks der Aufnahmen (z. B. „… zur Nutzung in unseren Anzeigen zum Besuch von VHS-Kursen der Stadt Kiel“),
- Bestimmung der medialen Nutzungsart (z. B. Print, Website, soziale Medien, Rundfunkausstrahlungen),
- Räumlicher Umfang der Verbreitungen bei Printveröffentlichungen (z. B. „bundesweit“)
- Dauer der Verbreitungshandlungen und der Wiedergabe auf Websites (z. B. „… für den Zeitraum von zwei Jahren auf unserer Website www.nordbild.com“),
- Einräumungen von Wiedergaberechten gegenüber Dritten (Lizenzierungsrechte) durch den Vertragspartner des Models (z. B. „… ist

berechtigt die Fotos im Rahmen von Presseerklärungen der örtlichen Presse zur Verfügung zu stellen"),

- Regelung, was mit den Fotos nach Vertragsablauf geschehen soll (z. B. „... sind mit Ablauf der zeitlichen Nutzungsbegrenzung zu löschen"),
- Regelung, ob das Model bei Veröffentlichungen mit Namen genannt werden soll.

Umsetzung der datenschutzrechtlichen Informationspflichten bei Model-Verträgen

Die DSGVO sieht vor, dass der Verantwortliche den Betroffenen schon bei der Datenerhebung Informationen über die Datenverarbeitung sowie über die Rechte des Betroffenen zur Verfügung stellt.

Nun enthält ein Model-Vertrag, wie oben beschrieben, Informationen über Zweck und Rechtsgrundlage der Datenverarbeitungen sowie über die Empfänger der Bilddaten. Auf die gesonderten und vollständigen Datenschutzhinweise nach den inhaltlichen Vorgaben des Art. 13 DSGVO kann jedoch nicht verzichtet werden. Gemäß Art. 12 Abs. 1 DSGVO sind die Informationen in präziser, transparenter, verständlicher und leicht zugänglicher Form sowie in klarer und einfacher Sprache zu übermitteln. Die Datenschutzinformationen zur Durchführung eines Model-Vertrags sollten als gesonderte Anlage zum Vertrag zur Verfügung gestellt werden. Zur praktischen Umsetzung der „Info-Pflichten" (siehe Abschn. 3.1.15).

Ihr Transfer in die Praxis – Arbeit mit Model-Verträgen

Soweit ein Model-Vertrag nicht auf reiner Gefälligkeit ohne nennenswerte Gegenleistung beruht, sind diese Verträge eine sichere Rechtsgrundlage zur Verwertung von Fotos zum Zwecke der Öffentlichkeitsarbeit und dem Marketing. Wichtig ist, dass vertraglich der Nutzungsumfang und insbesondere die Weitergabe der Fotos an Multiplikatoren ausführlich geregelt sind. Der Model-Vertrag ist möglichst dann als Rechtsgrundlage zu wählen, wenn es um hochwertige Produktionen geht. Ein Beispiel eines Model-Vertrags zur werblichen Nutzung können Sie unter https://www.nordbild.com/dsgvo-vertragsmuster/ herunterladen.

3.1.9 Umsetzung der Rechtsgrundlage „berechtigte Interessen" Art. 6 Abs. 1 Buchst. f DSGVO

Für die Ausübung der Kommunikationsrechte im Rahmen der Öffentlichkeitsarbeit von Unternehmen und Vereinen ist die Datenverarbeitung als „berechtigtes Interesse" von zentraler Bedeutung. Art. 6 Abs. 1 Buchst. f DSGVO ermöglicht die Anfertigung und Nutzung von Personenfotos ohne die willentliche Beteiligung (Einwilligung, Model-Vertrag) der zu fotografierenden Personen. Liegen die Voraussetzungen des Art. 6 Abs. 1 Buchst. f DSGVO vor, bedarf es keiner Zustimmung der zu fotografierenden Personen. Betroffene können der Anfertigung und Nutzung widersprechen (Art. 21 Abs. 1 DSGVO), jedoch bedarf der Widerspruch eines Grundes, der sich aus der „besonderen Situation" der fotografierten Person ergeben muss (siehe Abschn. 5.1.7).

Wichtiger Anwendungsfall der Rechtsgrundlage Art. 6 Abs. 1 Buchst. f DSGVO in der Öffentlichkeitsarbeit ist die Fotografie zur Berichterstattung über öffentliche Veranstaltungen (siehe Abschn. 3.1.13).

In der Umsetzung der Rechtsgrundlage „berechtigte Interessen" ist zunächst konkret zu ermitteln und zu dokumentieren, wofür genau welche Personenfotos verarbeitet werden sollen und welche Zwecke mit den Veröffentlichungen verfolgt werden sollen. Kommen Sie nach eingehender Prüfung zu dem Ergebnis, dass die Voraussetzungen der Rechtsgrundlage erfüllt sind, ist im nächsten Schritt die Informationspflicht entsprechend Art. 13 DSGVO umzusetzen. Ein Beispiel zur Umsetzung dieser Pflicht finden Sie im Abschn. 3.1.13. Zur Prüfung der Rechtsgrundlage dient Ihnen die Abb. 3.3, die Ihnen die Kriterien zur Rechtsgüterabwägung als linke und rechte Seite der Waage der Justitia zeigt. Die Abb. 3.3 zeigt Ihnen, welche Prüfungspunkte an welcher Stelle bei der Rechtsgüterabwägung zu beachten sind.

Grenzen des „berechtigten Interesses" des Verantwortlichen – Spannungsfeld Meinungsfreiheit und Werbung

Die sichere Klassifizierung der Aufnahmen von Personenfotos zum Zweck der berichterstattenden Öffentlichkeitsarbeit oder zu werblichen Zwecken ist für die Rechtsgüterabwägung im Rahmen der Prüfung des Gewichtes der „berechtigten Interessen" des Betroffenen gegenüber den

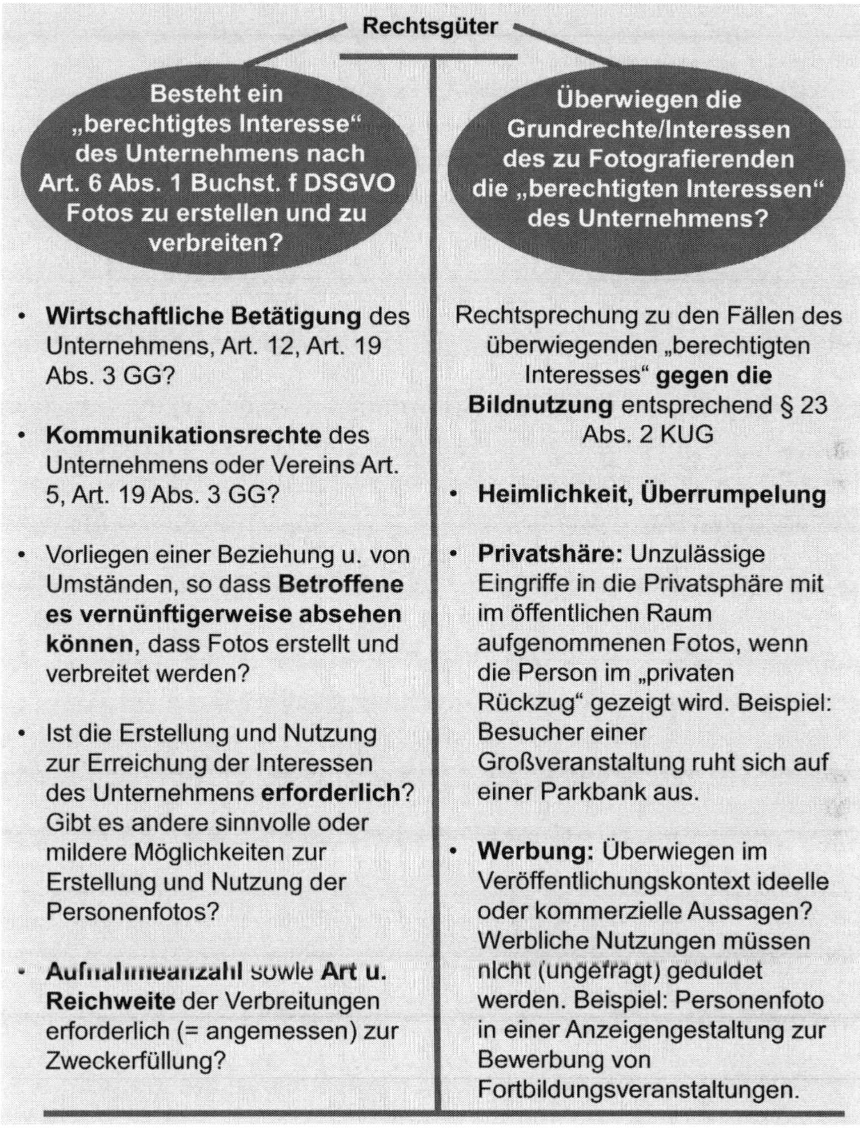

Abb. 3.3 Nicht umsonst ist die Justitia als Waage dargestellt. Die Abbildung zeigt Ihnen, welche Prüfungspunkte Sie bei der Abwägung der Rechtsgüter des Verantwortlichen gegenüber denen des Betroffenen berücksichtigen müssen

Interessen des Verantwortlichen eine ständige Herausforderung und in jedem einzelnen Fall Grund zur Diskussion.

Handelt es sich um rein werbliche Nutzungen (z. B. Anzeigen), scheidet die Anwendung einer „Interessen-Rechtsgrundlage“ aus. Im Rahmen des Art. 6 Abs. 1 Buchst. f DSGVO („berechtigte Interessen“ eines Unternehmens oder Vereins) ist die „Verwendung Werbung“ stets ein überwiegendes Interesse des Betroffenen gegen die Verwendung seines Abbildes. Erforderlich wäre also entweder eine Einwilligung oder ein Model-Vertrag.

Die Abgrenzung zwischen erlaubter personifizierter Öffentlichkeitsarbeit als Kommunikationsrecht gegenüber der nicht mehr im Rahmen des Art. 6 Abs. 1 Buchst. f DSGVO erlaubten Verbreitung von Personenfotos, die der Werbung dienen, ist im Einzelfall nicht einfach. Hier ist es schwierig, den Graubereich von der erlaubten Berichterstattung zur Information der Öffentlichkeit zu einer nicht mehr im Rahmen der Kommunikationsrechte erlaubten werblichen Nutzung im Einzelfall abgrenzen zu können. Als Faustregel mag gelten: Je mehr das „Wer, Was, Wann, Wo, Wie und Warum“ der Berichterstattung zur Selbstdarstellung des Unternehmens wird oder sogar in Produkt- und Dienstleistungsanpreisungen abrutscht, umso mehr wird das dem Bericht beigestellte Personenfoto zur Werbung mit fremden Personen.

Grenzen des „berechtigten Interesses“ des Verantwortlichen – Intim-, Privat- und Sozialsphäre

Nicht mit Art. 6 Abs. 1 Buchst. f DSGVO gedeckt werden können Aufnahmen, die in die Intim- und Privatsphäre des Betroffenen eingreifen. In diesen Fällen überwiegt stets das „berechtigte Interesse“ der betroffenen Person. Derartige Fotos können nur mit ausdrücklicher Zustimmung (Einwilligung oder Model-Vertrag) legitimiert werden. Die weitere Sozialsphäre erfasst den Bereich, in dem sich ein Mensch bewusst in der Öffentlichkeit bewegt. So z. B. als Teilnehmer eines Festumzuges. Von der schon engeren Sozialsphäre erfasst, ist der alltägliche Austausch mit anderen Menschen in beruflicher, politischer oder ehrenamtlicher Tätigkeit. Ob ein zu rechtfertigender Eingriff in die Sozialsphäre vorliegt, ist in jedem Einzelfall zu prüfen. Es ist nicht nur die konkret gezeigte Szene maßgeblich, sondern auch die Anzahl der Fotos, deren Verbreitungsreichweite sowie der Veröffentlichungszusammenhang bzw. das Umfeld, in dem das Foto gezeigt wird.

Beispiel – Öffentlichkeit und die Sozialsphäre

Werden Mitwirkendende des Schützenfestes während des Schützenaufmarsches auf dem Rathausplatz vom Presseamt der Stadt zur Berichterstattung fotografiert, so ist dieses ein Eingriff in die Sozialsphäre der fotografierten Personen. Jedoch kann die Stadt sich auf das „öffentliche Interesse" zur Information der Öffentlichkeit über die von der Kommune organisierte Veranstaltung berufen (siehe Abschn. 3.1.9). Die „berechtigten Interessen" der zu fotografierenden Personen überwiegen hier nicht das „öffentliche Interesse", da die Personen sich bewusst in der Öffentlichkeit in einer Versammlung bewegen und sie damit rechnen müssen, dass sie fotografiert werden. Zeigt sich ein Mitwirkender ganz besonders durch sein Hervortreten, etwa als Träger einer besonders kunstvoll gestickten Vereinsfahne, kann auch diese Person als besonders charakteristische Person für die Veranstaltung Schützenfest zum Motiv werden. Ruht sich der Fahnenträger etwas abseits der Veranstaltung erschöpft auf einer Parkbank aus, befindet er sich zwar im öffentlichen Raum, aber sein Rückzug gilt der ungestörten Erholung von der körperlichen Anstrengung des Aufmarsches. Die Aufnahme greift in die engere Sozialsphäre ein, so dass dieses Foto nicht aufgenommen werden darf. Unter den Fallgruppen der Rechtsprechung zum „berechtigten Interesse" (entsprechend § 23 Abs. 2 KUG) des Fotografierten gegen das Veröffentlichen wird dieser Fall auch als „privater Rückzug im öffentlichen Raum" bezeichnet. Sicherlich machen Motive die Bildberichterstattung zum „spektakulären Randgeschehen" erst rund. Bevor nun der Ruf erschallt „Alles ist verboten!", bedenken Sie bitte: Unmöglich sind diese Motive auch im Zeitalter der DSGVO nicht. Es bedarf dann aber einer Einwilligung zur Aufnahme und Nutzung des ausruhenden Fahnenträgers. Das war auch nach den Regelungen des KUG und der Rechtsprechung zum KUG so. Mag die Presse hier noch etwas mehr Spielraum bei der Anwendung des KUG haben, so ist die Beurteilung der Rechtmäßigkeit der Fotos von Unternehmen, Vereinen und öffentlichen Stellen auf der Rechtsgrundlage Art. 6 Abs. 1 Buchst. f und Buchst. e DSGVO an das Merkmal Erforderlichkeit gebunden. Damit gerät neben der Prüfung der Schwere des Eingriffs in die Sozialsphäre eine Verhältnismäßigkeitsprüfung gegenüber dem verfolgten legitimen Zweck der Bildanfertigung in den Fokus. Zum Merkmal der Erforderlichkeit ausführlich Abschn. 3.1.9.

3.1.10 Umsetzung der Rechtsgrundlage „öffentliches Interesse" – Personenbezogene Presse- und Öffentlichkeitsarbeit öffentlicher Einrichtungen Art. 6 Abs. 1 Buchst. e DSGVO

Die Anfertigung und Nutzung von Personenfotos im Rahmen der Presse- und Öffentlichkeitsarbeit öffentlicher Einrichtungen (Behörden, Gemeinden, als Körperschaften des öffentlichen Rechts organisierte Einrichtungen wie z. B. Hochschulen) kann durch Einwilligungen (siehe Abschn. 3.1.7) wie auch durch Model-Verträge (siehe Abschn. 3.1.8) und in seltenen Fällen aus Arbeitsverträgen (siehe Abschn. 3.1.11) datenschutzrechtlich legitimiert werden.

In diesem Abschnitt geht es darum, ob und in welchem Umfang Personenfotos auch ohne Zustimmung Betroffener, also auf der Rechtsgrundlage des Art. 6 Abs. 1 Buchst. e DSGVO im „öffentlichen Interesse", angefertigt und verbreitet werden können.

Vergleichbar der Rechtsgrundlage „berechtigte Interessen" Art. 6 Abs. 1 Buchst. f DSGVO besteht mit der Rechtsgrundlage „öffentliches Interesse" die Möglichkeit zur Veranstaltungsfotografie ohne den (oft vergeblichen) Aufwand der Einholung von Einwilligungen mit ihrem Risiko des jederzeitigen freien Widerrufs. Nicht zu verwechseln ist jedoch die Rechtsgüterabwägung von Grundrechten innerhalb des Art. 6 Abs. 1 Buchst. f DSGVO mit der verfassungsrechtlichen Prüfung staatlichen Handelns zur Voraussetzung der Anwendung der Rechtsgrundlage „öffentliches Interesse" entsprechend Art. 6 Abs. 1 Buchst. e DSGVO.

Hintergrund – Öffentlichkeitsarbeit als staatliche Aufgabe

Art. 6 Abs. 1 Buchst. e DSGVO setzt zunächst voraus, dass die Datenverarbeitung zur staatlichen Aufgabenerfüllung erfolgt. Die Aufgabenerfüllung einer „öffentlichen Stelle" bedarf einer verfassungsrechtlichen Legitimation gegenüber dem Bürger. In der Regel ergibt diese sich aus den Gesetzen, die z. B. einer Behörde bestimmte Kompetenzen und „Ermächtigungen" gegenüber dem Bürger zuweisen. Eine Verpflichtung zur Öffentlichkeitsarbeit besteht jedoch nicht in Form von geschriebenen Rechtsnormen. Das Gebot zur staatlichen

Öffentlichkeitsarbeit ergibt sich aber in ständiger Rechtsprechung aus der Rechtsprechung des Bundesverfassungsgerichts.[19]

Danach ist die Öffentlichkeitsarbeit einer staatlichen Einrichtung zum Zwecke der sachlichen Information (Neutralitätsgebot) der Bürger in den thematischen Grenzen der zugewiesenen Aufgabenerfüllung nicht nur verfassungsrechtlich zulässig, sondern auch notwendig. Denn die Teilhabe der Bürger an der politischen Willensbildung setzt voraus, dass der Bürger genügend über die Entscheidungen und Maßnahmen staatlichen Handels weiß. Auch wenn die Öffentlichkeitsarbeit nicht gesetzlich verankert ist, ergibt sich ihre verfassungsrechtliche Legitimation, unabhängig von einer gesonderten gesetzlichen Ermächtigung, als sogenannte ungeschriebene Annexaufgabe aus ihrer unterstützenden Funktion zur Ausführung von Aufgaben sowie aus dem demokratischen Prinzip der Befähigung der Bürger zur Teilhabe an der politischen Willensbildung.[20]

Öffentlichkeitsarbeit staatlicher Einrichtungen in den oben genannten Funktionen und Grenzen als „Annexaufgabe" erfüllt damit die in Art. 6 Abs. 1 Buchst. e DSGVO geforderte „Wahrnehmung einer Aufgabe, die im öffentlichen Interesse liegt." Somit kann personenbezogene Öffentlichkeitsarbeit öffentlicher Stellen grundsätzlich auch ohne Zustimmung des Betroffenen auf der Rechtsgrundlage des Artikel 6 Abs. 1 Buchst. e DSGVO bzw. seiner nationalen Entsprechungen im BDSG und den Landesdatenschutzgesetzen erfolgen.

Erforderlichkeit der personenbezogenen Öffentlichkeitsarbeit

Staatliches Handeln, soweit es in die Grundrechte der Bürger eingreift, bedarf nicht nur einer Legitimation aus der einer staatlichen Einrichtung zugewiesenen Aufgabe. Soll das Handeln rechtmäßig sein, muss das rechtsstaatliche Prinzip der Verhältnismäßigkeit beachtet werden. Dieses Prinzip findet sich in dem Merkmal „Erforderlichkeit" des Art. 6 Abs. 1 Buchst. e DSGVO wieder.

Das bedeutet, dass auch im Rahmen der Fotoveröffentlichungen zum Zwecke der Öffentlichkeitsarbeit die Angemessenheit in Art, Umfang und Reichweite der Bildnutzungen überprüft werden muss.[21]

[19] BVerfG, Urteil v. 2. März 1977, Az. 2 BvE 1/76. Diese Grundsätze zur Öffentlichkeitsarbeit der Bundesregierung lassen sich auf die Öffentlichkeitsarbeit aller öffentlichen Stellen anwenden, in denen der Bürger über die Erfüllung gesetzlich zugewiesener Aufgaben unterrichtet wird, also auch auf die Öffentlichkeitsarbeit von Kommunen oder staatlichen Hochschulen.

[20] BVerfG, Urteil v. 27. Februar 2018, Az. 2 BvE 1/16. BVerfG, Beschluss vom 26. Juni 2002, Az. 1 BvR 558/91.

[21] Anders als bei der Rechtsgrundlage „berechtigtes Interesse" findet keine Rechtsgüterabwägung zwischen den Grundrechten („Interessen") der Beteiligten statt. Denn staatliche Einrichtungen

Prüfungspunkte zur Erlaubnis der Öffentlichkeitsarbeit mittels Personenfotos

Die Rechtsgrundlage Art. 6 Abs. 1 Buchst. e DSGVO kann die Erstellung und Nutzung von Personenfotos im Rahmen der Öffentlichkeitsarbeit öffentlicher Einrichtungen im „öffentlichen Interesse" legitimieren. Handelt es sich um öffentliche Einrichtungen des Bundes (Bundesbehörden), gilt die Regelung des § 3 BDSG; handelt es sich um Landesbehörden und Kommunalverbände, gelten die jeweiligen Landesdatenschutzgesetze mit den Rechtsgrundlagen zur Verarbeitung personenbezogener Daten durch öffentliche Stellen. Die nationale Ausprägung und die landesrechtlichen Formulierungen zur Rechtsgrundlage des Art. 6. Abs. 1 Buchst. e DSGVO stellen gleiche Voraussetzungen zur Rechtmäßigkeit der Verarbeitung auf, so dass hier aus Gründen der Übersichtlichkeit der Darstellung auf die Formulierung des Art. 6 Abs. 1 Buchst. e DSGVO Bezug genommen wird.[22]

Der Verantwortliche muss eine Behörde oder sonstige öffentliche Stelle sein: Die Definition „öffentliche Stelle" eines Bundeslandes muss im Einzelnen im jeweiliges Landesdatenschutzgesetz (LDSG) nachgelesen werden. Organisationen, die als öffentliche Stelle des Bundes gelten, sind in § 2 BDSG-neu beschrieben.

Nicht anwendbar ist die Rechtsgrundlage Art. 6 Abs. 1 Buchst. e DSGVO für Unternehmen der öffentlichen Hand, die am Wettbewerb teilnehmen, wie etwa der ausgegliederte öffentliche Personennahverkehr, die Stadtwerke und Kliniken einer Stadt oder auch eine ausgegliederte Kurverwaltung eines Ostseebades. Die richtige „Interessen-Rechtsgrundlage" ist hier Art. 6 Abs. 1 Buchst. f DSGVO „berechtigte Interessen".

---

sind bei der Ausübung ihrer Funktion im Verhältnis zum Bürger als „Hoheitsträger" tätig und nicht selber Träger von Grundrechten. Da es sich bei personenbezogener Berichterstattung einer staatlichen Einrichtung aber um Eingriffe in die Grundrechte der Bürger handelt, bedarf die personifizierte Information einer gesetzlichen Grundlage sowie einer Prüfung der Einzelfälle unter dem Gesichtspunkt der Verhältnismäßigkeit.

[22] Welche Einrichtungen im Zweifel als öffentliche Stellen zu behandeln sind, können Sie im BDSG oder Ihrem Landesdatenschutzgesetz unter den Paragraphen „Begriffsbestimmungen" und „Anwendungsbereich" nachlesen.

Die Informationen müssen mit der Aufgabenerfüllung der öffentlichen Stelle korrespondieren: Das Thema der Veröffentlichung zur Aufklärung der Öffentlichkeit muss einen direkten Bezug zur gesetzlichen oder durch Satzung zugewiesenen Aufgabe der öffentlichen Stelle aufweisen. Öffentlichkeitsarbeit ist eine „Annexaufgabe" zur Unterstützung der der öffentlichen Stelle zugewiesenen Aufgabe. Thematisch muss sich die Öffentlichkeitsarbeit mit der zugewiesenen Aufgabe befassen. Beispiel: Ein Bauamt informiert über Straßensperrungen zur Durchführung von Arbeiten, die vom Bauamt veranlasst wurden. Die Information wird hier im Aufgaben- und Zuständigkeitsbereich der Behörde verbreitet.

Nicht mehr im Bereich der Aufgabenerfüllung liegen Beiträge in Gemeindeblättern einer Kommune, die allgemein über das gesellschaftliche Leben innerhalb der Gemeinde berichten oder die zur Unterhaltung der Bürger dienen sollen.[23]

Aufgabenerfüllung liegt auch nicht vor, wenn die Information die Grenze zur Wahlwerbung, z. B. durch Herausstellen der Leistungen einer Stadtverwaltung, überschreitet. Zulässige Öffentlichkeitsarbeit muss sich auf eine sachgerechte, objektiv gehaltene Information zur Aufklärung der Allgemeinheit beschränken.[24] Die Abb. 3.4 soll Ihnen deutlich machen, dass eine Grenzziehung zwischen Sachinformation und werblichen bzw. weltanschaulichen Informationen in der Praxis nicht immer eindeutig möglich ist.

Die personenbezogene Berichterstattung muss als Mittel zur Information über die Aufgabenerfüllung geeignet sein: Ein Beispiel hierfür ist eine Veranstaltung zur Ehrung verdienter Bürger im Rathaus einer Stadt. Da Personen hier im Vordergrund stehen, ist die Bildberichterstattung über die Versammlung und die geehrten Personen mittels Fotos auch ein geeignetes Mittel zur Information der Öffentlichkeit über die Auszeichnungen durch die Kommune.

Die Bildberichterstattung muss erforderlich sein: Auch wenn die personenbezogene Öffentlichkeitsarbeit mittels Fotos grundsätzlich geeignet ist, die Öffentlichkeit zu informieren, muss sie zusätzlich im Einzelfall erforderlich sein. Erforderlich ist die personenbezogene Berichterstattung dann, wenn über das konkrete Thema auch ohne Eingriff in die Rechte von Personen informiert werden kann. Kann über das

[23] BGH, Urteil v. 20. Dezember 2018, Az. I ZR 112/17.

[24] BVerfG, Urteil v. 02.03.1977, Az. 2 BvE 1/76.

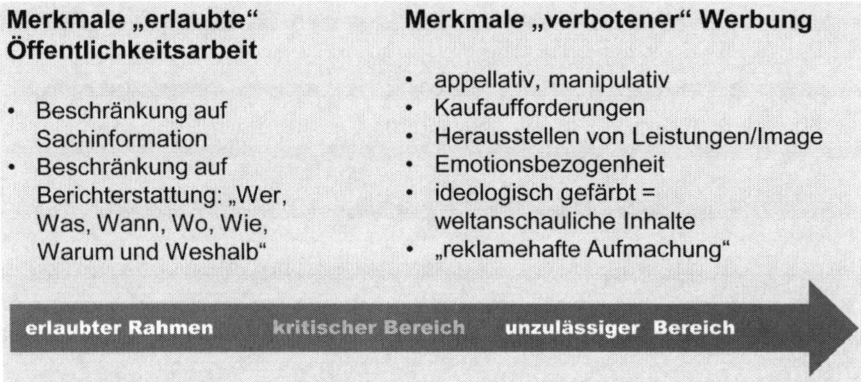

Abb. 3.4 Im Einzelfall ist zu prüfen, ob sich die Veröffentlichung noch im Rahmen der Aufgabenerfüllung bewegt und ob die Information sachbezogen ist

konkrete Thema die Öffentlichkeit nicht ohne Personenfotos ausreichend veranschaulichend informiert werden, sind Personenfotos nach der hier vertretenen Meinung grundsätzlich im Rahmen der staatlichen Pressearbeit im Rahmen des Art. 6 Abs. 1 Buchst. e DSGVO erlaubt.[25]

Beispiel zur Erforderlichkeit

Informationen des Bauamtes über die Straßensperrungen können auch mit einer Grafik (Straßenkarte) verdeutlicht werden. Zur Aufklärung der Öffentlichkeit über die Straßensperrungen müssen nicht Fotos mit Publikumsverkehr an der Baustelle angefertigt und verbreitet werden. Anders ist es, wenn z. B. Teilnehmende einer von der Stadt organisierten Großveranstaltung zum Zwecke der Information fotografiert werden. Sind Besucherandrang und Teilnehmende Thema der Information, ist eine Übersichtsaufnahme der Veranstaltung zur Aufklärung der Öffentlichkeit über den Veranstaltungsverlauf deutlicher veranschaulichend, als dieses allein mit der Beschränkung auf die Angaben von textlicher Information möglich wäre.

[25] Mit einem generellen Ausschluss von Medien wie Fotografie und Film würde eine bürgernahe Information unmöglich werden. Staatliche Pressearbeit, soll sie ihre Funktion zur Aufklärung der Bürger erfüllen, muss sich auch nach den zeitgemäßen Gewohnheiten der Kommunikation und dem Verständnis ihrer Adressaten richten, damit sie den Bürger erreicht. Wohl grundlegend anderer Ansicht ist die Datenschutzbehörde in Bayern. https://www.datenschutz-bayern.de/datenschutzreform2018/aki16.html.

Grenzen zur Art, zum Umfang und zur Reichweite der Personenfotos: Sind die obigen Prüfungspunkte erfüllt, bedeutet das jedoch nicht, dass keine Schranken bei der Arbeit mit Personenfotos bestehen. „Erforderlichkeit" im Sinne der Rechtsgrundlage Art. 6 Abs. 1 Buchst. e DSGVO schließt nicht nur das Ob der Datenverarbeitung ein, sondern auch das Wie in Art und Umfang. Es ist stets das mildeste Mittel bei der „Information der Allgemeinheit" zu wählen. Das bedeutet, dass zunächst Fotos angefertigt und genutzt werden dürfen, die am wenigsten in die Sozialsphäre der zu fotografierenden Personen eingreifen und dennoch die Information ausreichend veranschaulichen.

Beispiel zur Art der Fotos

Das Sportamt einer Stadt organisiert die Veranstaltung einer internationalen Segelregatta. Gegenüber Fotos von Teilnehmenden beim abendlichen Umtrunk im Hafen sind Fotos der Sportler während der Wettfahrten das mildere Mittel zur Information der Öffentlichkeit. Diese Fotos greifen nur gering in die Sozialsphäre der Teilnehmenden ein und dennoch informieren sie über das Thema.

Weiter muss die Anzahl der Fotos schon bei der Anfertigung in einem Verhältnis zur Bedeutung der Veranstaltung stehen. Die lückenlose und systematische Dokumentation eines Ereignisses ist in der Regel nicht verhältnismäßig. Für den Umfang der Veröffentlichungen gilt als Faustregel „je geringer die Bedeutung des Ereignisses für die Öffentlichkeit, umso zurückhaltender sind Personenfotos zu veröffentlichen". In dem Beispiel zur internationalen und mehrtägigen Sportveranstaltung einer Großstadt mögen täglich mehrere Fotos zu rechtfertigen sein. Zum Richtfest des neuen Gebäudes einer Gemeindebücherei werden eine Übersicht und ein bis zwei Fotos der lokalen Prominenz verhältnismäßig sein.

Die von den Datenschutzbehörden verlangte Angemessenheit der Reichweite durch Begrenzung auf die zu informierenden Bürger in einer Region der Bildveröffentlichungen herzustellen, stellt zunächst ein technisches Problem dar. Werden Fotos auf der Website der öffentlichen

Stelle veröffentlicht, besteht zumindest technisch weltweite Öffentlichkeit. Werden die Fotos an die Lokalpresse weitergegeben, verhält es sich ebenso, da einzelne Artikel über die Social Media Accounts der Verlage verbreitet werden, also mitnichten zu kontrollieren ist, ob die Fotos nur für Abonnenten der Online-Ausgabe zu betrachten sind. In der Konsequenz bleibt lediglich die Veröffentlichung in Druckmedien; im Falle der kommunalen Pressearbeit also im Gemeindeblatt einer Gebietskörperschaft.[26]

Ihr Transfer in die Praxis – Veröffentlichungen auf der Website der öffentlichen Stelle

Nach der hier vertretenen Ansicht sind Veröffentlichungen von Personenfotos auf der Website der öffentlichen Stelle in dem beschriebenen Umfang und den Grenzen zum Zwecke der Öffentlichkeitsarbeit im Rahmen des Art. 6 Abs. 1 Buchst. e DSGVO rechtmäßig. Die Seiten werden gezielt von den Bürgern besucht, die nach Informationen suchen und somit selektiv aufgerufen. Das Gefährdungspotential für abgebildete Personen kann durch Verhinderung der Suchmaschinen-Indexierung der Fotos abgesenkt werden. Weiter sollten die Bilder nicht auf die hochaufgelöste Datei im Content Management System verlinkt werden und somit nur als kleine Dateien gezeigt werden. Metadaten, die zur weiteren Identifikation von Personen beitragen können (Aufnahmeort und Aufnahmezeit) sollten in der Bilddatei selbst gelöscht werden. Auf die Möglichkeit des Teilens von der Website in soziale Netzwerke sollte ganz verzichtet werden.

Veröffentlichungen in sozialen Medien

Personenbezogene Öffentlichkeitsarbeit mit Personenfotos in sozialen Netzwerken auf der Rechtsgrundlage „öffentliches Interesse" ist nach der hier vertretenen Ansicht nicht mehr verhältnismäßig und damit unzulässig. Zu bedenken ist das erhebliche Gefährdungspotential, welches sich für Betroffene ergibt. Automatisierte Gesichtserkennung mit Verknüpfungen zu anderen Daten (Profilen) von Account-Inhabern sowie Auswertungen durch Dienstbetreiber sind nicht sicher auszuschließen. Des Weiteren verliert die öffentliche Stelle mit dem Hochladen der Personenfotos in

---

[26] So die Einschätzung des bayerischen Landesbeauftragten für den Datenschutz. https://www.datenschutz-bayern.de/datenschutzreform2018/aki16.html.

soziale Netzwerke die Kontrolle über das Bild. Den Betreibern werden urheberrechtliche Nutzungsrechte mit dem Hochladen der Fotos durch Account-Inhaber eingeräumt und verfestigen somit die „Macht der Netzwerke". Mit jedem Teilen, Liken und Kommentieren verbreitet sich das Personenfoto erneut in unterschiedlichen Timelines und sogar in veränderte Veröffentlichungszusammenhänge. Dazu kommt die Möglichkeit der Nutzer ungünstige Kommentare zu den gezeigten Personen abzugeben. Auch wenn Kommentar und Foto durch die öffentliche Stelle als Account-Inhaber gelöscht werden können, wird das Foto auf diversen Servern des Dienstbetreibers weiter abgespeichert bleiben und die Wiedergabe des Bildes in vereinzelten Timelines nicht ausgeschlossen.

Auf der Rechtsgrundlage des Art. 6 Abs. 1 Buchst. e DSGVO können somit Postings von Personenfotos in sozialen Medien zum Zwecke der Öffentlichkeitsarbeit nicht vorgenommen werden. Abgesehen von dem Streit zur gemeinsamen Verantwortlichkeit bei Fanpages bleibt für die personenbezogene Öffentlichkeitsarbeit über soziale Netzwerke nur die Einwilligung mit einer umfangreichen Risikoaufklärung oder in seltenen Fällen ein Model-Vertrag, der die Verbreitung in sozialen Netzwerken ausdrücklich erlaubt.

Hintergrund – Öffentlichkeitsarbeit öffentlicher Einrichtungen und die Meinungsfreiheit

Öffentliche Einrichtungen sind grundsätzlich nicht „grundrechtsfähig" und zur Neutralität verpflichtet. Sie können sich daher nicht auf das Grundrecht des Art. 5 Abs. 1 Satz 1 Grundgesetz (GG) zur freien Meinungsäußerung berufen, wenn die an den Bürger gerichtete Öffentlichkeitsarbeit zur Wahrnehmung gesetzlich zugewiesener öffentlicher Aufgaben erfolgt. Damit scheidet die für Unternehmen, Vereine und natürliche Personen anwendbare Rechtsgrundlage des Art. 6 Abs. 1 Buchst. f DSGVO („berechtigte Interessen") sowie eine nationale Regelung zur Meinungsfreiheit (Entwurf § 27a BDSG) in der Regel für die behördliche Presse- und Öffentlichkeitsarbeit aus.

Denkbar ist jedoch, dass eine Körperschaft des öffentlichen Rechts nicht in ihrer Funktion als Teil der öffentlichen Verwaltung, sondern als Vertreterin wirtschaftlicher Interessen ihrer Mitglieder Öffentlichkeitsarbeit betreibt. So kann sich nach der Rechtsprechung des BGH eine Handwerksinnung als Körperschaft des öffentlichen Rechts auf das Grundrecht der Meinungsfreiheit aus Art. 5 Abs. 1 Satz 1 GG berufen, soweit sie nicht in ihrer Funktion als Teil der öffentlichen Verwaltung, sondern als Vertreterin der berufsständischen und wirtschaftlichen Interessen ihrer Mitglieder tätig wird.[27]

In den Fällen derartiger „Doppelzuständigkeiten" einer Körperschaft des öffentlichen Rechts müsste sich die personenbezogene Öffentlichkeitsarbeit zur Wahrung der Interessen der Mitglieder der Körperschaft auch bei der Verbreitung von Personenfotos im Rahmen der „berechtigten Interessen" (Art. 6 Abs. 1 Buchst. f DSGVO) beurteilen lassen und nicht nach den engen Voraussetzungen staatlichen Handels auf Grund der Rechtsgrundlage „öffentliches Interesse" gemäß Art. 6 Abs. 1 Buchst. e DSGVO.

3.1.11 Mitarbeiter im Bild

Unternehmen, Vereine und öffentliche Einrichtungen zeigen gerne ihre Mitarbeitenden im Bild. Damit bekommt die Organisation sprichwörtlich ein Gesicht, sie erscheint menschlich und ansprechbar. Eine weitere Funktion erfüllen Mitarbeiterfotos in der internen Unternehmenskommunikation. Ziel von Veröffentlichungen in Mitarbeitermagazinen und im Intranet ist hier die Mitarbeiterbindung sowie die Förderung von Unternehmenskultur und Betriebsklima. Je nach Art, Anlass, Nutzung und Verbreitung der Personenfotos durch den Arbeitgeber sind die datenschutzrechtlichen Anforderungen zum Schutz der personenbezogenen Daten Beschäftigter unterschiedlich. Der Arbeitgeber bedarf jedoch stets zur Anfertigung und Nutzung der Fotos „seiner" Beschäftigten einer Rechtsgrundlage entsprechend der DSGVO unter Berücksichtigung der besonderen Regelungen des Bundesdatenschutzgesetzes (BDSG) zum Beschäftigtendatenschutz. In wenigen Fällen ergibt sich die Rechtsgrundlage als Pflicht oder Nebenpflicht aus dem Arbeitsvertrag (siehe weiter unten „Arbeitsvertragliche Pflichten zur Mitwirkung an Fotoaufnahmen"). Das Bundesarbeitsgericht hat im Zusammenhang mit Fotoaufnahmen von Mitarbeitenden hervorgehoben, dass es in der Regel einer Einwilligung der Beschäftigten hierzu bedarf. So können im Rahmen eines Arbeitsverhältnisses Arbeitnehmer grundsätzlich frei darüber entscheiden, wie sie ihr Grundrecht auf informationelle Selbstbestimmung

[27] BGH, Urteil v. 1. März 2018, Az. I ZR 264/16.

ausüben wollen.[28] Somit ist die Einwilligung entsprechend Art. 6 Abs. 1 Buchst. a, Art. 7 DSGVO, § 26 Abs. 2 Satz 2 BDSG das sichere „Mittel der Wahl" zur Anfertigung und Nutzung von Fotos Beschäftigter durch den Arbeitgeber.

Hintergrund zum Beschäftigtendatenschutz
In Workshops zum Bildrecht taucht häufig die Frage auf, warum zur Erstellung und Nutzung von Bildaufnahmen von Beschäftigten strengere Maßstäbe angelegt werden als an Aufnahmen von „Externen". Das liegt daran, dass zwischen Arbeitgeber und Arbeitnehmer ein Machtgefälle besteht. Der Arbeitnehmer ist besonders schutzwürdig, da er sich in einem Abhängigkeitsverhältnis befindet und in der Regel der wirtschaftlich Schwächere ist. Diese Situation soll nicht durch Arbeitgeber ausgenutzt werden können. Schon vor Geltung der DSGVO hat das Bundesarbeitsgericht (BAG) im Rahmen des „Recht am Bild" die Bedingungen der Einwilligung zur Veröffentlichung von Mitarbeiterfotos unter datenschutzrechtlichen Kriterien ausgelegt. Der Beschäftigtendatenschutz ist ergänzend zur DSGVO im Bundesdatenschutzgesetz (BDSG) geregelt. Daneben kommt ein weiterer Aspekt zum Schutz der Beschäftigten hinzu: die Fürsorgepflichten des Arbeitgebers. So ist es aus der privatrechtlichen Fürsorgepflicht des Arbeitgebers bedenklich, wenn trotz des Vorliegens der erforderlichen Einwilligungen, minderjährige Auszubildende durch ein Unternehmen in sozialen Netzwerken („Unsere neuen Azubis sind da!") im Bild vorgestellt werden.

Wer ist Beschäftigter im Sinne des BDSG?

Unter die Regelungen des Beschäftigtendatenschutzes des BDSG fallen Arbeitnehmer, einschließlich der Leiharbeitnehmer im Verhältnis zum Entleiher, Auszubildende, arbeitnehmerähnliche Personen, Bewerber sowie aus dem Beschäftigtenverhältnis ausgeschiedene Personen. Eine abschließende Aufzählung enthält § 26 Abs. 8 BDSG. Dort wo in speziellen Teilbereichen für Bedienstete und Beschäftigte bei Behörden und öffentlichen Stellen des Bundes und der Bundesländer, einschließlich der Kommunen besondere bundes- und landesspezifische Regelungen (z. B. beamtenrechtliche Vorschriften) bestehen, finden die Reglungen des § 26 BDSG keine Anwendung.

[28] BAG, Urteil v. 11. Dezember 2014, Az. 8 AZR 101/13.

Beispiele für die Nutzung von Mitarbeiterfotos in der Unternehmenskommunikation und des Marketings:

- Vorstellung Beschäftigter als Ansprechpartner mit Namen und Kontaktadresse auf Websites
- Berichterstattung über die betrieblichen Aktivitäten von Beschäftigten im Rahmen der externen Unternehmenskommunikation im Internet sowie in Kundenzeitschriften
- Personalien Beschäftigter, z. B. Jubiläum oder neuer Aufgabenbereich von Mitarbeitenden im Rahmen der internen Unternehmenskommunikation
- Beschäftigte als Mitwirkende in Image-Broschüren und Image-Filmen der Organisation
- Fotos Beschäftigter in Mitarbeiterzeitschriften, auf der Website, in sozialen Netzwerken und im Intranet zur Förderung der Mitarbeiterkultur und des Betriebsklimas, z. B. Fotos von Weihnachtsfeiern und vom Betriebssport
- Belegschaftsfotos (Gruppenaufnahmen) zur Vorstellung der Organisation
- Dokumentation betriebsinterner Veranstaltungen

In allen diesen Fällen bedarf die Anfertigung und Nutzung einer Rechtsgrundlage entsprechend der DSGVO in Verbindung mit den nationalen Regelungen zum Beschäftigtendatenschutz des BDSG. Eine Ausnahme besteht für Fotos in Nachrufen verstorbener Mitarbeiter (siehe unter Abschn. 5.1.6), deren Veröffentlichung nicht den Datenschutzgesetzen unterliegt.

Mögliche Rechtsgrundlagen zur Erstellung und Nutzung von Mitarbeiterfotos

In der Regel ist die Einwilligung oder ein Model-Vertrag (siehe auch Abschn. 3.1.8) zur Mitarbeiterfotografie zum Zwecke der Öffentlichkeitsarbeit und des Marketings erforderlich. Insbesondere Verbreitungen in sozialen Netzwerken sind auf Grund der faktischen Unlösbarkeit der unkontrollierten Verbreitung nur mit Zustimmung (Model-Vertrag oder Einwilligung) des Mitarbeiters unter umfangreicher Risikoaufklärung zu legitimieren. Weiter ist die Einwilligung zwingend, wenn sensible Daten erhoben werden sollen. Inwieweit diese Regelung des Art. 9 Abs. 2 Buchst. a DSGVO, § 26 Abs. 3 Satz 2 BDSG auf Personenfotos anwendbar ist, ist umstritten (siehe Abschn. 3.1.6).

Beispiel besonders sensibler Bilddaten – Fotos vom Betriebssport

Unternehmen U ist Geldgeber eines Betriebssportvereins, in dem ausschließlich Beschäftigte des U Mitglied sein können. Beim jährlichen Betriebs-Marathonlauf werden umfangreiche Fotos der Teilnehmer während des Laufes und am Rande der Veranstaltung aufgenommen. Die Personenfotos werden sowohl im Intranet wie auch auf der Website des Unternehmens U gezeigt. U ist der Meinung, es handle sich um eine öffentliche Veranstaltung und daher bedürfe es keiner Einwilligung, sondern die Fotos seien auf der Rechtsgrundlage „berechtigte Interessen" Art. 6 Abs. 1 Buchst. f DSGVO „zur Förderung des Zusammenhaltes der Belegschaft legal eingestellt". U irrt. Denn zunächst handelt es sich bei den fotografierten Personen um Beschäftigte des U und es ist unerheblich, dass diese bei einer Freizeitaktivität fotografiert wurden, wenn die Veranstaltung letztendlich so organisiert ist, dass sie der Unternehmenskultur dienen soll. Des Weiteren geben die Fotos Auskunft über den Gesundheitszustand (Gewicht und Kondition) der sportlich leicht bekleideten teilnehmenden Arbeitnehmer. Diese Informationen geraten hier gerade nicht zufällig in das Bild. Auch kann nicht gesagt werden, dass die derartig gezeigten Mitarbeitenden mit einem „bewussten Willensakt" ihre betriebssportlichen Betätigungen öffentlich machen, wenn es sich um eine vom Arbeitgeber gewollte und geförderte Betätigung handelt. Eine Einwilligung jedes einzelnen Teilnehmenden in die Anfertigung und Nutzung der Fotos ist somit zwingend.

Die Einwilligung ist als Rechtsgrundlage zur Mitarbeiterfotografie zwingend, wenn sich die Fotoproduktion auf keine andere Rechtsgrundlage stützen lässt. Dieses ist der Fall, wenn für die konkrete Produktion

- den Arbeitnehmer keine arbeitsvertragliche Pflicht zur Mitwirkung an Fotoaufnahmen trifft,
- keine rechtswirksamen Kollektivvereinbarungen über Fotonutzungen von Mitarbeiterfotos zwischen dem Arbeitgeber und der Mitarbeitervertretung geschlossen wurden,
- kein individueller Model-Vertrag zwischen Arbeitnehmer und Arbeitgeber geschlossen wurde
- und die „Interessen-Rechtsgrundlage" (Art. 6 Abs. 1 Buchst. f DSGVO) ausscheidet.

Umsetzung der Einholung von Einwilligungen Mitarbeitender
Die im Abschn. 3.1.6 dargelegten Voraussetzungen zur Einwilligung entsprechend Art. 6 Abs. 1 Buchst. a, Art. 7 DSGVO gelten auch für Beschäftigte. Hinzu kommen die durch den nationalen Gesetzgeber getroffenen speziellen Regelungen im Bundesdatenschutzgesetz (BDSG) zum Beschäftigtendatenschutz sowie für Beschäftigte öffentlicher Stellen die besonderen Umsetzungen in den jeweiligen Landesdatenschutzgesetzen.

Die Einwilligung zur Fotografie von Beschäftigten zum Zwecke der Öffentlichkeitsarbeit und des Marketings bietet für den Mitarbeitenden ein Höchstmaß an Selbstbestimmung und Rechtssicherheit. Für den Beschäftigten sichert die jederzeit frei widerrufbare Einwilligung im Hinblick auf seine Lebenssituation, z. B. bei beruflichen Veränderungen, eine sinnvolle und angemessene Selbstbestimmung. Das Einholen der Einwilligung entsprechend § 26 BDSG stellt den Verantwortlichen in der Regel auch nicht vor unüberwindliche Hürden. Denn auf Grund der betrieblichen Infrastruktur ist der Arbeitgeber organisatorisch in der Lage im Vorfeld einer Fotoproduktion den Ablauf der Einholung von Einwilligungen zu gestalten.

In der Praxis hat sich herausgestellt, dass die auf der Grundlage eines sorgfältig verfassten Textes erteilten Einwilligungen gar nicht so häufig widerrufen werden, wie zunächst mit Geltung der DSGVO befürchtet. Hat der einwilligende Mitarbeitende den detaillierten Text zu Verwendung der Aufnahmen sowie zu den Risiken der Zustimmung unterschrieben, hatte er auch das vollständige Bewusstsein für die Tragweite seiner Entscheidung. Nur in wenigen Fällen wird aus einer Laune heraus die Erklärung widerrufen.

Zeitpunkt der Einwilligung: Die Einwilligung muss zeitlich vor der Erstellung der Mitarbeiterfotos erteilt werden (vgl. § 183 Satz 1 des Bürgerlichen Gesetzbuchs). Eine nachträgliche „Einwilligung" scheidet als Erlaubnistatbestand aus.

Freiwilligkeit: Eine Pflicht des Arbeitnehmers aus dem Arbeitsverhältnis, der Erhebung, Verarbeitung und Veröffentlichung seiner Bilddaten durch eine Einwilligung zuzustimmen, besteht nicht. Auf Grund der im Beschäftigtenverhältnis bestehenden Abhängigkeiten ist besondere Aufmerksamkeit auf das Erfordernis der Freiwilligkeit zur Erteilung der Einwilligung zu richten. Es darf keinerlei Druck ausgeübt werden, die Einwilligung zu erteilen. Freiwilligkeit soll auch dann vorliegen, wenn den Mitarbeitenden, z. B. bei betrieblichen Veranstaltungen, die Möglichkeit eröffnet wird, die Einwilligung abzulehnen und den Aufnahmen ohne nachteilige Folgen fernzubleiben, so dass sie nicht zufällig in das Bild geraten.[29] Eine Verweigerung der erforderlichen schriftlichen Einwilligung darf keine Benachteiligungen auslösen. Andernfalls „stellte dies einen groben Verstoß gegen die arbeitgeberseitigen Pflichten aus § 241 Abs. 2 und § 612a BGB dar, der zum Schadensersatz nach §§ 282, 280 Abs. 1 BGB verpflichtete".[30]

Form und Abgabe der Erklärung: In der Praxis ist es empfehlenswert vorgefertigte Einwilligungstexte zu verwenden (siehe hierzu auch Abschn. 3.1.7). Diese sollten in Absprache mit dem Datenschutzbeauftragen abgefasst sein und verbindlich von den Abteilungen genutzt werden, die mit der Einholung von Einwilligungen befasst sind. Die Texte müssen in einer klaren und einfachen Sprache abgefasst sein und sie dürfen keine Klauseln enthalten, die den Arbeitnehmer unangemessen benachteiligen.[31]

Die Textform (§ 126 b BGB) der Erklärung ergibt sich zunächst aus dem Erfordernis der Nachweisbarkeit zur Erfüllung der Aufklärungspflichten über den Zweck der Datenverarbeitung sowie zum Widerrufsrecht nach Art. 7 Abs. 3 DSGVO. Die vorgeschriebene Textform der Aufklärung gemäß § 26 Abs. 2 Satz 4 BDSG sollte Bestandteil des Einwilligungstextes sein (siehe unter Abschn. 3.1.7). Der Einwilligungstext kann per E-Mail mit Lesebestätigung an den Arbeitnehmer versendet werden.

Zur eigentlichen Abgabe der Einwilligung, der Zustimmung, ist eine eindeutige und aktive Handlung der zu fotografierenden Person erforderlich. Ob so eine Zustimmung rechtswirksam durch eine einfache Bestätigung (etwa „Ja, ich bin einverstanden.") per Antwort-Mail an den Arbeitgeber möglich ist oder auch die qualifizierte elektronische Signatur

[29] Artikel-29-Datenschutzgruppe, Leitlinien Einwilligung gemäß Verordnung 2016/679, WP 259 rev. 01, S. 8.

[30] BAG, Urteil v. 11. Dezember 2014, Az. 8 AZR 101/13.

[31] Vgl. BAG, Urteil vom 18.November 2008, Az. 3 AZR 192/07.

(gemäß § 126a BGB) gewählt werden kann, wird in der Fachliteratur nach Geltung der DSGVO und des BDSG-neu uneinheitlich beurteilt.

Der Wortlaut des § 26 Abs. 2 Satz 3 BDSG erfordert die Zustimmung des Betroffenen ausdrücklich in der Schriftform (nicht zu verwechseln mit der Textform) und damit eine handschriftliche Original-Unterschrift. Nur in Ausnahmefällen, die im Gesetzestext nicht benannt sind, soll von der Schriftform des § 126 Abs. 1 BGB abgesehen werden können.

Auch wenn sich das Schriftformerfordernis lediglich im BDSG, dagegen jedoch nicht in der DSGVO findet, sollte vorsorglich eine unterschriebene Einwilligungserklärung eingeholt werden. Sinn und Zweck der Schriftform ist die Beweis- und Warnfunktion. Unterzeichnet der Arbeitgeber den vorgefertigten Einwilligungstext, ist damit die datenschutzrechtlich geforderte eindeutige und aktive Zustimmungshandlung erfüllt und sicher dokumentiert. Ebenso gilt das für die Nachweisbarkeit der Aufklärung des Betroffenen. Weiter erfüllt die Unterschrift für den unterzeichnenden Arbeitnehmer eine Warnfunktion, mit der die rechtliche Tragweite der Zustimmung erkennbar wird. Aus diesen Gründen sollte nicht ohne zwingende Gründe auf die Unterschrift unter einem Einwilligungstext verzichtet werden.

Inhalte der Einwilligungserklärung: Die schriftliche Einwilligungserklärung eines Mitarbeitenden muss zu den Erfordernissen der Einwilligung, wie im Abschn. 3.1.7 ausführlich dargestellt, zusätzlich folgende Punkte enthalten:

- Regelung, wie der Arbeitnehmer seine Einwilligung widerrufen kann. Dem Arbeitnehmer sollte die Möglichkeit gegeben werden, seinen Widerruf durch Textform (z. B. E-Mail) zu erklären.
- Dem Beschäftigen ist in der schriftlichen Einwilligungserklärung zuzusichern, dass sein Widerruf keine für ihn nachteiligen Folgen im Beschäftigtenverhältnis nach sich ziehen wird.
- Regelung, in welchem Zeitraum im Falle des Widerrufs das Foto entfernt bzw. der Arbeitnehmer in Gruppenaufnahmen unkenntlich gemacht wird.
- Regelungen über die Löschung von Veröffentlichungen nach Beendigung des Beschäftigtenverhältnisses.

Arbeitsvertragliche Pflichten zur Mitwirkung an Fotoaufnahmen zur Öffentlichkeitsarbeit

§ 26 Abs. 1 S. 1 BDSG erlaubt Datenverarbeitungen im laufenden Beschäftigungsverhältnis dann, wenn sie zu dessen Durchführung erforderlich sind. Eine arbeitsvertragliche Mitwirkungspflicht Beschäftigter an der Öffentlichkeitsarbeit eines Unternehmens durch bildliche Präsenz ist in der Regel nicht zu begründen. Auch kann nicht einfach eine Klausel in den Arbeitsvertrag aufgenommen werden, die Mitarbeitende zur Duldung von und Mitwirkung an Fotoaufnahmen zwecks Öffentlichkeitsarbeit, interner Unternehmenskommunikation und Marketing verpflichtet.[32]

In den Fällen, in denen arbeitsvertragliche Pflichten gerade in der Außendarstellung eines Unternehmens bestehen, sind Bildaufnahmen der betreffenden Beschäftigten im Zusammenhang mit der Vertretung des Unternehmens in der Öffentlichkeit jedoch vertraglich legitimiert. So ist es denkbar, dass sich aus dem Arbeitsvertrag eines Pressesprechers eines Unternehmens auch ergibt, dass dieser sich im Rahmen seiner Repräsentationstätigkeit zur Öffentlichkeitsarbeit für das Unternehmen, etwa auf der Unternehmenswebsite, als Person in Foto- und Filmaufnahmen zeigt. Dieses kann ebenso für Beschäftigte gelten, die arbeitsvertraglich mit der Präsentation von Waren oder Dienstleistungen z. B. auf Messen betraut sind. Eine gesonderte Einwilligung ist also in diesen seltenen Fällen arbeitsvertraglicher Pflicht zur Mitwirkung an der Öffentlichkeitsarbeit durch „Foto- und Filmpräsenz" nicht erforderlich.

Model-Vertrag mit Beschäftigten

Grundsätzlich ist es möglich, dass im Rahmen der Privatautonomie Arbeitgeber mit Beschäftigten einen gesonderten Vertrag über ihre Mitwirkung als Model einer Fotoproduktion mit nachfolgenden Bildnutzungen durch den Arbeitgeber schließen. Dieses erscheint zunächst

[32] Derartige pauschale Klauseln halten der arbeitsrechtlichen AGB-Kontrolle nicht stand.

attraktiv, da die Bildnutzungen im Rahmen eines Model-Vertrages im Gegensatz zur Einwilligung nicht ohne besonderen Grund widerrufen werden können und das Model sich an seiner Willenserklärung festhalten lassen muss.

Erforderlich ist dafür ein Vertrag im Sinne der DSGVO (siehe Abschn. 3.1.8). Dieser muss sich gegenüber der Einwilligung abgrenzen, indem die Nutzung der Fotos an eine Gegenleistung gekoppelt ist. Andernfalls besteht die Gefahr, dass es sich um eine „verkappte Einwilligung" ohne die sonst bestehende Möglichkeit des jederzeitigen Widerrufs ohne die Angabe von Gründen handelt und damit der Beschäftigtendatenschutz ausgehebelt wird. Nach der hier vertretenen Ansicht reicht daher eine Gefälligkeit des Arbeitnehmers gegenüber dem Arbeitgeber zur Begründung eines wirksamen Model-Vertrages nicht aus. Der Beschäftigte muss somit einen wirtschaftlichen Vorteil für seine Mitwirkung als Model und zur Einräumung der Verwertung seines Bildnisses erlangen (zur Vergütung siehe Abschn. 3.1.8).

In der Praxis erweist es sich meist als hürdenreich einen Model-Vertrag mit Beschäftigten abzuschließen. Nebentätigkeiten des Arbeitnehmers für den Arbeitgeber bedürfen in der Regel der Zustimmung der Arbeitnehmervertretung (Betriebsrat bzw. Mitarbeitervertretung). Weiter müssten die Regelungen herausstellen, dass die Tätigkeit des Beschäftigten nichts mit dem Beschäftigtenverhältnis zu tun hat, insbesondere die Arbeitszeit des Models nicht als Arbeitszeit im Beschäftigtenverhältnis zu werten ist und der als Model tätige Arbeitnehmer die Vergütung zur Versteuerung anzugeben hat. Unternehmen sollten sich bei dem Abschluss von Model-Verträgen mit Mitarbeitenden arbeitsrechtlich beraten lassen und derartige Verträge nur in Ausnahmefällen bei hochwertigen Fotoproduktionen schließen. Hier entfällt dann das Risiko des jederzeitig möglichen Widerrufs ohne Vorliegen eines Grundes, so dass Vergütung und bürokratischer Aufwand im Verhältnis zur Bedeutung und zum Wert der Fotoproduktion gerechtfertigt sein können.

Für Mitarbeitende öffentlicher Einrichtungen wird ein Model-Vertrag mit Vergütung des Beschäftigten daran scheitern, dass hier eine Auftragsvergabe an Beschäftigte durch den Dienstherrn vorliegt und damit das

Vergaberecht zur Anwendung kommen muss. Die mit der Auftragsvergabe befassten Personen können schnell in den Verdacht der Begünstigung geraten, wenn die eigenen Beschäftigten ihrer Einrichtung außerhalb des Beschäftigtenverhältnisses Aufträge der öffentlichen Hand erhalten.

Rechtsgrundlage Betriebsvereinbarungen § 26 Abs. 1 BDSG

§ 26 Abs. 4 Bundesdatenschutzgesetz (BDSG) erlaubt die Verarbeitung von Daten auf der Grundlage von Vereinbarungen zwischen Arbeitgebern und Arbeitnehmervertretungen. Diese Kollektivvereinbarungen ermöglichen es den Betriebsparteien vertraglich festzulegen, welche Daten auf welche Weise im Beschäftigtenverhältnis verarbeitet werden dürfen.

Können durch derartige Vereinbarungen Beschäftigte zur Mitwirkung an Film- und Fotoaufnahmen zum Zweck der Öffentlichkeitsarbeit rechtswirksam verpflichtet werden? Regelungen der Betriebsvereinbarungen zwischen Arbeitgeber und Betriebsrat müssen die individuellen Rechte der Arbeitnehmer, auch gerade den Schutz ihrer personenbezogenen Daten beachten. Es gilt auch hier der Grundsatz der Verhältnismäßigkeit, wenn die Regelung in die Persönlichkeitsrechte eingreift. Eine Betriebsvereinbarung darf nicht die gesetzlich geregelte Rechtsstellung der Arbeitnehmer zu ihren Ungunsten gestalten. Betriebsvereinbarungen, die gegen diese Grundprinzipien verstoßen, sind unwirksam. Denkbar ist jedoch, dass im Rahmen der internen Unternehmenskommunikation im Intranet einem ausgewählten und begrenzten Mitarbeiterkreis Personenfotos Beschäftigter über die Rechtsgrundlage Betriebsvereinbarung zugänglich gemacht werden können. Dieses ist vorstellbar, wenn die Fotos z. B. der gegenseitigen Vorstellung von Teammitgliedern dienen und die Fotos damit zur Förderung des Betriebsklimas beitragen. Nach der hier vertretenen Auffassung ist jedoch auch für derartige Zwecke die Einwilligung entsprechend § 26 Abs. 2 BDSG erforderlich. Eine durch Kollektivvereinbarung bestehende Verpflichtung, sich im Bild zu exponieren, egal wie groß der Kreis der Betrachter ist, dürfte sich nicht mit Art. 88 DSGVO in Einklang bringen lassen. Denn die in Art. 88 Abs. 1 DSGVO angeführten Zwecke einer

Kollektivvereinbarung beziehen sich auf organisatorisch bedeutsame Aufgaben zur Regelung schutzwürdiger Belange anderer Grundrechtsträger (Mitarbeiter, Kunden, Arbeitgeber). So ist z. B. die Datenverarbeitung aus Gründen der Gesundheit und Sicherheit am Arbeitsplatz mittels Kollektivvereinbarungen grundsätzlich möglich. Die Rechtfertigung zur Veröffentlichung von Mitarbeiterfotos im Intranet zur internen Unternehmenskommunikation und zur Förderung eines positiven Betriebsklimas dürfte in der Güterabwägung zwischen den Persönlichkeitsrechten des Arbeitnehmers zu Ungunsten der Interessen des Arbeitgebers ausfallen.[33] Erforderlich sind diese Fotos nicht; allenfalls förderlich. Zudem haben Beschäftigte die Möglichkeit aus eigener Initiative ihre Bildnisse auszutauschen, so dass eine Verpflichtung hierzu nicht verhältnismäßig sein wird.

„Berechtigte Interessen“ des Arbeitgebers zur Anfertigung von Mitarbeiterfotos

§ 26 BDSG regelt die Datenverarbeitungen zum „Zwecke des Beschäftigtenverhältnisses“. Dienen die Bilddaten der Mitarbeitenden nicht der Durchführung des Beschäftigtenverhältnisses, soll es dem Arbeitgeber dennoch grundsätzlich möglich sein, personenbezogene Mitarbeiterdaten außerhalb der Regelungen des § 26 BDSG verarbeiten zu können.[34] Werden also Beschäftigtendaten zu anderen Zwecken, also solchen, die nicht mit dem konkreten Beschäftigungsverhältnis verknüpft sind, verarbeitet, kann der Arbeitgeber auf die allgemeinen Regelungen der DSGVO, insbesondere auf Art. 6 Abs. 1 Buchst. f DSGVO „berechtigte Interessen“, zurückgreifen.[35]

Als berechtigte Interessen zur Anfertigung von Mitarbeiterfotos kommen die wirtschaftlichen Interessen wie auch die Kommunikationsrechte des Unternehmens zur Öffentlichkeitsarbeit in Betracht. Diese Interessen müssen nun die „berechtigten Interessen“ des Betroffenen überwiegen. Wie im Abschn. 3.1.9 beschrieben, bedarf es einer

[33] Auch bei dem Abschluss von Kollektivvereinbarungen ist eine Rechtsgüterabwägung unter Berücksichtigung der Umstände und des Einzelfalls erforderlich. Vgl. Kühling/Buchner (2018), DS-GVO BDSG § 26 Rn. 67.

[34] Diese Ansicht ist umstritten.

[35] Vgl. Kühling/Buchner (2018), DS-GVO BDSG § 26 BDSG Rn. 5.

Rechtsgüterabwägung, die im Falle von Mitarbeiterfotos als „Aushängeschild" des Unternehmens zu Gunsten des Arbeitnehmers ausfällt, so dass diese Fotoveröffentlichungen der Einwilligung der betroffenen Mitarbeiter bedürfen. Dennoch sind Konstellationen denkbar, in denen die Mitarbeitenden zumindest die Anfertigung von Fotos dulden müssen.

Beispiel zur Anfertigung von Mitarbeiterfotos mit „berechtigten Interessen" des Arbeitgebers

Arbeitgeber U veranstaltet einen Tag der offenen Tür und möchte Übersichtsaufnahmen des Besucherandranges anfertigen. Immer wieder geraten Mitarbeitende in das Bild und U fragt sich, auf welcher Rechtsgrundlage eigentlich die Mitarbeitenden fotografiert werden können.

Dem Arbeitgeber als dem Verantwortlichen geht es hier gerade nicht um die Darstellung seiner Mitarbeitenden zur Außendarstellung seines Unternehmens, sondern um die Erfassung des Besucherandranges. Es besteht kein Kontext zum Beschäftigtenverhältnis, wenn Mitarbeitende in das Bild des Besucherandranges geraten. Die eigentliche Anfertigung der Aufnahmen, auf denen Mitarbeitende zu sehen sind, lässt sich auf die „berechtigten Interessen" des Arbeitgebers stützen. Denn hier geht es dem Arbeitgeber um die Dokumentation des Besucherandranges „seiner" Veranstaltung. Wären in diesem Fall schon für die Erstellung der Fotos die Einwilligungen der Mitarbeitenden erforderlich, könnte der Arbeitgeber wahrscheinlich keine Übersichtsaufnahme anfertigen, wenn nicht zuvor die Mitarbeitenden eingewilligt hätten. Hier überwiegt das berechtigte Interesse des Arbeitgebers die berechtigten Interessen der Mitarbeitenden. Denn es muss dem Arbeitgeber möglich sein, zunächst überhaupt Bilder anfertigen zu können und dann Motive zur Veröffentlichung aussuchen zu können, auf denen entweder keine Mitarbeitenden zu erkennen sind oder aber Mitarbeitende dann in die Veröffentlichung einwilligen können. Die eigentliche Datenerhebung der Mitarbeiterfotos basiert auf der Rechtsgrundlage „berechtigte Interessen". Anschließende eventuelle Veröffentlichungen können nach Vorlage der Fotos mit Einwilligungen der zufällig in das Bild geratenen Mitarbeitenden abgesichert werden.

3.1.12 Kinder und Jugendliche im Bild

Sind Kinder und Jugendliche Ihr Bildthema oder auch nur zufällig im Bild, ist deren besondere Schutzwürdigkeit zu beachten. Das bedeutet nicht, dass immer nur auf der Rechtsgrundlage der Einwilligung oder eines Model-Vertrages fotografiert und genutzt werden darf. Auch die „Interessen-Rechtsgrundlagen“ (siehe Abschn. 3.1.9 und 3.1.13) kommen hierfür unter Berücksichtigung der besonderen Schutzwürdigkeit von Kindern in Betracht.

Einwilligungen von Kindern und Jugendlichen

Nach datenschutzrechtlichen Maßstäben ist die Erteilung einer wirksamen Einwilligung nicht an die Geschäftsfähigkeit der bürgerlichrechtlichen Vorschriften gebunden. Es soll im Einzelfall auf eine entsprechende Einsichtsfähigkeit der minderjährigen Person ankommen.[36] Da mit dem Anfertigen und der Verwertung eines Bildnisses jedoch erhebliche ideelle und vermögensrechtliche Folgen verbunden sein können, ist auch weiterhin davon auszugehen, dass die Eigenständigkeit zur Fotoeinwilligung erst mit der Vollendung des 18. Lebensjahres eintritt.[37] Insbesondere Fotoveröffentlichungen im kommerziellen Bereich sowie in sozialen Netzwerken sind von besonderer Tragweite, so dass zum Schutz des Jugendlichen die Zustimmung der gesetzlichen Vertreter erforderlich ist.

Sollen also Bildnisse eines Minderjährigen zum Zwecke der Öffentlichkeitsarbeit eines Unternehmens, eines Vereins oder einer öffentlichen Einrichtung veröffentlicht werden, bedarf diese bis zur Vollendung des 18. Lebensjahres des Minderjährigen der Zustimmung der sorgeberechtigten Elternteile. Nicht ausreichend ist es, wenn von zwei sorgeberechtigten Elternteilen nur einer einwilligt. Mit Vollendung des 14. Lebensjahres ist zusätzlich auch die Einwilligung des Jugendlichen erforderlich. Es wird aufgrund der Einsichtsfähigkeit, die ein Jugendlicher in der Regel mit 14 erreicht hat, von dieser sogenannten „Doppelzuständigkeit“ ausgegangen.

Die Rechtsprechung sieht in dem Einstellen der Fotos Minderjähriger auf einer Internetseite zu Werbezwecken und folglich zur Verfolgung kommerzieller Ziele eine „Angelegenheit von erheblicher Bedeutung“ in Sinne des § 1687 Abs. 1 Satz 1 BGB. Damit sei es erforderlich, dass die

[36] Kühling/Buchner (2018), DS-GVO BDSG Art. 7 DSGVO Rn. 67.

[37] Vgl. Dreyer/Kotthoff/Meckel/Hentsch (2018), UrhG, § 22 KUG Rn. 18.

Einwilligung der gesetzlichen Vertreter, in der Regel der beiden sorgeberechtigten Elternteile, gemäß § 1629 BGB vorliegen müsse.[38]

Veröffentlichungen zum Zwecke der Öffentlichkeitsarbeit auf der Unternehmenswebsite müssen nicht zwangsläufig einen „eindeutig werbenden Charakter haben". Dennoch finden die Nutzungen in einem kommerziellen Umfeld statt. Damit ist es zweifelhaft, ob Fotos von Minderjährigen im Rahmen der Öffentlichkeitsarbeit eines Unternehmens überhaupt auf einer anderen Rechtsgrundlage als der Einwilligung nach Art. 6 Abs. 1 Buchst. a DSGVO oder eines Model-Vertrages entsprechend Art. 6 Abs. 1 Buchst. b DSGVO angefertigt und veröffentlicht werden können.

Sollen Fotos von Minderjährigen in soziale Netzwerke eingestellt werden, ist (unabhängig vom Charakter des Bildes) bedeutsam, dass die Löschung des Bildes nicht zuverlässig erfolgen kann und dass die Gefahr der unkontrollierten Weiterverbreitung der Fotos besteht.[39] Bedenklich ist zudem, dass sich soziale Netzwerke über Klauseln der Allgemeinen Geschäftsbedingungen (AGB) weitreichende Verwertungsrechte zur Verbreitung auch außerhalb des Netzwerkes einräumen. Auf Grund der Risiken sowie der Rechteeinräumungen zu Gunsten des Dienstbetreibers ist zum Schutz des Minderjährigen die Einwilligung beider Sorgeberechtigter und die Einwilligung des eigentlich Betroffenen, der das 14. Lebensjahr vollendet hat, ausnahmslos erforderlich.

Unter welchen strengen Voraussetzungen Fotos von Kindern und Jugendlichen dennoch ohne Zustimmungen (entweder als Einwilligung oder in Rahmen eines Modelvertrages mit Zustimmung beider Elternteile) auf der Rechtsgrundlage „berechtigte Interessen" bzw. „öffentliches Interesse" auf Websites veröffentlicht werden dürfen, erfahren Sie im Abschn. 3.1.13.

Einwilligungen unter Berücksichtigung der Fürsorgepflichten

Trotz des hohen Schutzniveaus einer rechtskonform eingeholten Einwilligung sind Fälle denkbar, in denen sich aus der Beziehung zwischen

[38] Habe das Foto einen eindeutig werbenden Charakter, ergäbe sich daraus die besondere Schutzwürdigkeit. OLG Oldenburg, Beschluss vom 24. Mai 2018 Az. 13 W 10/18.

[39] Vgl. Dreyer/Kotthoff/Meckel/Hentsch (2018), UrhG, § 22 KUG Rn. 18.

Verantwortlichem und Betroffenem ergibt, dass eine Einwilligung (auch mit Zustimmung der Sorgeberechtigten) von vorne herein nicht wirksam erteilt werden kann. So wird z. B. empfohlen zur Einhaltung der privatrechtlichen Fürsorgepflichten des Arbeitgebers die Veröffentlichung von Fotos minderjähriger Auszubildenden auf Facebook zu unterlassen.[40]

Auch im Bereich der Kindergarten- und Schulfotografie zum Zwecke der Öffentlichkeitsarbeit begrenzen die Fürsorgepflichten der Träger der Einrichtung die Entscheidungsbefugnisse der Sorgeberechtigten. So sind Veröffentlichungen im Internet von Kindern und Jugendlichen durch die Einrichtungsträger nach veröffentlichter Einschätzung der Datenschutzbehörden einiger Bundesländer unzulässig. Dieses gelte auch dann, wenn Eltern und Kinder eingewilligt haben, da auch hier die Fürsorgepflichten der Einrichtung den freien Willen der Betroffenen überwiegen.

Rechtlich zu trennen ist davon die Auftragsfotografie der Eltern, die zu ihren Zwecken durch beauftragte Fotografen in einer Schule oder einem Kindergarten vorgenommen werden soll. Wenn z. B. eine Schule es zulässt, dass Fotografen Fotos auch in den Klassenräumen oder auf dem Schulgelände erstellen, hat sie eine Mitverantwortung hinsichtlich der Abwicklung dieses Vorgangs. Auf Grund des Hausrechts kann die Schulleitung zur Einhaltung ihrer Fürsorgepflichten mit dem Fotografen eindeutige Verhaltensregeln vereinbaren. Weiter wird den Trägern empfohlen, obwohl sie nicht Auftraggeber oder Nutzer der Fotos sind, Einwilligungen der Sorgeberechtigten für die Aufnahmen einzuholen.[41]

3.1.13 Veranstaltungen im Bild

Grundsätzlich können Sie die Veranstaltungsfotografie auf den Rechtsgrundlagen Einwilligung (Art. 6 Abs. 1 Buchst. a DSGVO, Vertrag (Art. 6 Abs. 1 Buchst. b DSGVO) sowie „berechtigte Interessen" (Art. 6 Abs. 1 Buchst. f DSGVO) bzw. „öffentliches Interesse" (bei der behördlichen Pressearbeit Art. 6 Abs. 1 Buchst. e DSGVO) stützen. Eine Veranstaltung

[40] Koreng/Lachenmann 2018, S. 807.

[41] https://www.datenschutzzentrum.de/artikel/324-Eine-Fotoagentur-moechte-Fotos-von-Schuelern-herstellen,-die-von-den-Eltern-bezahlt-werden-sollen.-Welche-Rechtsbeziehung-besteht-zwischen-Schule-und-Fotoagentur.html#extended.

ist meist nicht homogen: Neben volljährigen und minderjährigen „externen“ Besuchern werden Arbeitnehmer des Veranstalters und fremdes Catering-Personal fotografiert. Nicht immer können daher Veranstaltungen mit derselben Rechtsgrundlage fotografiert werden. Denn die Rechtsbeziehung zwischen Verantwortlichen und Betroffenen ist bei der Wahl der Rechtsgrundlage ebenso zu beachten wie die Praktikabilität einer Rechtsgrundlage. Die Abb. 3.5 zeigt Ihnen die unterschiedlichen Konstellationen und Rechtsgrundlagen zur Personenfotografie auf Veranstaltungen.

Abb. 3.5 Die Teilnehmer einer Veranstaltung sind nicht einheitlich. Die möglichen Erlaubnisse zum Fotografieren ergeben sich aus der Beziehung des Veranstalters zu den Personen sowie aus der besonderen Schutzwürdigkeit bestimmter Besuchergruppen

Veranstaltungsfotografie im Rahmen von Einwilligungen

Die Einwilligung ist für Veranstaltungen eine wenig praktikable Rechtsgrundlage. Soweit es rechtlich möglich ist, ist hier das „berechtigte Interesse" bzw. bei Veranstaltern aus dem Bereich der öffentlichen Einrichtungen das „öffentliche Interesse" die praktikabelste Lösung. Die Einwilligung kommt aber dort in Betracht, wo die Fotos werblichen Nutzungen zugedacht sind. Denn diese lassen sich nicht auf das „berechtigte Interesse" des Veranstalters stützen (siehe Abschn. 3.1.9). Ebenso verhält es sich mit der Veranstaltungsfotografie der öffentlichen Stellen, wenn das „öffentliche Interesse" zur Information der Öffentlichkeit nicht hinreichend vorliegt oder mit Anzahl, Art und Reichweite der Veröffentlichungen die Grundsätze zur Verhältnismäßigkeit nicht ausreichend berücksichtigt sind. Ausführlich Abschn. 3.1.10 zur behördlichen Pressearbeit. In diesen Fällen bedarf es entweder einer Einwilligung gemäß Art. 6 Abs. 1 Buchst. a DSGVO (siehe Abschn. 3.1.7) oder eines Model-Vertrages, der sich im Rahmen des Art. 6 Abs. 1 Buchst. b DSGVO bewegt (siehe Abschn. 3.1.8).

Hintergrund – Einwilligungen per Aushang?

Öfter sind Informationstafeln in Veranstaltungsräumen zu sehen, die eine Einwilligung konstruieren sollen. Nicht zu verwechseln sind diese Aushänge mit den reinen Info-Tafeln zur Fotografie im „berechtigten" oder „öffentlichen Interesse (siehe Abb. 3.6). Vielmehr sollen die Formulierungen des Aushanges dem Besucher deutlich machen, dass er mit Besuch der Veranstaltung auch in Fotoaufnahmen seiner Person einwilligt. Wolle er das nicht, dann könne er sich an den Fotografen wenden und sein Foto-Veto bekannt geben. Diese Praxis zur Konstruktion einer Einwilligung war jedoch schon vor Geltung der DSGVO mehr als zweifelhaft. Denn überraschende, einseitige und „untergeschobene" Klauseln sind rechtswidrig und können keine Willenserklärung ersetzen.

Mit Geltung der DSGVO ist Wirksamkeitsvoraussetzung einer Einwilligung eine aktive und eindeutige Handlung der Zustimmung. Gerade der überrumpelnden Einwilligungskonstruktion „sofern Sie nicht widersprechen, erheben wir Ihre Daten" soll durch die umfassenden Regelungen des Art. 7 DSGVO ein Riegel vorgeschoben werden. Zudem können derartige Aushänge leicht übersehen werden. Den Besucher trifft keine Pflicht, danach zu suchen. Fotos, die unter diesen Umständen aufgenommen und genutzt werden sollen, sind somit nicht durch die Rechtsgrundlage einer Einwilligung entsprechend Art. 6 Abs. 1 Buchst. a, Art. 7 DSGVO legitimiert. Zur praktischen Umsetzung der Informationspflichten auf Veranstaltungen (siehe Abschn. 3.1.15).

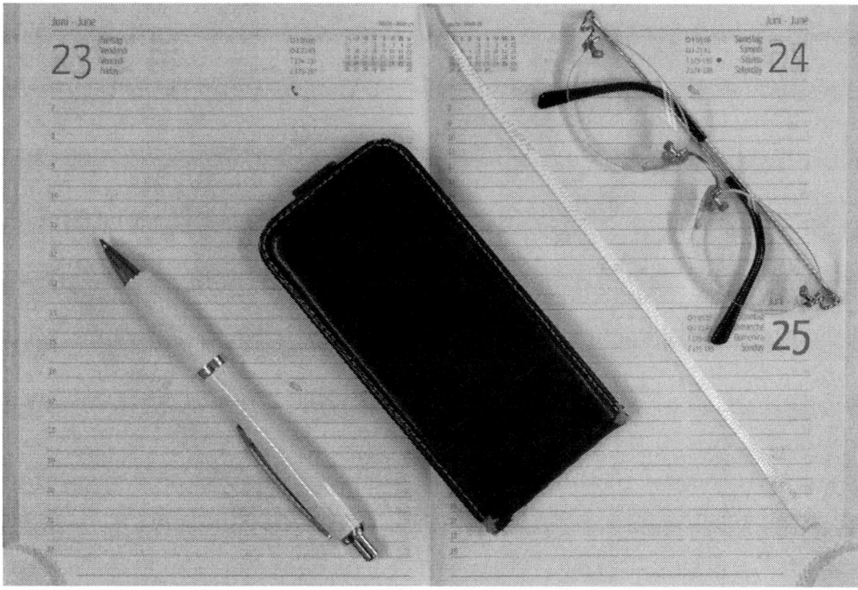

Abb. 3.6 Fotoproduktionen mit Gebrauchsgegenständen

Besucher als Veranstaltungsteilnehmer
Voraussetzung die Rechtmäßigkeit der „Interessen-Rechtsgrundlagen" ist, dass die Interessen des Veranstalters nicht von den Interessen der Betroffenen überwogen werden. Greifen die Fotos nur gering in die Sozialsphäre der Teilnehmer ein, dienen die Fotos der Berichterstattung über eine öffentliche Veranstaltung und ist ihr Verbreitungsrad auf der Website des Veranstalters begrenzt, bedarf es keiner Einwilligung. Eine Veranstaltung ist dann öffentlich, wenn sie in der Öffentlichkeit wahrnehmbar ist, so z. B. auch durch Ankündigungen in der Presse und durch Veranstalter. „Richtige" Rechtsgrundlage ist das „berechtigte Interesse" (Art. 6 Abs. 1 Buchst. f DSGVO) des Veranstalters. Die Rechtsgüterabwägung muss jedoch in jedem Einzelfall vorgenommen werden (siehe hierzu Abb. 3.3).

Kinder und Jugendliche als Veranstaltungsteilnehmer
Kinder und Jugendliche sind Teil des sozialen Lebens. Sie sind in der Foto-Berichterstattung über öffentliche Veranstaltungen als Akteure nicht einfach aus der Teilhabe am öffentlichen Leben „wegzuschützen", so dass „automatisch" immer nur die Einwilligung als Rechtsgrundlage in Betracht

kommt. Handelt es sich um eine öffentliche Veranstaltung und haben sich Kinder allein oder gemeinsam mit den Eltern als Teilnehmer der Veranstaltung bewusst in die Öffentlichkeit begeben, kann damit eine Ausnahme vom Erfordernis der Einwilligung bestehen.[42] Die DSGVO fordert jedoch in der Rechtsgüterabwägung entsprechend Art. 6 Abs. 1 Buchst. f DSGVO („berechtigte Interessen" der Unternehmen und Vereine) und in der Prüfung der Verhältnismäßigkeit nach Art. 6 Abs. 1 Buchst. e DSGVO („öffentliches Interesse" einer Behörde oder einer sonstigen öffentlichen Einrichtung) einen besonders strengen Maßstab anzulegen. Handelt es sich um ein Kind, sind die im Abschn. 3.1.9 beschriebenen „berechtigten Interessen" des Betroffenen in die Waagschale zu legen und dabei ist unter Berücksichtigung der ungestörten Persönlichkeitsentwicklung eines Kindes oder des Heranwachsenden ein besonders strenger Maßstab anzulegen. Zunächst ist zu fragen, für welche Zwecke die Bilder dienen sollen. Ein werblicher Kontext bedarf, wie auch bei Fotos von Erwachsenen, stets der Zustimmung (Einwilligung oder Model-Vertrag). Problematisch ist dieses dann, wenn ein Unternehmens-Event auf der kommerziellen Website des Unternehmens im Bild gezeigt wird.

Beispiel – Erforderlichkeit der Einwilligungen bei Nutzungen im kommerziellen Umfeld

Ein Spielwarenhersteller lädt mittels Anzeigen in der Tagespresse zum „Tag der offenen Tür" ein. Auf der Unternehmenswebsite wird über die Veranstaltung berichtet (Wer, Was, Wann, Wie, Wo, Warum) und dazu eine Übersichtsaufnahme mit zahlreichen Kindern als Besucher gezeigt. Obwohl es sich bei dem Tag der offenen Tür um eine öffentliche Veranstaltung handelt, bestehen erhebliche Bedenken auf der Rechtsgrundlage „berechtigter Interessen" und damit ohne die Einwilligung der Gäste die Fotos anzufertigen und zu nutzen. Denn eine werbliche Nutzung kann schon darin liegen, wenn das Foto im kommerziellen Umfeld gezeigt wird und die Kinder als Besucher verdeutlichen, dass ein großes Interesse an den Produkten des Unternehmens besteht. Denn damit hat das Foto einen werbenden Charakter und in diesen Fällen soll nach der jüngeren Rechtsprechung die Schutzwürdigkeit des Kindes eine Einwilligung beider Elternteile erforderlich machen.[43]

[42] Vgl. Wandtke/Bullinger (2014), UrhG, § 23 KUG Rn. 19.

[43] OLG Oldenburg, Beschluss vom 24. Mai 2018, Az. 13 W 10/18.

Anders als im obigen Beispiel liegen die Fälle, in denen Kinder Teilhaber am öffentlichen Leben als Teilnehmer kultureller und sportlicher Veranstaltungen sind.

> **Beispiel – Jugend Fußballturnier**
>
> Ein Sportverein ist Veranstalter eines Fußballturniers für Kinder. Sowohl die Vereinsmitglieder wie auch die Kinder anderer Vereine können zur Berichterstattung über das Turnier fotografiert und auf der Website des Vereins gezeigt werden. Unproblematisch sind Übersichtsaufnahmen der Teilnehmer sowie der Zuschauer. Auch Wettkampfszenen, sofern sie nicht diskriminierend für die gezeigten Personen sind, dürften im Einzelfall gerechtfertigt sein. Der Verein kann sich auf seine „berechtigten Interessen" entsprechend Art. 6 Abs. 1 Buchst. f DSGVO berufen, sofern nicht die besonders schutzwürdigen Interessen der Kinder überwiegen (zur Rechtsgüterabwägung siehe Abschn. 3.1.9). Mit in die Interessenabwägung einzubeziehen ist der Verbreitungsgrad der Fotos sowie die Anzahl der Bilder im Verhältnis zur Bedeutung der Veranstaltung. Als Faustregel kann gelten: Je lokaler das Ereignis, umso sparsamer muss die Bildberichterstattung ausfallen. Eine Verbreitung über soziale Netzwerke dürfte auf Grund der Rechteeinräumungen gegenüber dem Dienstbetreiber und der unkontrollierten Verbreitung nur mit Einwilligung der gezeigten Kinder und beider Elternteile (siehe Abschn. 3.1.12) möglich sein.

„Externe" Arbeitnehmer auf Veranstaltungen

Der Beschäftigtendatenschutz gilt nicht zwischen den Mitarbeitenden eines externen Dienstleisters und dem Auftraggeber des Dienstleisters, sofern es sich nicht um eine Arbeitnehmerüberlassung handelt. Wird z. B. Personal eines vom Veranstalter beauftragten Catering-Services im Rahmen der Veranstaltungsfotografie vom Veranstalter (mit-)abgebildet, ist der Veranstalter zwar Verantwortlicher für die Datenverarbeitung, aber dabei nicht an die strengeren Regelungen zum Beschäftigtendatenschutz gebunden.

Rechtsgrundlage zur Anfertigung und Nutzung der Fotos kann die „qualifizierte" Einwilligung gemäß Art. 6 Abs. 1 Buchst. a, Art. 7 DSGVO des „externen" Personals gegenüber dem Veranstalter sein. Denkbar ist, dass der Dienstleister die Einwilligung für den Veranstalter im Vorfeld der Veranstaltung einholt. Problematisch ist bei dieser Gemengelage jedoch die Freiwilligkeit (siehe Abschn. 3.1.7) der Einwilligung. Denn, würde sie vom Service-Personal verweigert, würde dieses u. U. für den Beschäftigten zu einem Ausschluss der konkreten Tätigkeit für den Auftraggeber führen und damit u. U. ein wirtschaftlicher Nachteil eintreten.[44]

Weiter birgt die Einwilligung mit Geltung der DSGVO das Risiko des jederzeitigen Widerrufs nach Art. 7 Abs. 3 DSGVO für den Veranstalter, so dass er dann die Fotos, auf denen Service-Personal im Bild zu sehen ist, nicht mehr nutzen kann oder das Personal durch Bearbeitungen unkenntlich machen muss.

Fraglich ist auch, ob sich der Veranstalter auf seine „berechtigten Interessen" gemäß Art. 6 Abs. 1 Buchst. f DSGVO stützen kann (siehe Abschn. 3.1.9), wenn fremdes Personal im Rahmen der Veranstaltungsfotografie in das Bild gelangt. Hier ist dann im Einzelfall zu prüfen, ob die „berechtigten Interessen" der Betroffenen die des Veranstalters überwiegen. Zu bedenken ist, dass sich im Gegensatz zu Veranstaltungsteilnehmern die Dienstverpflichteten nicht ohne Weiteres den Aufnahmen durch Meidung der Situation entziehen können und schon deshalb die Aufnahmen nicht rechtskonform auf der Rechtsgrundlage des Art. 6 Abs. 1 Buchst. f DSGVO „berechtigte" Interessen erstellt werden können.

Denkbare Lösung im Bereich von Event- und Promotionsdienstleistern kann eine Nutzung auf der Grundlage des Service-Vertrages zwischen Dienstleister und Veranstalter sein. Wie in Abschn. 3.1.8 zum Model-Vertrag dargelegt, können zur Verwertung der eigenen Abbildung, z. B. zur Wiedergabe eines Porträts, anderen Personen Nutzungsrechte eingeräumt werden. Ein Mensch kann grundsätzlich sein Recht am eigenen Bild als einen „vermögenswerten Bestandteil des Persönlichkeitsrechts" vermarkten. Damit besteht die Möglichkeit die Nutzung zu lizenzieren und auch weitere Personen zu berechtigen, Lizenzen zu vergeben. So wie es auch Fotomodels gegenüber ihren Auftraggebern handhaben. Das Model schließt einen Vertrag mit einer Model- oder Fotoagentur und berechtigt diese wiederum den Kunden Lizenzen zur

[44] Der BGH ging mit Urteil vom 11. Nov. 2014, Az. VI ZR 9/14 unter Anwendung des KUG vor der Geltung der DSGVO von einer konkludenten Einwilligung des Betroffenen gegenüber dem Veranstalter aus, wenn der Veranstaltungsdienstleister seine Beschäftigten zuvor über die Bildaufnahmen informiert hat. Mit Geltung der DSGVO ist diese Praxis jedoch nicht mehr rechtskonform. Auf Grund der nunmehr nach der DSGVO zwingenden Widerrufbarkeit der Einwilligung, trägt der Veranstalter zudem das Risiko eines „Verwertungsverbotes".

Nutzung des Bildnisses des Models zu erteilen. Nicht zu verwechseln ist dieser Vorgang mit urheberrechtlichen Lizenzketten; aber das Prinzip ist ähnlich. So kann der Event-Dienstleister im Rahmen der Arbeitsverträge mit seinen Mitarbeitenden vereinbaren, dass zunächst ihm selbst Nutzungsrechte in einem notwendigen Umfang eingeräumt werden und er dann ausdrücklich berechtigt ist, seinen Veranstaltungskunden Nutzungsrechte zur Abbildung seiner Mitarbeitenden während der Event-Dienstleistung einzuräumen. Der Veranstalter als Verantwortlicher kann damit auf der Rechtsgrundlage „Vertrag" (Art. 6 Abs. 1 Buchst. b DSGVO) das Event-Personal fotografieren und die Fotos im Rahmen der Lizenzabsprachen veröffentlichen.

Künstler auf Veranstaltungen
Eine ähnliche Lösung bietet sich bei Unterhaltungskünstlern. Auch hier kann im Rahmen eines Vertrages, des Künstlervertrages, die Nutzung von Ton- und Bildaufnahmen durch den Veranstalter vereinbart werden. Aus dem Künstlervertrag ergibt sich damit auch das Recht des Veranstalters die Aufnahmen des Künstlers im Rahmen der mit ihm bestehenden Regelungen anzufertigen und zu veröffentlichen. Auch hier ist die Rechtsgrundlage zur „Datenverarbeitung" durch den Veranstalter der Vertrag entsprechend Art. 6 Abs. 1 Buchst. b DSGVO.

3.1.14 Wenn die Presse kommt – Fotoanfertigungen unter Beteiligung der Presse

Eine übliche Konstellation von Beteiligten in der Öffentlichkeitsarbeit besteht in der Hinzuziehung der Presse zur Verbreitung der Themen der Unternehmen, Vereine und öffentlichen Einrichtungen. Häufig wird der Presse Gelegenheit gegeben, vom Unternehmen präsentierte Mitarbeitende bei der Arbeit zu filmen und zu fotografieren. Weitere Konstellationen sind die Erteilung von Dreh- und Fotogenehmigungen auf Ersuchen der Presse sowie der nicht seltene Fall der von Unternehmen gegen Aufwandsentschädigung beauftragten Presse.

Soweit die Presse Daten zur Berichterstattung erhebt, unterliegen diese Daten auf Grund des sogenannten Medienprivilegs zur Sicherstellung der Pressefreiheit (Art. 5 Grundgesetz) nicht den Regelungen der DSGVO. Damit ist die Presse, wenn Daten zu journalistischen Zwecken verarbeitet werden, auch nicht Verantwortlicher im Sinn der DSGVO. Das Anfertigen von Personenaufnahmen durch die Presse zur Berichterstattung beurteilt sich nach dem allgemeinen Persönlichkeitsrecht (APR) und die Veröffentlichungen von Personenfotos sowie Filmaufnahmen von Personen unterliegen den „milderen" Regelungen zum „Recht am Bild" entsprechend dem Kunsturheberrechtsgesetz (KUG).

Das bedeutet jedoch nicht, dass z. B. ein Unternehmen damit zwangsläufig keine Verantwortung für die Bildaufnahmen von Beschäftigten durch die Presse trägt. Ob ein Unternehmen, Verein oder eine öffentliche Einrichtung Verantwortlicher im Sinne der DSGVO ist, beurteilt sich nach der Art der Beziehung, die zwischen der Tätigkeit der Journalisten und der jeweiligen Organisation besteht.

Fall 1 – Wenn die Presse auf Grund eigener Initiative tätig wird
In zahlreichen Fällen bitten Redaktionen auf eigene Initiative die Presseabteilung eines Unternehmens, eines Vereins oder einer öffentlichen Stelle um eine Drehgenehmigung bzw. um eine Fotoerlaubnis im Hause der Organisation. Zwangsläufig geraten hier Mitarbeitende in das Bild oder diese werden von den Journalisten um eine Zustimmung in die Aufnahmen gebeten. In diesen Fällen gewährt die Organisation nur den Zutritt, ohne selbst Anlässe zu schaffen und Beschäftigte etwa als Interviewpartner oder Akteure zu bestimmen.

Nach Art. 4 Nummer 7 DSGVO ist „Verantwortlicher" die natürliche oder juristische Person, Behörde, Einrichtung oder andere Stelle, die allein oder gemeinsam mit anderen über die Zwecke und Mittel der Verarbeitung von personenbezogenen Daten entscheidet.

In der parallelen Diskussion zur Schul- und Kindergartenfotografie wurde argumentiert, dass ein Fotografierverbot für Eltern, Besucher und von Eltern beauftragte Fotografen sich schon aus der Stellung des Einrichtungsträgers gegenüber Kindern und Jugendlichen ergäbe, wenn Fremde in der Einrichtung fotografieren. Es sei Sache des Einrichtungsträgers als Verantwortlicher im Sinne der DSGVO darüber zu entscheiden, ob er Einwilligungen einhole oder eben auch nicht. Im Falle des „Nicht" sei somit auch klar, dass Fotos untersagt seien. Dieses sei schon auf Grund der Fürsorgepflichten zwingend.

Es ist überzogen, eine datenschutzrechtliche Verantwortung aus dem Gewährenlassen zu konstruieren, wenn fremde Personen in den Räumlichkeiten einer Einrichtung ohne aktive Beteiligung der Einrichtung Fotos anfertigen. Vielmehr können und sollen Regelungen sowie ausdrückliche Verbote (wenn nötig) im Rahmen des Hausrechts zur Erfüllung der Fürsorgepflichten ausgesprochen werden.

Wird der Presse lediglich Zugang zum Grundstück gewährt, wird der Hausrechtsinhaber damit nicht zum Verantwortlichen (im Sinne der DSGVO) für Bildaufnahmen von Mitarbeitenden. Die Presse entscheidet in diesen Fällen völlig unabhängig ohne eine Beziehung zum Unternehmen, Verein oder der öffentlichen Einrichtung über die Zwecke sowie über Mittel der Bildaufnahmen. Weiter ist es Sinn und Zweck des Medienprivilegs, die freie journalistische Berichterstattung zu ermöglichen. Würde der Inhaber des Hausrechts „automatisch" zum Verantwortlichen, allein weil er der Presse Zutritt gewährt hat, wäre schon im Vorfeld die journalistische Arbeit erschwert oder sogar verhindert, weil eine öffentliche Einrichtung wie z. B. eine staatliche Universität die datenschutzrechtliche Haftung befürchtet. Dieses Ergebnis kann nicht im Interesse einer verfassungsrechtlich verankerten „freien" Presse sein. Fürsorgepflichten gegenüber Beschäftigten sind hier nicht über eine (nicht bestehende) datenschutzrechtliche Verantwortlichkeit einzuhalten, sondern über das Hausrecht umzusetzen.

Umsetzung der Fürsorgepflichten über das Hausrecht: Dennoch bestehen in Beschäftigtenverhältnissen Fürsorgepflichten gegenüber den Arbeitnehmern, wenn der Presse Zugang zwecks Bildaufnahmen erteilt wird. Eine Lösung kann darin liegen, der Presse Verhaltensregeln gegenüber Mitarbeitern zu erteilen. Eine sinnvolle Regelung für die Presse kann sein, dass diese verpflichtet wird, Einwilligungen entsprechend des KUG (Kunsturheberrechtsgesetz) von Beschäftigten zur Anfertigung und Nutzung der Bildaufnahmen einzuholen. Weiter sollten die Mitarbeitenden zuvor über den Besuch der Presse und den Anlass der Aufnahmen informiert werden und es ihnen freigestellt sein, die Bereiche, in denen die Presse Zutritt hat, zu meiden, ohne dass dem Mitarbeitenden daraus Nachteile erwachsen. Zusätzlich sollte ein Kamerateam von einem Pressesprecher begleitet werden, damit die Einhaltung der zuvor erteilten Verhaltensregeln zu den Personenaufnahmen von Mitarbeitenden auf dem Gelände und im Hause der Organisation kontrolliert werden können.

Fall 2 – Verantwortlichkeit bei Dreh- und Fotogenehmigungen geladener Presse
Hat z. B. ein Unternehmen die Presse zu einer Pressekonferenz eingeladen und verschafft ihr die Möglichkeit zu Filmaufnahmen mit ausgewählten Mitarbeitenden, ist dem Unternehmen die Anfertigung der Bilddaten als Verantwortlicher im Sinne der DSGVO zuzurechnen. Denn das Unternehmen bestimmt Zeitpunkt, Akteure und das Thema der Berichterstattung. Weiter besteht hausrechtlicher Einfluss auf die Durchführung der Aufnahmen, an denen das Unternehmen zudem ein wirtschaftliches Interesse hat. Damit bestimmt das Unternehmen maßgeblich über Mittel und Zwecke der Datenverarbeitungen bezüglich der Beschäftigten. Unerheblich dabei ist, dass sich das Unternehmen hierbei der privilegierten Presse bedient. Mit Blick auf die Schutzwürdigkeit Beschäftigter im „Machtgefälle" ist es auch folgerichtig, dass das Unternehmen auch Verantwortlicher im Sinne der DSGVO für die Anfertigung der Fotos und Filme durch die Presse ist, wenn es entscheidenden Einfluss auf die Anfertigung der Aufnahmen Mitarbeitender ausübt. Nicht jedoch ist das Unternehmen für das Verbreiten der Aufnahmen durch die Presse verantwortlich. Denn das Unternehmen hat in diesem Punkt der Verarbeitungskette lediglich noch presserechtliche Einflussmöglichkeiten auf die „freie" Presse.

Umsetzung der Einwilligungen und Risikoaufklärungen gegenüber Beschäftigten: Erforderlich ist zum Schutz der Mitarbeitenden eine Einwilligung nach Art. 6 Abs. 1 Buchst. a DSGVO, § 26 Abs. 2 BDSG-neu zur Erstellung der Bildnisse durch die Presse. Diese ist vom Arbeitgeber als Verantwortlichem einzuholen. Dabei muss das Unternehmen bzw. die öffentliche Stelle oder der Verein Mitarbeitende über Risiken der

Datenerhebung aufklären. Weiter ist zu bedenken, dass arbeitsrechtliche Führsorgepflichten insbesondere gegenüber minderjährigen Auszubildenden bestehen; selbst dann, wenn sowohl die Zustimmung des Minderjährigen wie auch die Zustimmungen der sorgeberechtigten Elternteile vorliegen.

Freiwilligkeit der Einwilligung: Zur Umsetzung der Bedingung „Freiwilligkeit" der Einwilligung enthalten die Leitlinien der Artikel-29-Datenschutzgruppe zur Einwilligung ein Beispiel:

„Eine Film-Crew wird in einem bestimmten Teil eines Büros filmen. Der Arbeitgeber bittet alle Arbeitnehmer, die in diesem Teil der Büros sitzen um ihre Einwilligung, gefilmt zu werden, da sie möglicherweise im Hintergrund des Videos erscheinen. Diejenigen, die nicht gefilmt werden möchten, werden in keiner Weise bestraft, sondern erhalten für die Dauer der Filmaufnahmen einen entsprechenden Schreibtisch an einer anderen Stelle in dem Gebäude."[45]

Risikoaufklärung im Einwilligungstext: Die Besonderheit in den Fällen, in denen Organisationen sich der Presse bedienen, liegt darin, dass sich Betroffene gegen die Verwendungen durch die Presse nicht aus Betroffenenrechten der DSGVO wehren können. So wäre ein jederzeitiger Widerruf der Einwilligung zur Verhinderung von Veröffentlichungen gegenüber der Presse nicht gegeben. Auch ein Widerruf gegenüber dem Verantwortlichen der Datenerhebung, also dem Unternehmen, Verein oder der öffentlichen Stelle ist wirkungslos, da diese Organisationen faktisch keinen und rechtlich nur sehr bedingten (presserechtlichen) Einfluss auf weitere Datenverarbeitungen durch die Presse nehmen können. Und auch der Betroffene kann, wenn die Aufnahmen angefertigt sind, keine Betroffenenrechte aus der DSGVO gegenüber der Presse geltend machen. Diese Schmälerung der Rechtsposition des Mitarbeitenden mit den daraus resultierenden persönlichen Risiken muss dem Mitarbeitenden in verständlicher Sprache als „willensbildender Bestandteil" des Einwilligungstextes deutlich gemacht werden.

[45] Leitlinien der Artikel-29-Datenschutzgruppe gemäß Verordnung 2016/679, WP 259 rev. 01, S. 8.

Fall 3 – Verantwortlichkeit im Sonderfall der beauftragten Presse
Über die Fälle einer gegen Vergütung im Unternehmen tätigen Presse (Verlage und TV-Sender) wird in der Branche nicht gerne laut gesprochen. Des Öfteren werden die Honorarzahlungen etwas verschämt als „Aufwandsentschädigungen" vertraglich vereinbart. Soweit derartige Beiträge bei der Verbreitung durch die beauftragten Presseunternehmen auch als Anzeige bzw. als Werbesendung kenntlich gemacht werden, bestehen aus presserechtlichen und wettbewerbsrechtlichen Gründen keine Einwendungen gegen diese Praxis. Aus datenschutzrechtlicher Sicht ergibt sich in den Fällen der mit „Aufwandsentschädigungen" vergüteten Presse keine Änderung für das Unternehmen gegenüber den Fällen der eingeladenen Presse. Das Unternehmen ist und bleibt Verantwortlicher für die Datenerhebungen und muss diese mit Einwilligungen legitimieren.

Bedient sich das Unternehmen jedoch bei der Verbreitung redaktioneller Beiträge der Presse als bezahltem Dienstleister, erstreckt sich die Verantwortlichkeit des Unternehmens nicht nur auf die Datenerhebung, sondern auch auf alle Verwendungen, die durch den Presseverlag oder TV-Sender vorgenommen werden. Denn das Unternehmen bestimmt in diesen Fällen meist Inhalte und den Ausstrahlungszeitpunkt ähnlich eines Anzeigenkunden. Ein Presseunternehmen, das gegen Honorar tätig wird, ist nicht mehr von den Vorschriften des Datenschutzes im Wege des Medienprivilegs ausgenommen. Denn das Medienprivileg als Folge der Ermöglichung der Pressefreiheit schützt die Unabhängigkeit der Presse. Jedoch nicht eine Presse, die sich am Markt zusätzlich als Kommunikationsagentur gegen Vergütung betätigt. Die Folge ist, dass in den Fällen der beauftragten Presse das Unternehmen wie auch der betreffende Presseverlag oder TV-Sender Verantwortliche im Sinne der DSGVO sind. Eine Einwilligung der Beschäftigten ist unerlässlich. Weiter bedarf es dann auch einer Vereinbarung gemäß Art. 26 DSGVO zur gemeinsamen Verantwortung zwischen dem an der Datenverarbeitung beteiligten Unternehmen und dem TV-Sender (oder Presseverlag) sowie einer umfassenden Aufklärung nach den Informationspflichten entsprechend Art. 13 DSGVO (siehe Abschn. 3.1.8 und 3.1.13 zum Inhalt der Informationen) der betroffenen Mitarbeitenden über die Verantwortlichen im Rahmen der Informationspflichten nach Art. 13 DSGVO.

3.1.15 Umsetzung der Informationspflichten bei der Anfertigung und Nutzung von Personenfotos

Die Pflichten zur Information über Zwecke und Umfang der Datenverarbeitungen sind in Art. 13 und 14 DSGVO geregelt und detailliert aufgelistet. Die mitzuteilenden Informationen richten sich in jedem Einzelfall nach dem Umfang der jeweiligen Datenverarbeitungen. Daher kann auch kein gemeingültiges Muster verwendet werden. Vielmehr sollte auf die Anleitungen der Datenschutzbehörden zur Erstellung der Informationen zurückgegriffen werden. Umsetzungshilfen zu den Datenschutzhinweisen finden Sie auf den Websites der Datenschutzbehörden der Bundesländer. Diese halten inzwischen hervorragende und laufend aktualisierte Muster-Dokumente vor. Eine schnell und sehr verständliche Umsetzungshilfe des Landesbeauftragten für Datenschutz und Informationsfreiheit Nordrhein-Westfalen finden Sie unter diesem Link https://www.ldi.nrw.de/mainmenu_Aktuelles/Inhalt/Informationspflichten-nach-der-Datenschutz-Grundverordnung/Informationspflichten-nach-der-Datenschutz-Grundverordnung.html.

Umsetzung der Informationspflichten auf Veranstaltungen Können Personenfotos unter den Voraussetzungen einer „InteressenRechtsgrundlage“ (siehe Abschn. 3.1.9 und 3.1.10) angefertigt werden, sind in einem zweitem Schritt nach der sorgfältigen Prüfung der Rechtsgrundlage die Informationspflichten gegenüber den zu fotografierenden Personen zu erfüllen. Um einem Missverständnis vorzubeugen: Das Aufstellen von Fotohinweisen ersetzt niemals die Rechtsgrundlage Einwilligung. Auch stellt das Informieren über Fotoanfertigungen keine Erlaubnis auf den „Interessen-Rechtsgrundlagen“ dar. Die Rechtsgrundlagen entsprechend Art. 6 Abs. 1 Buchst. f DSGVO („berechtigte Interessen“ bei Unternehmen und Vereinen) sowie des Art. 6 Abs. 1 Buchst. e DSGVO („öffentliches Interesse“ bei Behörden und sonstigen öffentlichen Stellen) müssen zunächst bestehen, bzw. von Ihnen geprüft werden (siehe Abschn. 3.1.9 und 3.1.10). Das Aufstellen von Informationstafeln sowie die Mitteilungen in Einladungen zur Veranstaltung oder als Handout beim Empfang der Gäste dienen allein der Erfüllung Ihrer gesetzlichen Informationspflichten entsprechend Art. 13 DSGVO gegenüber den Betroffenen.

Ihr Transfer in die Praxis – Erstellung eines Informationsaushanges in Veranstaltungsräumen

Nachfolgend finden Sie die Informationen, die Sie entsprechend Art. 13 DSGVO Veranstaltungsteilnehmern per Aushang bekannt geben und zusätzlich als Flyer am Empfang aushändigen sollten. Werden Gäste schriftlich eingeladen, sollten die Informationen zusätzlich mit der Einladung verschickt werden. Am unteren Ende des Textes sollten Sie einen Link zu Ihrer Website angeben, unter dem Betroffene die vollständigen Informationen entsprechend Art. 13 DSGVO abrufen können. Der nachfolgende Text soll Ihnen als Beispiel dienen und die notwendigen Bestandteile eines „Fotoaushanges“ einer öffentlichen Einrichtung zeigen. Handelt es sich um ein Unternehmen oder einen Verein, ist als Rechtsgrundlage Art. 6 Abs. 1 Buchst. f DSGVO zu nennen.

Name und Kontaktdaten des/der Verantwortlichen: „Verantwortlich für die Erstellung und Nutzung (Verarbeitung) Ihrer Fotos ist: Name, Anschrift, Telefonnummer und Mail-Adresse der öffentlichen Stelle.“

Kontaktdaten des Datenschutzbeauftragten: „Unseren behördlichen Datenschutzbeauftragten erreichen Sie unter: Anschrift, Telefonnummer und Mail-Adresse.“

Zweck und Rechtsgrundlage der Datenverarbeitung: „Wir erstellen und nutzen, soweit dieses erforderlich ist, zwecks Information der Öffentlichkeit und damit zur Unterstützung unserer gesetzlich zugewiesenen Aufgaben Fotos von dieser Veranstaltung. Rechtsgrundlage dafür ist Art. 6 Abs. 1 Buchst. e DSGVO.“ (In Verbindung mit der Grundlage aus dem jeweiligen LDSG oder § 3 BDSG bei Bundesbehörden).

Empfänger der personenbezogenen Daten: „Im Rahmen unserer Pressearbeit übermitteln wir Fotos an die örtliche Presse mit der Bitte um Veröffentlichung und wir veröffentlichen Fotos in unserem Account auf Twitter. Empfänger der Daten ist die Twitter International Company, One Cumberland Place, Fenian Street Dublin 2, D02 AX07 Ireland.“

Speicherdauer der personenbezogenen Daten: „Die Dauer der Veröffentlichung und Speicherung richtet sich nach der Erforderlichkeit zur Information der Öffentlichkeit. Veröffentlichungen auf unserer Website werden in der Regel nach X Jahren gelöscht, Tweets nach X Monaten. Die interne und verschlüsselte Langzeitarchivierung einzelner Fotos erfolgt unter eingeschränkter Verarbeitung für im öffentlichen Interesse liegende Archivzwecke sowie zur Wahrung urheberrechtlicher Rechtsansprüche an den von uns erstellten Fotos."

Rechte der Betroffenen: „Sie haben das Recht auf Auskunft über Ihre Daten, auf Berichtigung oder Löschung oder auf Einschränkung der Verarbeitung. Insbesondere haben Sie ein Recht auf Widerspruch gegen die Erstellung und Nutzung (Verarbeitung) Ihrer Fotos, soweit Sie hierfür einen besonderen Grund anführen können."

Zuständige Aufsichtsbehörde: „Zudem können Sie sich bei der zuständigen Datenschutzaufsichtsbehörde beschweren." Für Unternehmen, Vereine und öffentliche Stellen eines Bundeslandes ist die jeweilige Landesdatenschutzbehörde anzugeben. Bei einer öffentlichen Stelle des Bundes ist die zuständige Aufsichtsbehörde „Der Bundesbeauftragte für den Datenschutz und die Informationsfreiheit".

Link zur vollständigen Information entsprechend Art. 13 DSGVO: Zur Vervollständigung der Informationen sollte ein Link auf der Website des Verantwortlichen angegeben werden.

„Weitere Informationen über Ihre Rechte unter www.behoerde-xyz-ihre-rechte-art-13-DSGVO.de"

Umsetzung der Informationspflichten bei unübersehbarer Menschenmenge

Praktisch nicht einzuhalten sind die Informationspflichten bei Großveranstaltungen und Menschenmengen im öffentlichen Raum. Müssen Sie nun auf Fotos eines Konzertes oder des Kölner Doms verzichten, nur weil Sie die in Ihrem „berechtigten Interesse" zu fotografierenden Personen nicht entsprechend Art. 13 DSGVO über die Aufnahmen informieren können? Genau die Frage wurde dem Datenschutzbeauftragten des Bundeslandes Hamburg, Johannes Caspar, von einem Filmverband gestellt. Nach der Einschätzung[46] des Landesdatenschutzbeauftragten enthalte

[46] https://www.filmverband-suedwest.de/wp-content/uploads/2018/05/Vermerk_DSGVO.pdf.

die DSGVO auch hierfür eine Lösung. Die Datenerhebung selbst, also das „Knipsen“, ist danach zunächst in den meisten Fällen als „berechtigtes Interesse“ über Art. 6 Abs. 1 Buchst. f DSGVO zu rechtfertigen. Eine Informationspflicht bestehe dann nicht, wenn die Menschenmenge unübersehbar ist, Personen ständig wechseln oder einfach zufällig in das Bild geraten. Dieses ergibt sich aus Art. 11 Abs. 1 DSGVO und „hilfsweise“ aus Art. 14 Abs. 5 Buchst. b DSGVO.

Die Stellungnahme zeigt, wie kompliziert die Anwendung der DSGVO auf die Personenfotografie ist und wie schnell Pflichten bestehen, die in der Praxis der Fotografie und der Öffentlichkeitsarbeit kaum umzusetzen sind. In den nächsten Jahren wird die Rechtsprechung hier mehr Klarheit und damit Rechtssicherheit für die Öffentlichkeitsarbeit und das Marketing mit Personenfotos erbringen.

3.2 Innerhalb befriedeter Örtlichkeiten fotografieren

Das Fotografieren innerhalb privater Grundstücke und in privaten Räumen kann unter dem Gesichtspunkt Hausrecht, Eigentumsrecht und Persönlichkeitsrecht bedeutsam sein (hierzu ausführlich Abschn. 5.2).

Nicht nur auf privat genutzten Grundstücken, sondern auch auf Firmengrundstücken und in Geschäftsräumen sowie auf Grundstücken und Gebäuden der öffentlichen Hand kann das Fotografieren kraft Hausrecht sowie aus dem Eigentumsrecht verboten sein.

Verbieten kann als Inhaber des Hausrechts der Grundeigentümer, der Mieter und der Veranstalter das Fotografieren auf befriedetem Gelände und in ihren Räumlichkeiten. Der Eigentümer eines Privatgrundstückes kann frei darüber entscheiden, ob er Fotoaufnahmen verbietet, sie beispielsweise nur gegen Geld zulässt oder er nur bestimmte Motive erlaubt. Ist durch das Hausrecht das Fotografieren generell verboten, ist es auch nicht erlaubt, eine Person, die in das Foto einwilligt, auf dem Gelände zu fotografieren.

Wird gegen ein Hausverbot verstoßen, liegt Hausfriedensbruch vor (§ 123 StGB). Ist ein Hausverbot ausgesprochen, kann der Inhaber des

Hausrechtes das Verbot notfalls mit Gewalt (Notwehr, § 32 StGB) durchzusetzen. Auch kann die Nichteinhaltung von Fotografierverboten zivilrechtliche Folgen haben.

Das Fotografieren innerhalb privater Räume, etwa in den Innenräumen einer Wohnung, kann einen Eingriff in das allgemeine Persönlichkeitsrecht (Privat- und Intimsphäre) des Bewohners darstellen. Hier ist in der Regel immer die Zustimmung des Bewohners notwendig.

Von einem hausrechtlichen Verbot unabhängig ergibt sich aus dem Eigentumsrecht eine Schranke der kommerziellen Verwertung der Fotos dann, wenn hierfür das Grundstück eines Eigentümers betreten wird und dessen Eigentum zum Motiv gemacht wird. Das Gleiche gilt auch dann, wenn von einem öffentlichen Raum aus unter Anwendung von Hilfsmitteln zur Überwindung von Sichtschutz Eigentum auf einem Privatgrundstück fotografiert wird (siehe Abschn. 5.2).

3.3 Kunstwerke und Architektur fotografieren

Das Anfertigen einer Fotografie von einem Kunstwerk und das Fotografieren geschützter Architektur bedürfen nach dem Urheberrechtsgesetz der Zustimmung seines Schöpfers. Denn das Abfotografieren seines Werkes, auch wenn es dreidimensional (z. B. eine Skulptur) ist, ist eine zustimmungsbedürftige Vervielfältigung des Werkes.

Für geschützte Architektur und dauerhaft aufgestellte Kunst an öffentlichen Wegen, Straßen und Plätzen gilt jedoch eine Ausnahme von der Zustimmungsbedürftigkeit in die fotografische Vervielfältigung und Veröffentlichung. Aus dem öffentlichen Raum heraus ist es erlaubt, ohne Einwilligung des Urhebers, Fotos von geschützter Architektur zu erstellen und diese Fotos sogar kommerziell zu verwerten.

Voraussetzung hierfür ist, dass dieses ohne Hilfsmittel, wie Leitern und Drohnen, geschieht. Als Faustregel zur sogenannten Panoramafreiheit (§ 59 Abs. 1 Satz 1 UrhG) gilt: Was aus der Perspektive eines ganz normalen Passanten der sich im öffentlichen Raum bewegt aufgenommen wird, ist noch zulässig.

Geschützt ist Architektur dann, wenn sie einen individuellen Charakter aufweist. Das Urheberrecht stellt an die sogenannte Schöpfungshöhe keine besonders hohen Ansprüche. So ist nahezu jede individuell gestaltete Fassade eines Bürohauses oder eines Hotels urheberrechtlich geschützt.

Urheberrechtlich geschützte Werke, abgebildet auf Fahrzeugen, fallen ebenfalls unter die Regelung der „Panoramafreiheit", wenn sie sich über längere Zeit im öffentlichen Raum bewegen. So ist die künstlerische Kussmund-Grafik am Bug des Kreuzfahrschiffes AIDA zwar nicht ortsfest aber doch bleibend im öffentlichen Raum zu sehen. Damit darf das Schiff mit der Kussmund-Grafik auch ohne die Einwilligung der Rechteinhaber fotografiert und veröffentlicht werden.

„AIDA-Kussmund-Entscheidung" – Auch Schiffe sind bleibend an öffentlichen Orten

Die Fotografie des Kreuzfahrtschiffs mit dem „AIDA-Kussmund" durfte in das Internet eingestellt und damit öffentlich zugänglich gemacht werden. Denn der abgebildete „AIDA-Kussmund" befindet sich im Sinne von § 59 Abs. 1 Satz 1 UrhG bleibend an öffentlichen Wegen, Straßen oder Plätzen.

Diese Voraussetzung ist auch dann erfüllt, wenn ein Werk nicht ortsfest ist und sich nacheinander an verschiedenen öffentlichen Orten befinden kann. Ein Werk befindet sich bleibend an solchen Orten, wenn es aus Sicht der Allgemeinheit dazu bestimmt ist, für längere Dauer dort zu sein.

Die Panoramafreiheit erfasse daher beispielsweise Werke an Fahrzeugen, die bestimmungsgemäß im öffentlichen Straßenverkehr eingesetzt würden. Dabei könne es sich etwa um Werbung auf Omnibussen oder Straßenbahnen handeln, die den Anforderungen an Werke der angewandten Kunst genüge. Das Fotografieren und Filmen im öffentlichen Raum würde zu weitgehend eingeschränkt, wenn die Aufnahme solcher Fahrzeuge urheberrechtliche Ansprüche auslösen könnte. Künstler, die Werke für einen solchen Verwendungszweck schaffen, müssten es daher hinnehmen, dass ihre Werke an diesen öffentlichen Orten ohne ihre Einwilligung fotografiert oder gefilmt werden.

Die Vorschrift sei auf ein Kreuzfahrtschiff anwendbar, das bestimmungsgemäß auf öffentlichen Gewässern eingesetzt werde. Auf dem Foto werde das Schiff aus einer Perspektive gezeigt, die von einem allgemein zugänglichen Ort aus wahrnehmbar sei. Auf den konkreten Standort des Fotografen komme es nicht an.[47]

[47] BGH, Urteil v. 27. April 2017, Az. I ZR 247/15.

3.4 Fremdes Design fotografieren

Von praktischer Bedeutung ist es für Sie zu wissen, dass schon bei Ihren Fotoproduktionen das Designrecht als gewerbliches Schutzrecht der Inhaber von Designs einzubeziehen ist. Hier können Sie sich Arbeit und Kosten ersparen, wenn Sie z. B. bei Produkt- und Werbefotoproduktionen darauf achten, dass neben Ihren Bildinhalten kein fremdes, geschütztes Design im Foto abgebildet ist, weil Sie nicht zur Wiedergabe fremder Designs berechtigt sind. Denn es hat keinen Sinn in Bildproduktionen zu investieren, wenn Sie die Fotos später auch nicht verwenden dürfen.

Das Designgesetz (DesignG) stellt mit § 38 Abs. 1 Satz 1 klar: „Das eingetragene Design gewährt seinem Rechtsinhaber das ausschließliche Recht, es zu benutzen und Dritten zu verbieten, es ohne seine Zustimmung zu benutzen.“ Schon das Abfotografieren eines in ein amtliches Designregister eingetragenen und damit geschützten Gegenstandes berührt die Rechte der Inhaber des Designs. Das rechtmäßige Fotografieren fremder, geschützter Designs ist damit, abgesehen von wenigen Ausnahmen (§ 40 DesignG), von der Zustimmung des Rechteinhabers abhängig.

Auch bei der Produktion von sogenannten Symbolbildern zur Illustration von Blogbeiträgen und Informationen auf Websites ist darauf zu achten, dass die Designrechte geklärt sind. Sind die gezeigten Gegenstände in das deutsche, europäische oder weltweite Designregister eingetragen, sollten Sie diese auch nur mit der Zustimmung der Rechteinhaber fotografieren und wiedergeben. Sehr viel einfacher ist es, wenn Sie für derartige Fotos lieber gleich „No-Name-Produkte“ erwerben.

Nicht jede zweidimensionale Reproduktion und Wiedergabe fremden Designs kann untersagt werden. Zu den Grenzen des Designschutzes erfahren Sie ausführlich Näheres im Abschn. 5.6. Es geht um die für Marketing und Öffentlichkeitsarbeit relevanten Ausnahmeregelungen zum Zustimmungsvorbehalt der Rechteinhaber bei der Abbildung fremder Designs zur Erklärung eigener Produkte und Dienstleistungen. Stockagenturen lizenzieren in der Regel nur Fotos, in denen keine fremden im Design geschützte Gegenstände erkennbar sind (siehe Abb. 3.6).

Beispiele zum Designrecht in Fotoproduktionen

Beispiel 1: Unternehmen U beauftragt Fotograf F auf einer Innovationsmesse die durch Eintrag geschützten und noch nicht im Handel zu erwerbenden Produkte des Mitbewerbers M „zur Erlangung von Inspirationen möglichst von allen Seiten und im Detail" zu fotografieren. M kann sich dagegen als Rechteinhaber des geschützten Designs wehren und F das Fotografieren untersagen. In diesem Beispiel dient das Fotografieren der Aneignung von Kenntnissen zum Kopieren der Produkte des M durch U. Der Designschutz zielt unter anderem darauf ab, Handlungen zu verbieten, die zur Kopie fremder Innovationen beitragen oder diese ermöglichen sollen.

Beispiel 2: Unternehmen U beauftragt Fotograf F mit der Produktion einer Fotoserie zur Bewerbung eines Taschenkalenders. F findet, dass man den Kalender „etwas aufwerten sollte" und schmückt einige Produktfotos, ohne dass U dieses weiß, mit einem hochwertigen und im Design geschützten Füllfederhalter des Herstellers M. M kann F auf Unterlassung in Anspruch nehmen, zukünftig derartige Fotos herzustellen und anderen Personen daran Nutzungsrechte (Lizenzen) einzuräumen. Ein solches Verbot, lässt sich daraus ableiten, dass es nur dem Rechteinhaber zusteht seine Designs wirtschaftlich zu verwerten. Hierzu gehören auch die Einnahmemöglichkeiten aus den Vergütungen der Lizenzvergaben, die der Rechteinhaber zur Abbildung seiner Designs Dritten einräumen kann.

Auch das Unternehmen U ist nicht berechtigt die Fotos ohne Zustimmung von M zu verwenden. Denn der Füllfederhalter schafft einen nicht bestehenden Zusammenhang mit dem Produkt Taschenkalender. U profitiert zudem von dem Image des hochwertigen fremden Produktes. Die Werbung mit fremden Produkten zur Aufwertung der eigenen Produkte ist eine Benutzungshandlung des fremden Designs, die der Rechteinhaber nicht dulden muss (ausführlich siehe Abschn. 5.6.2).

Ob ein Produkt, hier ein Weingummi eines Süßwarenherstellers, Designschutz genießt, können Sie online in der Datenbank des Deutschen Patent- und Markenamtes im Designregister (siehe Abb. 3.7) recherchieren (https://www.dpma.de). Weiter können Sie den internationalen Designschutz – in Europa Geschmacksmusterschutz genannt – in den Datenbanken des Amts der Europäischen Union für geistiges Eigentum (https://euipo.europa.eu/eSearch/) und der Weltorganisation für geistiges Eigentum (http://www.wipo.int/portal/en/index.html) überprüfen.

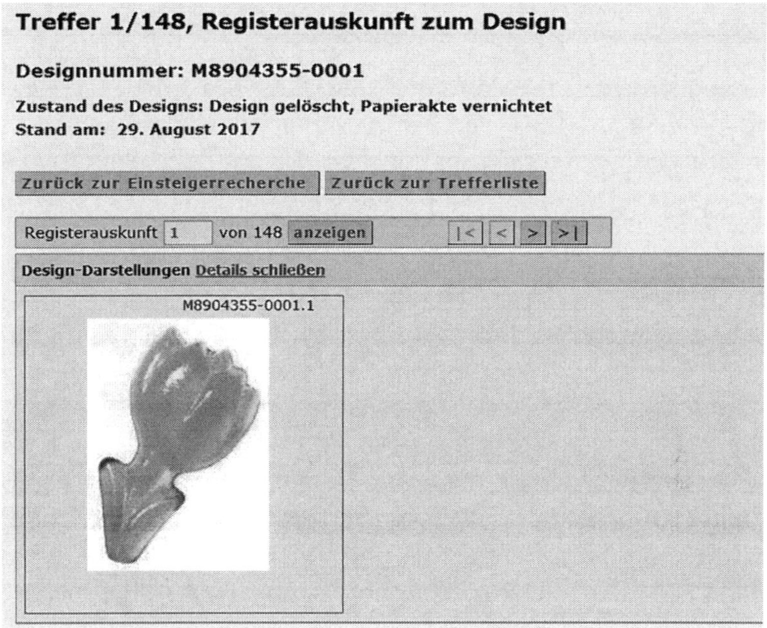

Abb. 3.7 Designrecherche im Designregister des DPMA

3.5 Künstlerische Aufführungen fotografieren

Zu einer Veranstaltung gehört häufig ein musikalisches Rahmenprogramm. Natürlich werden von den künstlerischen Darbietungen Bild- und Tonaufnahmen für die Berichterstattung erwartet.

Zum Schutz der Rechte der ausübenden Künstler ist zunächst ihre Einwilligung für die Erstellung von Aufnahmen erforderlich (§ 77 UrhG). Ausübende Künstler im Sinne des Urheberrechts sind auch die Künstler, die z. B. folkloristische Darbietungen erbringen.

Weiter stehen dem Veranstalter, wenn er die organisatorische und finanzielle Verantwortung von Live-Darbietungen übernommen hat, die gleichen Rechte zu, wie sie dem ausübenden Künstler zustehen. Das bedeutet, dass dann auch der Veranstalter über Foto- und Videoaufnahmen mitentscheidet.

Zu beachten sind auch die Persönlichkeitsrechte („Recht am Bild" als Vermögensrecht und die DSGVO zur Wahrung des „Rechts auf informationelle Selbstbestimmung") der Künstler bei der Veröffentlichung. Insbesondere bei werblichen Veröffentlichungen ist hier ganz besondere Vorsicht geboten. Es ist entweder die Einwilligung oder ein Vertrag als Erlaubnis zur Aufnahme und Veröffentlichung unumgänglich.

3.6 Fotografieren mittels Drohnen

Drohnen ermöglichen ohne viel Aufwand Luftaufnahmen. Doch sind die Möglichkeiten des Einsatzes durch die „Verordnung zur Regelung des Betriebs von unbemannten Fluggeräten", die Drohnenverordnung, begrenzt.

Sinn und Zweck der Drohnenverordnung ist vorrangig der Schutz des Luftverkehrs, der Schutz von Menschenleben am Boden, der Schutz von Einrichtungen wie z. B. Industrie- und Militäranlagen sowie der Schutz der Natur. Mit der seit dem 30. März 2017 geltenden Drohnenverordnung werden auch datenschutzrechtliche Aspekte bei dem Betrieb von „Fotodrohnen" berücksichtigt. Unabhängig von ihrem Gewicht ist jeder Einsatz von Drohnen in und über sensiblen Bereichen verboten (§ 21b Abs. 1 Nr. 2 Drohnenverordnung). Zu den sensiblen Bereichen gehören unter anderem Einsatzorte der Polizei und der Rettungskräfte sowie auch Menschenansammlungen.

Beispiel Eventfotografie mit einer Fotodrohne

Eine Kurverwaltung, organisiert als GmbH, veranstaltet ein Freiluftkonzert auf der Ostseepromenade eines Ostseebades. Zur Berichterstattung über ihre eigenen Aktivitäten nutzt ein Mitarbeiter der Kurverwaltung eine Drohne zur Videoaufzeichnung der Veranstaltung. Es werden Aufnahmen direkt über den Musikern und Konzertbesuchern angefertigt. Weiter erfolgen zur Untermalung der Szenerie ein Flug über die Wohngrundstücke an der Promenade sowie weitere Einstellungen mit Badegästen am Strand. In den Bildsequenzen des Konzertes und des Badestrandes sind Personen identifizierbar.

Hier kommen Rechte zum Schutz von Leib und Leben durch die Absturzgefahr von Drohnen sowie Rechte zum Schutz der Persönlichkeit der Abgebildeten durch Fotoaufnahmen in das Spiel:

- Sowohl das Konzert mit seinen Besuchern wie auch die Badegäste am Strand sind Menschenansammlungen im Sinne der Drohnenverordnung. Diese dürfen ausdrücklich nicht direkt überflogen werden. Es ist ein seitlicher Mindestabstand von 100 m einzuhalten. Dieses Überflugverbot soll die Menschen vor Drohnenunfällen schützen. Es besteht unabhängig davon, ob eine Kamera installiert ist oder auch nicht (§ 21b Abs. 1 Nr. 2 Drohnenverordnung).
- Auch die Aufnahmen von den an die Promenade angrenzenden Wohngrundstücken sind nach der Drohnenverordnung unzulässig. Es sei denn, die Eigentümer oder Nutzungsberechtigten haben dem Überflug der Kameradrohne zugestimmt (§ 21b Abs. 1 Nr. 7 Drohnenverordnung). Für dieses Überflugverbot mit einer Kamera spielen, auch dann wenn keine Menschen auf den Grundstücken zu erkennen sind, datenschutzrechtliche Aspekte eine Rolle.
- Die Aufzeichnungen von dem Konzert berühren die Persönlichkeitsrechte der in dem Video identifizierbaren Personen. Die Drohnenverordnung verweist ausdrücklich auf die Einhaltung der Vorschriften über den Datenschutz (§ 21a Abs. 3 Nr. 1). Die Beurteilung der Rechtmäßigkeit von Fotoaufnahmen von Personen beurteilt sich nach der Datenschutzgrundverordnung (DSGVO) (siehe Abschn. 3.1). Das Konzert ist eine öffentliche Veranstaltung, die im „berechtigten Interesse" der Kurverwaltung gefilmt werden kann, wenn die „berechtigten Interessen" der zu filmenden Personen die Interessen der Kurverwaltung nicht überwiegen. Zur Rechtsgüterabwägung der Interessen innerhalb der Rechtsgrundlage Art. 6 Abs. 1 Buchst. f DSGVO ausführlich Abschn. 3.1.9. Eine Übersichtsaufnahme, in kurzer Sequenz aufgenommen zur Kurgastinformation und veröffentlicht auf der Website der Kurverwaltung, kann auf die Rechtsgrundlage Art. 6 Abs. 1 Buchst. f DSGVO gestützt werden (siehe Abschn. 3.1.13). Die Besucher sind mittels „Fotohinweisen" entsprechend der Informationspflicht des Art. 13 DSGVO über die Anfertigung und Verwendungszecke der Aufnahmen in Kenntnis zu setzen (siehe Abschn. 3.1.13). Sollen die Aufnahmen für Werbezwecke verwendet werden, bedarf es hierzu der Einwilligung der abgebildeten Konzertbesucher (siehe Abschn. 3.1.7).
- Die Aufnahme der Identifizierbaren Badegäste sind personenbezogene Daten im Sinne der DSGVO. Für das Anfertigen und Veröffentlichen benötigt die Kurverwaltung eine Rechtsgrundlage nach den Bestimmungen der DSGVO. Diese Aufnahmen können nicht auf die „berechtigten Interessen" (Art. 6 Abs. 1 Buchst. f DSGVO) der Kurverwaltung gestützt werden, weil ein badender Kurgast nicht damit rechnen muss, dass er am Strand gefilmt wird. Weiter stellen die Aufnahmen leicht bekleideter Personen im „privaten Rückzug" einen deutlichen Eingriff in die Sozialsphäre dar, so dass hier die „berechtigten Interessen" der Kurverwaltung von den Interessen der Gäste überwogen werden. Notwendig, aber nicht praktikabel, ist damit die Einwilligung (Art. 6 Abs. 1 Buchst. a DSGVO) der aufzunehmenden Badegäste.

Die Drohnenverordnung bietet die Möglichkeit, Ausnahmegenehmigungen von den Betriebsverboten bei der örtlich zuständigen Luftfahrtbehörde des Landes einzuholen (§ 21b Abs. 3 Drohnenverordnung). Eine Voraussetzung für die Genehmigung ist die Erbringung des Nachweises der Notwendigkeit des Einsatzes der Drohne. Ist der Projektgrund vom Antragsteller in den amtlichen Formularen der jeweiligen Landesluftfahrtbehörde beschrieben, liegt es im Ermessen der Behörde, ob sie den Projektgrund als einen „begründeten Fall" (§ 21b Abs. 3 Drohnenverordnung) zur Erteilung der Genehmigung anerkennt. Über die zahlreichen der Behörde vorzulegenden Nachweise und Erklärungen zur Erteilung von Ausnahmegenehmigungen können Sie sich auf der Website des Berufsverbandes der unbemannten Luftfahrt informieren: www.uavdach.org/aktuell/DrohnenVO.html Antragsformulare erhalten Sie online bei der in Ihrem Bundesland zuständigen Luftfahrtbehörde.

Seien Sie vorsichtig mit dem Einsatz von Drohnen an Veranstaltungsorten. Denn das Flugverbot erfasst auch das Fliegen über Menschenansammlungen. Wollen Sie Events unbedingt aus der Luft fotografieren, empfiehlt es sich ein darauf spezialisiertes Unternehmen mit entsprechenden Sachkundenachweisen zu beauftragen.

Ihr Transfer in die Praxis

Sobald Menschen erkennbar zum Zweck der Öffentlichkeitsarbeit fotografiert werden sollen, benötigen Sie dazu entweder eine Einwilligung (Art. 6 Abs. 1 Buchst. a DSGVO), einen Model-Vertrag (Art. 6 Abs. 1 Buchst. b DSGVO) oder ein „berechtigtes Interesse" (Art. 6 Abs. 1 Buchst. f DSGVO) bzw. als öffentliche Einrichtung ein „öffentliches Interesse" (Art. 6 Abs. 1 Buchst. e DSGVO). Wichtig ist, dass Sie im Vorfeld einer Fotoproduktion prüfen und überlegen, mit welcher Rechtsgrundlage Sie Ihre Verwendungen am besten abdecken können.

Sollen Fotos innerhalb von Grundstücken und Räumen angefertigt werden, sollten Ihre Berechtigungen zuvor mit den Eigentümern sowie den Inhabern des Hausrechts (Mieter, Pächter und Veranstalter) geklärt werden.

Bei der Produktion von Werbefotos sind die Requisiten so zu wählen, dass fremde Gegenstände weder urheberrechtlich noch als Design geschützt sind. Es sei denn, Sie haben die Zustimmung der Rechteinhaber eingeholt oder es besteht eine Ausnahme zur Wiedergabe fremder Designs zur Erklärung Ihrer Produkte oder Dienstleistungen.

Literatur

Dreyer, Gunda; Kotthoff, Jost; Meckel, Astrid; Hentsch, Christian-Henner, Heidelberger Kommentar zum Urheberrecht, C. F. Müller, 2018, Heidelberg.

Kötz, Daniel; Gabriel-Jürgens, Eva: Honorare und Recht für Models, KÖGA-Liste 2011/2012, mitp Edition Profifoto, 2018, Frechen.

Koreng, Ansgar; Lachenmann, Matthias; Formularhandbuch Datenschutzrecht, C. H. Beck, 2018, München.

Kühling, Jürgen; Buchner, Benedikt, Datenschutz-Grundverordnung/BDSG, C. H. Beck, 2018, München.

Leitlinien der Artikel-29-Datenschutzgruppe gemäß Verordnung 2016/679, WP 259.

Paal, B; Daniel A. Pauly, DS-GVO BDSG, C. H. Beck, 2018, München

Simitis, Spiros; Hornung, Gerrit; Spiecker gen. Döhmann, Indra; Datenschutzrecht, Nomos, 2019, Baden-Baden.

Wandtke, Arthur-Axel; Bullinger, Winfried, Praxiskommentar zum Urheberrecht, C. H. Beck, 2014, München.

4

Rechteklärung des Lizenzerwerbs im Produktionsabschnitt Editieren

Was Sie aus diesem Kapitel mitnehmen

In der Redaktion fallen zahlreiche Entscheidungen zur Illustration von Textbeiträgen und zur Gestaltung von Anzeigen. Für Bildnutzer bestehen bei jeder Handlung, die Bilder betreffen, Prüfungs- und Sorgfaltspflichten. Zu überprüfen ist die Wirksamkeit des Nutzungsrechteerwerbes zur geplanten Verwendung sowie die Berechtigung zur Bildbearbeitung. Für die Weitergabe von Fotos an Multiplikatoren und die Verbreitung in sozialen Netzwerken müssen, Berechtigungen bestehen. Bei der Erteilung von Fotoaufträgen an externe Dienstleister zur Erstellung von Personenfotos, müssen bei der Auftragsvergabe die Vorschriften der DSGVO in die Gestaltung der Aufträge einbezogen werden.

Sie erfahren, wie Sie Bildrechte in den einzelnen Schritten der redaktionellen Arbeit prüfen und einhalten. Die Schwerpunkte liegen dabei auf dem urheberrechtlichen Lizenzerwerb von Fotografen und Fotoagenturen, der Auswahl von Fotos unter Aspekten der gewerblichen Schutzrechte sowie den Berechtigungen zur Bildbearbeitung. Weiter erfahren Sie, wie ein Fotoauftrag zum Lizenzerwerb zu gestalten ist und welche datenschutzrechtlichen Vorgaben dabei bedeutsam werden können. Des Weiteren werden Sie über Ihre Berechtigungen und Pflichten bei der Weitergabe von Fotos innerhalb einer Holding sowie an Händlernetze informiert.

C. W. Eggers, *Quick Guide Bildrechte*, Quick Guide,
https://doi.org/10.1007/978-3-658-26017-0_4

4.1 Rechteklärung zwischen Auftraggeber und Fotografen

Die Auftragsvergabe ist die Weichenstellung für Ihre späteren Berechtigungen zur Nutzung der von Ihnen in Auftrag gegeben Fotos. Deshalb sind bei der Auftragsvergabe konkrete Absprachen über die Reichweite Ihrer Verwendungsmöglichkeiten der Auftragsfotos von großer Bedeutung.

Die Einräumung von Nutzungsrechten gegenüber anderen Personen bietet dem Urheber die Möglichkeit, sein Werk zu verwerten. Mit anderen Personen sind sowohl natürliche Personen wie auch Firmen, die als juristische Person (z. B. GmbH) auftreten, gemeint.

Mit dem Begriff Einräumung ist die Erlaubniserteilung des Urhebers oder einer von ihm berechtigten Person gemeint, das Werk auf eine oder mehrere Arten nutzen zu dürfen.

Nur im Falle der Vererbung kommt es zur Übertragung des Urheberrechts; anderes ist nach unserem Rechtssystem nicht möglich. Dieser Umstand ist nicht etwa eine juristische Finesse: Der Fotograf behält seine Rechte aus dem Urheberpersönlichkeitsrecht und er hat damit Einfluss auf seine Werke. Selbst dann, wenn er seine Werke dem Auftraggeber zur exklusiven Nutzung überlassen hat.

Beispiel Urheberpersönlichkeitsrechte

Ein Unternehmen hat die Nutzungsrechte für die Veröffentlichung eines Fotos als Header für die Website erworben. Der Grafiker passt die Farben des Fotos an die Unternehmensfarben an und eine Namensnennung des Fotografen unterlässt er auch, da diese grafisch stört.

Aus seiner Stellung als Urheber und dem damit bestehenden Urheberpersönlichkeitsrecht kann der Fotograf sowohl die farbliche Veränderung seines Fotos untersagen (§ 23 UrhG), wie auch auf der Einhaltung der gesetzlichen Pflicht bestehen, dass sein Name als Urheber genannt wird (§ 13 UrhG).

4.1.1 Die drei Aspekte eines Fotoauftrages

Die Beauftragung eines selbstständigen Fotografen ist rechtlich in zwei Aspekten zu unterscheiden: Zunächst handelt es sich um einen Werkvertrag bezüglich der Erstellung der Fotos. Weiter ist an den Fotoauftrag die

Verpflichtung des Fotografen gekoppelt, den Auftraggeber zur Nutzung der Fotos zu berechtigen. Mit Geltung der DSGVO kommt bei der Personenfotografie unter Umständen eine dritte Regelung zur Wahrnehmung der datenschutzrechtlichen Pflichten in Betracht.

Werkvertrag
Aus dem zwischen dem Auftraggeber und dem Fotografen abgeschlossenen Werkvertrag, §§ 631 ff. Bürgerliches Gesetzbuch (BGB), schuldet der Fotograf dem Auftraggeber technisch mangelfreie Fotos zum vereinbarten Thema.

Lizenzvertrag
Ein Vertrag über den Nutzungsumfang und die Nutzungsbedingungen fremder Fotos wird Lizenzvertrag genannt. Bei Fotoaufträgen ist der Fotograf der Lizenzgeber und der Auftraggeber der Lizenznehmer.

Eine Schriftform des Vertrages zur Einräumung der Nutzungsrechte an zukünftigen Werken ist nur dann zwingend, wenn diese nicht näher konkretisiert sind. Das ist in der Praxis der Beauftragung im Bereich der Öffentlichkeitsarbeit und des Marketings eher unwahrscheinlich. Dennoch sollten Sie Aufträge möglichst schriftlich erteilen und so Missverständnissen vorbeugen.

In welchem Umfang und für welche Verwendungen Nutzungsrechte an einem Foto eingeräumt werden, unterliegt grundsätzlich der Absprachen zwischen Lizenzgeber und Lizenznehmer.

Trotz der grundsätzlichen Vertragsfreiheit stellt das Urheberrechtsgesetz inhaltliche „Spielregeln" bei der Einräumung von Nutzungsrechten auf. Nachfolgend sind die vertraglich zu regelnden Inhalte zur Einräumung von Nutzungsrechten dargestellt.

Die Abb. 4.1 zeigt die vertraglichen Beziehungen zwischen Auftraggeber und Fotografen.

Verträge über die Einhaltung der datenschutzrechtlichen Verpflichtungen – Art. 26 und Art. 28 DSGVO
Sobald ein Fotoauftrag die Erstellung von Personenfotos beinhaltet, stellt sich die Frage, ob damit zwangsläufig die in der DSGVO vorgesehenen vertraglichen Regelungen zwischen Auftraggeber und Auftragnehmer zur Einhaltung der DSGVO abgeschlossen werden müssen. Ein Hauptzweck

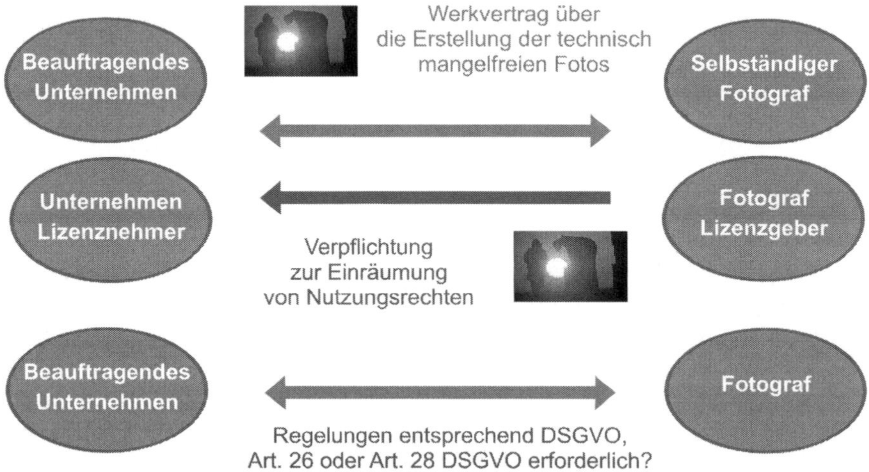

Abb. 4.1 Vertragliche Beziehungen zwischen Auftraggeber und Fotografen

der durch die DSGVO auferlegten vertraglichen Regelungen ist es, zur Wahrung der Betroffenenrechte das Zusammenwirken von Datenverarbeitern transparent sichtbar zu machen. Der Betroffene soll wissen, wer für welche Datenverarbeitungen auf welche Weise verantwortlich ist. Legen Auftraggeber und Auftragnehmer in Absprache gemeinsam „die Zwecke und Mittel" der Verarbeitung fest, sollen sie entsprechend Art. 26 DSGVO „gemeinsam für die Verarbeitung Verantwortliche" sein. Dagegen ist nicht eigenständig Verantwortlicher der sogenannte Auftragsverarbeiter. Wird der Dienstleister weisungsgebunden für den Auftraggeber tätig, bedarf es dann jedoch nach Art. 28 DSGVO eines Vertrages, der den Dienstleister zur Einhaltung der Grundsätze der Datenverarbeitung nach den Vorgaben des Art. 28 DSGVO verpflichtet. Es stellt sich damit die Frage, ob bei der Beauftragung externer Fotografen die Abteilungen der Presse- und Öffentlichkeitsarbeit derartige Verträge mit den Beauftragten abschließen müssen.

Die Stellungnahmen der Berufsverbände der Fotografen gehen weder von einer Auftragsverarbeitung noch von einer gemeinsamen Verantwortung aus. Bei Fotoaufträgen erbringe der Fotograf stets eine eigenverantwortliche Leistung gegenüber dem Auftraggeber als „Bildersteller". Der Auftraggeber wiederum sei für „seinen Anteil" der Verarbeitungen, nämlich der Bildveröffentlichungen, verantwortlich. Argumentiert wird, dass die Urheberschaft sowie seine Gestaltungsmacht dem Fotografen eine Stellung verschafft, die ihn völlig unabhängig über die Verarbeitung der Personenfotos entscheiden lässt. Diese Einschätzung verkennt, dass Bestandteil der Auftragsfotografie gerade die Einräumung von Nutzungsrechten zu Gunsten des Auftraggebers ist. Der Fotograf bestimmt zwar in vielen Fällen, welche Motive er dem Auftraggeber überlässt, jedoch auf Grund seiner vertraglichen Bindung bestimmt er nicht frei über das Ob der Rechteeinräumung. Desweitern sind an professionellen, hochwertigen Werbefotoproduktionen „schöpferisch" meist mehrere Personen beteiligt. So z. B., wenn ein Artdirector einer Kommunikationsagentur nicht nur die Idee einer Szene entwickelt hat, sondern auch deren Gestaltung, wie oft üblich mittels Layout-Skizzen oder eines Storyboards, zur Umsetzung visualisiert.[1]

Unterschiedlich sind die Einschätzungen der Datenschutzbehörden. Danach ist immer auf den Einzelfall abzustellen und das Vorliegen einer Auftragsverarbeitung nicht ausgeschlossen, wenn der Fotograf engen Weisungen des Auftraggebers unterliegt. Es besteht somit Rechtsunsicherheit, ob überhaupt und wenn ja in welchen Fällen eine Vereinbarung entsprechend des Art. 26 DSGVO (gemeinsame Verantwortung) oder nach Art. 28 DSGVO (Fotograf als Auftragsverarbeiter) zwingend sind.

Beispiele zur Anwendbarkeit der Artikel 26 und 28 DSGVO bei Fotoaufträgen

Beispiel 1 – Alleinige Verantwortung der Fotografin
Eine Fotografin bereist Ostseebäder zur Vermarktung der Fotos an die Kurverwaltungen. Sie ist weder von diesen beauftragt, noch besteht dabei eine Absprache über eventuelle Ankaufe der Nutzungsrechte durch die Kurverwaltungen. Eindeutig ist hier die Fotografin alleine verantwortlich für die Datenverarbeitungen der Erstellung und Vermarktung der Fotos. Erwirbt eine Kurverwaltung von der Fotografin Veröffentlichungsrechte, ist die Kurverwaltung auch alleine Verantwortlicher für die „Datenverarbeitung Veröffentlichen". Es bedarf keiner vertraglichen Regelungen entsprechend Art. 26 bzw. Art. 28 DSGVO zwischen der Fotografin und der jeweiligen Kurverwaltung.

[1] Vgl. Wandtke und Bullinger (2014), UrhG, § 2 Rn. 41.

Beispiel 2 – Gemeinsame Verantwortung der Fotografin und des Auftraggebers nach Art. 26 DSGVO?
Das Presseamt einer Stadt beauftragt eine freie Fotografin eine Großveranstaltung zu dokumentieren. Vereinbart wird, dass die Fotografin bei Motiven, in denen einzelne Personen im Vordergrund stehen, Einwilligungen zu Gunsten und Namens der Stadt einholt. Denkbar ist, dass eine alleinige Verantwortung für die Datenerhebung bei der Fotografin angenommen wird und für das Nutzen der Bilder die Verantwortung allein bei der Stadt anzusiedeln ist, so dass hier keine gemeinsame Verantwortung für die gesamten Arbeitsschritte der Fotoproduktion beider Beteiligter vorliegt.

Für eine gemeinsame Verantwortung im Sinne des Art. 26 DSGVO spricht, dass auch, wenn die Fotografin in der Motivgestaltung und der Auswahl der Personen frei ist, eine Verarbeitungskette derselben personenbezogenen Daten besteht.[2] Auf deren Erhebung, Beschaffenheit, Bearbeitung und Verwendungen haben beide Beteiligte maßgeblich Einfluss.

Rechtliche Konsequenz einer gemeinsamen Verantwortung ist nicht nur die Pflicht zum Abschluss eines Vertrages gemäß Art. 26. DSGVO, sondern auch, dass der Betroffene nach Art. 26 Abs. 3 DSGVO seine Betroffenenrechte gegenüber jedem gemeinsam Verantwortlichen geltend machen kann. Auch gegenüber dem Verantwortlichen, der im Zusammenwirken rechtstreu gehandelt hat. Ebenso können Schadensersatzansprüche unter Umständen auch den Beteiligten treffen, der die schädigende Handlung nicht selber vorgenommen hat.[3] Es liegt damit auf der Hand, dass mit einer Gestaltung eines Fotoauftrages und der Vereinbarung zur gemeinsamen Verantwortung für Auftraggeber und Auftragnehmer erhebliche Risiken bestehen, wenn auch nur einer der Beteiligten „Fehler" begeht.

Beispiel 3 – Fotograf als Auftragsverarbeiter?
Ein freier Fotograf wird von einem Unternehmen beauftragt in den Räumen des Unternehmens Mitarbeiterfotos anzufertigen. Diese sollen sich „nahtlos" in die Gestaltung der bisherigen Aufnahmen zur Vorstellung der Mitarbeiter einfügen. Vorteil der Auftragsverarbeitung ist, dass der Auftraggeber Datenverarbeitungen delegieren kann, ohne dass der externe Dienstleister z. B. gesonderte Einwilligungen von den Betroffenen einholen muss. Vorteil des Fotografen als Auftragsverarbeiter ist, dass er sich lediglich um die Einhaltung der Vereinbarung zur Auftragsverabeitung kümmern muss und nicht selber von jedem zu fotografierenden Mitarbeiter eine Einwilligung für die Vorgang „Datenerhebung" einholen muss. Für die

[2] Die Art. 29-Datenschutzgruppe hat auch dann eine gemeinsame Verantwortung angenommen, „wenn dieselben personenbezogenen Daten nacheinander in einer Verarbeitungskette verarbeitet werden". Vgl. Kühling/Buchner (2018), DS-GVO BDSG, Art. 26 DSGVO Rn. 16.

[3] Vgl. Kühling/Buchner (2018), DS-GVO BDSG, DSGVO Art. 26 Rn. 28.

Einstufung der Tätigkeit des Fotografen als Auftragsverarbeiter spricht, dass er, anders als im Beispiel 2, weder Entscheidungskompetenz zur Auswahl der Personen noch Gestaltungsspielraum bei der Ausführung des Auftrages hat. Die Fachkompetenz wird allein zur Reproduktion des Stils der schon vorhandenen Aufnahmen genutzt. Zudem werden in der Praxis bei der Mitarbeiterfotografie meist die ausschließlichen Nutzungsrechte dem Unternehmen als Auftraggeber eingeräumt. Der rechtliche Einfluss des Fotografen liegt damit „nur" in der Ausübung seiner Urheberpersönlichkeitsrechte (wie z. B. sein Recht auf Namensnennung), so dass ihm urheberrechtlich weitere Vermarktungen der Fotos nicht ohne die Zustimmung des Auftraggebers möglich sind.

Die vertraglich zu regelnden Punkte ergeben sich aus Art. 28 Abs. 3 Satz 2 DSGVO. Problematisch für Fotografen, wie auch für alle Urheber in einer Verarbeitungskette, ist z. B. die Regelung des Abs. 3 Satz 2 Buchst. g. Danach ist die Verpflichtung aufzunehmen, dass der Fotograf als Auftragsverarbeiter die Daten nach Abschluss des Auftrages zu löschen hat, es sei denn, dass eine gesetzliche Pflicht zur Speicherung besteht. Diese Löschungspflicht führt bei einem Urheber zum Verlust seiner Möglichkeit die Urheberschaft anhand von Originaldateien nachweisen zu können und es wäre dem Fotografen auch für die Zukunft unmöglich seine Werke zu verwerten; eben auch nicht mehr mit Zustimmung des Unternehmens als Inhaber eventueller ausschließlicher Nutzungsrechte. Ohne juristische Klimmzüge (Auslegung, analoge Anwendungen) ist diese „wörtliche" Verpflichtung auch nicht wegzureden.[4]

Ihr Transfer in die Praxis zum Datenschutz bei Fotoaufträgen

Zur Einordnung der Fotografen in Auftragsbeziehungen entweder als alleiniger Verantwortlicher für seinen „Anteil" in der Datenverarbeitungskette oder als Mitverantwortlicher oder als Auftragsverarbeiter bestehen keine einheitlichen Einschätzungen der Aufsichtsbehörden. Eine rechtssichere Lösung kann daher nicht garantiert werden. Wichtig ist, dass Sie Argumente für Ihre Lösung sammeln. Ist die Lösung vertretbar, ist die „Einmischung" der Aufsichtsbehörden unwahrscheinlich.

Die Regelungen der DSGVO dienen vorrangig dem Schutz des Rechts auf informationelle Selbstbestimmung. Der Schutz der Betroffenen beim Zusammenwirken von Auftraggebern und Fotografen lässt sich auch über

[4] Diskutiert wird hier unter Juristen, dass eine datenschutzrechtliche Lösung über die Verschlüsselung der Bilddatensätze (z. B. auf einer separaten Festplatte) unter „eingeschränkter Verarbeitung" sowohl die Interessen des Urhebers wie auch die der Betroffenen angemessen berücksichtigt (analoge Anwendung der Regelung des Art. 17 Abs. 3 Buchst. e DSGVO).

eine Gestaltung von Einwilligungen innerhalb einer Verarbeitungskette derselben Daten herstellen, so das auch die Interessen des Urhebers angemessen gewahrt bleiben und der Berufsfotograf nicht zahlreiche Haftungsrisiken als Mitverantwortlicher bei zahlreichen Fotoaufträgen unterschiedlichster Auftraggeber eingehen muss.

Eine Lösung zum Beispiel 3 (siehe oben) wäre es, wenn zunächst der beauftrage Fotograf die Einwilligung zur Erstellung, Bearbeitung und Übermittlung der Daten an den Arbeitgeber von den Beschäftigten einholt und dann der Arbeitgeber wiederum die Einwilligung siehe (siehe Abschn. 3.1.11) für das Veröffentlichen bei „seinen" Beschäftigten einholt. Denkbar und praktikabel ist es, die Einwilligungen gegenüber den beiden Verantwortlichen in einem Dokument zusammenzufassen, so dass der Betroffene mit einer einzigen Unterschrift einwilligen kann. Ebenso kann im Beispiel 2 (siehe oben) verfahren werden. Die Fotografin holt die Einwilligungen (siehe Abschn. 3.1.7) so ein, dass sowohl ihr Anteil der Datenverarbeitungen in der Kette legitimiert ist, wie auch der Anteil („Veröffentlichen") der Stadt als Auftraggeber. Handelt es sich um Event-Fotografie (siehe Abschn. 3.1.13) können Auftraggeber sowie Auftragnehmer als Verantwortliche zur Information der Besucher (z. B. Info-Tafeln) ausgewiesen werden (siehe Abschn. 3.1.15). Der Fotograf ist dann als Verantwortlicher für die Anfertigung der Fotos zu nennen und der Auftraggeber als der Verantwortliche für die weiteren Nutzungen wie z. B. das Veröffentlichen der Personenfotos auf seiner Website.

4.1.2 Bestandteile eines Lizenzvertrages

Die Bestandteile eines Lizenzvertrages ergeben sich aus den § 31 Abs. 1 bis 3 UrhG und dem Anspruch auf Vergütung nach § 32 UrhG.

§ 31 Einräumung von Nutzungsrechten

1. *Der Urheber kann einem anderen das Recht einräumen, das Werk auf einzelne oder alle Nutzungsarten zu nutzen (Nutzungsrecht). Das Nutzungsrecht kann als einfaches oder ausschließliches Recht sowie räumlich, zeitlich oder inhaltlich beschränkt eingeräumt werden.*
2. *Das einfache Nutzungsrecht berechtigt den Inhaber, das Werk auf die erlaubte Art zu nutzen, ohne dass eine Nutzung durch andere ausgeschlossen ist.*
3. *Das ausschließliche Nutzungsrecht berechtigt den Inhaber, das Werk unter Ausschluss aller anderen Personen auf die ihm erlaubte Art zu nutzen und Nutzungsrechte einzuräumen. Es kann bestimmt werden, dass die Nutzung durch den Urheber vorbehalten bleibt. § 35 bleibt unberührt.*

Inhaltlich beschränkte Nutzungsrechte

Bei der inhaltlichen Beschränkung der Nutzungsrechte geht es um die Einräumung von Nutzungsberechtigungen für nur bestimmte Nutzungsarten. Dieses ist der „Normalfall".

In der Praxis ergibt sich die Nutzungsart häufig aus der Projektbeschreibung bei der Auftragserteilung. Darauf sollten Sie sich jedoch nicht verlassen und immer auch mit dem Fotografen konkrete Nutzungsarten absprechen und in die Vereinbarung aufnehmen.

Beispiel Nutzungsrechte

Beispiel Nutzungsart

Wird ein Fotoauftrag zur Herstellung einer gedruckten Imagebroschüre eines Unternehmens erteilt und der Fotograf nimmt den Auftrag an, verpflichtet er sich auch dem Unternehmen die Rechte einzuräumen, die zur Veröffentlichung der Fotos in einer Imagebroschüre notwendig sind. Der Fotograf hat sich verpflichtet, dem Unternehmen die Vervielfältigungs- und Verbreitungsrechte für den Verwendungszweck „gedruckte Imagebroschüre" einzuräumen.

Möchte das Unternehmen die Imagebroschüre nun noch als PDF online stellen, müsste hierüber auch eine zusätzliche Lizenzvereinbarung getroffen werden. Denn § 19a UrhG benennt die „öffentliche Zugänglichmachung" als ein eigenständiges Verwertungsrecht des Urhebers. Das Unternehmen benötigt daher die Einwilligung des Urhebers zur Nutzung der Verwendungsform „Online-Veröffentlichung".

Beispiel Nutzungsart und vereinbarter Zweck bei Auftragserteilung

Der Fotograf wird beauftragt, ein Foto zu einer Pressemitteilung zu erstellen. Nimmt er den Auftrag an, verpflichtet er sich, dem Auftraggeber die Nutzungsrechte einzuräumen, die notwendig sind, um den zuvor bestimmten Zweck des Auftrages zu erreichen.

In diesem Beispiel steht dann das Recht des Unternehmens im Vordergrund, das Foto Multiplikatoren zum Abdruck und zur Internetveröffentlichung auf Websites, in sozialen Medien und zum Abdruck in Printmedien überlassen zu dürfen. Der Lizenznehmer kann das Foto zum Download durch Medien freischalten, es auch aktiv als Anhang einer Mail verbreiten und Medien zur freien Verwendung anbieten. Hierzu gehört dann auch, dass das Unternehmen das Recht zur Unterlizenzierung der Fotos vom Fotografen erwirbt. Andernfalls würde der Verwendungszweck „Pressemitteilung" nicht erreichbar sein.

Möchte das beauftragende Unternehmen das Foto jetzt auch noch für eine gedruckte Image-Broschüre nutzen, wäre das eine Art der Nutzung, die nicht mehr von dem ursprünglichen Verpflichtungsgeschäft zur Einräumung der Nutzungsrechte gedeckt ist. Das Unternehmen muss hierzu wiederum eine Lizenz vom Urheber erwerben. Denn der Fotograf hat ja nur die Rechte eingeräumt, die sich auf die Verwendungen „Pressemitteilung" beziehen.

Zeitliche Beschränkung und räumliche Beschränkung

Häufig ist eine zeitliche Beschränkung bei Online-Nutzungen eines Fotos vereinbart. So kann Bestandteil der Lizenz sein, dass das Foto nur für den Zeitraum von zwei Jahren auf der Unternehmens-Website wiedergegeben werden darf.

Die räumliche Beschränkung bedeutet, dass das Nutzungsrecht nur für bestimmte Sprachräume, Länder oder Orte eingeräumt wird. Der Nutzer kann natürlich auch ein weltweites Nutzungsrecht erwerben. Anders als im Printbereich besteht keine rechtwirksame Möglichkeit, Veröffentlichungen im World Wide Web auf eine Region zu begrenzen.

Bestimmung des Personenkreises der Nutzungsberechtigten

Eine wichtige Frage ist, ob der Fotograf neben dem Auftraggeber auch anderen Personen Nutzungsrechte an seinen Werken einräumen darf oder, ob nur der Auftraggeber berechtigt sein soll, die Fotos in der geplanten Art nutzen zu dürfen.

Einfaches Nutzungsrecht: Das einfache Nutzungsrecht (§ 31 Abs. 2 UrhG) ermöglicht es dem Urheber Nutzungsrechte so einzuräumen, dass er auch weiterhin jedem beliebigen anderen das Werk zur Nutzung überlassen kann. In der Praxis ist dieses die häufigste Form bei der Vergabe von Berechtigungen.

Ausschließliches Nutzungsrecht: Die weitreichende Einräumung des ausschließlichen Nutzungsrechtes (§ 31 Abs. 3 UrhG) bedeutet, dass der Urheber keine weiteren Rechte an andere Personen vergeben darf. Das Werk wird also vom Nutzer für die vorher bestimmte Art der Verwendung exklusiv erworben.

Der Fotograf kann sich jedoch, trotz der Vergabe der ausschließlichen Nutzungsrechte, die eigene Nutzung seines Werkes vorbehalten und eine „eingeschränkte Ausschließlichkeit“ vereinbaren.

Beispiel Nutzungsrecht

Beispiel „einfaches Nutzungsrecht"
Fotoagentur A räumt Unternehmen U die Nutzungsrechte an einem Foto für die Veröffentlichung auf Facebook ein. Unternehmen B möchte dasselbe Motiv auch gerne auf Facebook veröffentlichen. Fotoagentur A kann auch Unternehmen B rechtswirksam die Nutzungsrechte einräumen. Denn A hat ja nur ein einfaches Nutzungsrecht an U vergeben.

Beispiel „ausschließliches Nutzungsrecht"
Fotograf A hat im Auftrag des Unternehmens U Fotos von einer Pressekonferenz erstellt. Unternehmen U hat die ausschließlichen Nutzungsrechte für Online-Veröffentlichungen erworben. A darf jetzt anderen juristischen und natürlichen Personen keine Nutzungsrechte an diesen Fotos für Online-Veröffentlichungen einräumen.

Kommt jetzt die Lokalzeitung und fragt A, ob er ein Foto für die aktuelle Printausgabe (ohne Online-Einstellung) liefern kann, so darf er das. Denn U hat ja nur für die Online-Veröffentlichungen die exklusiven Rechte erworben und nicht auch für den Druck in einer Tageszeitung.

Möchte Fotograf A ein Foto der Pressekonferenz auf seiner Website zeigen, muss er vom Unternehmen dazu eine Einwilligung bekommen. Anders wäre es, wenn A nur eine „eingeschränkte Ausschließlichkeit" (§ 31 Abs. 3 Satz 2 UrhG) mit U vereinbart hätte. Dann könnte A sein Foto wenigstens noch selber für eigene Veröffentlichungen auf seiner Website nutzen.

Unterlizenzierung: In der Öffentlichkeitsarbeit ist es wichtig, dass Fotos an Multiplikatoren weitergegeben werden dürfen. Dieses geschieht meist als Handout-Foto zu Pressemitteilungen, als Link zum Download des Bildes im „Presseservice" des Unternehmens und natürlich über die Verbreitung in sozialen Medien. Damit wird der Kreis der nutzugsberechtigen Personen vergrößert. Dazu bedarf es der Berechtigung des „weitergebenden" Verwenders durch den Urheber. Die rechtmäßige Weitergabe des fremden Fotos an rechtlich selbständige Multiplikatoren muss ausdrücklich mit dem Urheber bzw. dem Nutzungsrechteinhaber vereinbart sein oder sich aus dem Gesetz ergeben. Sie haben zwei Möglichkeiten der rechtlichen Gestaltung eines Fotoauftrages:

1. Haben Sie oder Ihre Organisation die ausschließlichen (exklusiven) Nutzungsrechte für eine Verwendung erworben, besteht gemäß § 31 Abs. 3 Satz 3 i. V. m. § 35 Abs. 1 UrhG das Recht, die betreffenden Bilder im Rahmen des Umfanges des erworbenen ausschließlichen Nutzungsrechtes mit der Zustimmung des Urhebers an Ihre Multiplikatoren weiterzugeben. Der Urheber kann die Zustimmung nur dann verweigern, wenn durch die Unterlizenzierung seine rechtlichen Belange betroffen sind.
2. In der Praxis ist es sinnvoll, bei Fotoaufträgen zur Öffentlichkeitsarbeit die Unterlizenzierung der Multiplikatoren durch den Auftraggeber ausdrücklich bei den einfachen wie auch ausschließlichen Nutzungsrechten zu vereinbaren. Damit entfällt für Sie die Pflicht, bei jeder Weitergabe die Zustimmung des Urhebers einzuholen.

Zur Weitergabe von Agenturfotos an Multiplikatoren, Tochterunternehmen und Vertriebspartner (siehe Abschn. 4.3.7).

Einigkeit über das Honorar herstellen – Angemessenheit der Vergütung

Bei der Vergütung für die Einräumung von Nutzungsrechten gilt der Grundsatz der Privatautonomie. Honorare können grundsätzlich im Wege der Vertragsfreiheit frei ausgehandelt werden.

Eine Ausnahme besteht für arbeitnehmerähnliche Fotografen der Zeitungsverlage: Berufsverbände der Bildjournalisten und Zeitungsverlage haben hier Vergütungsregeln beschlossen.

Für Verträge mit „normalen“ freien Fotografen existiert keine rechtsverbindliche Gebührenordnung. Das Urheberrecht stattet den Urheber jedoch mit einem Anspruch auf eine „angemessene“ Vergütung aus. So hat der Urheber auch ein Recht auf Nachvergütung, wenn zwischen Leistung und Gegenleistung ein erhebliches Ungleichgewicht besteht.

Unter einem angemessenen Honorar im Sinne des § 32 Abs. 1 UrhG ist das branchenübliche Honorar zu verstehen. Bei Rechtsstreitigkeiten über Honorierungen nutzen Gerichte daher zur Ermittlung der Höhe der Vergütung gerne die Vergütungssätze der Mittelstandsgemeinschaft Foto-Marketing (MFM). Die jährlich herausgegebenen Empfehlungen können Sie über den Bundesverband professioneller Bildanbieter (BVPA) beziehen.

4.1.3 Buy-out-Lizenzen

Lässt sich der Verwerter vom Urheber gegen ein Pauschalhonorar die ausschließlichen, unbegrenzten Nutzungsrechte für jede Art der Verwendung einräumen, wird von einem Buy-out-Vertrag gesprochen. Ist die Vergütung hierfür angemessen, so sollen diese Verträge rechtsgültig abgeschlossen werden können. Die Angemessenheit des Honorars muss im Einzelfall und nach branchenüblichen Kriterien ermittelt werden. Bei einem deutlichen Missverhältnis zwischen den Leistungen ist von einer Ungültigkeit des Vertrages auszugehen.

Buy-out-Lizenzen können, trotz ihrer dem Urheberrecht fremden Radikalität, für beide Seiten, den Fotografen und den Verwerter, von großem Nutzen sein.

Dieser ist dann gegeben, wenn der Fotograf mit den für den Auftraggeber erstellten Fotos keinen weiteren wirtschaftlichen Nutzen erzielen kann. Das ist z. B. der Fall bei „Kopf-Fotografien" von Arbeitnehmern, die im Auftrag des Unternehmens erstellt wurden. Der Fotograf wird hier von einer weiteren Verwertung außerhalb des Auftragsrahmens in der Regel absehen müssen, da diese durch den Erlaubnisvorbehalt der DSGVO erschwert ist und die Fotos thematisch auch für andere Interessenten nicht attraktiv sind. So kann es für den Fotografen unter Umständen wirtschaftlich sinnvoll sein, einen Buy-out-Vertrag zur Einräumung der Nutzungsrechte mit entsprechender Höhe des Honorars abzuschließen.

Der Vorteil für das Unternehmen liegt in der klaren Regelung, wirklich für jede Verwendung die Befugnisse erworben zu haben. Der Inhaber dieser Lizenz muss nicht immer wieder „nachlizenzieren" und er kann unbürokratisch über die Fotos verfügen.

4.1.4 Was gilt, wenn keine Regelungen getroffen wurden?

Bei der Auftragsvergabe kommt es schnell zu Missverständnissen zwischen Auftraggeber und Auftragnehmer. Werden in der Regel die Themen und die Gestaltung der Fotos besprochen, wird häufig das Thema „Nutzungsrechte" ausgeklammert, geschweige denn schriftlich festgehalten.

Beispiel zur Anwendung der Zweckübertragungsregel

Beauftragt eine Pressestelle eines Unternehmens einen Fotografen mit der Illustration einer Pressemitteilung, ist damit auch deutlich, dass diese Fotos zur Nutzung der Berichterstattung an Multiplikatoren weitergegeben werden. Denn eine Pressemitteilung hat ja gerade den Sinn, dass sie durch andere Medien verbreitet und wiedergegeben wird.

Im Urheberrechtsgesetz ist in weiser Voraussicht hierfür eine Regelung getroffen: Es gilt die sogenannte Zweckübertragungsregel (§ 31 Abs. 5 UrhG). Fehlt es an einer Vereinbarung über die Art und den Umfang der Nutzungsrechte sowie über das einfache wie auch das ausschließliche Nutzungsrecht, ist auf den Vertragszweck abzustellen. Dabei ist aus der Perspektive des Urhebers und seines Auftraggebers zu fragen: Welche Rechte müssen eingeräumt sein, damit der Vertragszweck erreicht wird?

Ihr Transfer in die Praxis

- Überlegen Sie vor der Vergabe eines Auftrages, für welche Arten der Verwendungen und in welchem Umfang Sie Nutzungsrechte erwerben wollen.
- Fotoaufträge bedürfen der ausdrücklichen Absprache über die Nutzungsrechte, damit Missverständnisse ausgeschlossen werden.
- Halten Sie Absprachen mit dem Fotografen möglichst schriftlich fest.
- Beauftragen Sie unterschiedliche Fotografen, nutzen Sie möglichst einen einheitlichen Vertrag zur Regelung der Nutzungsrechte. Damit vermeiden Sie ein „Lizenz-Chaos".

4.2 Rechteklärung der Nutzungsrechte des Arbeitgebers

Fotografiert der Arbeitnehmer zur Erfüllung seiner im Arbeitsvertrag geregelten Aufgaben, erwirbt der Arbeitnehmer auch Nutzungsrechte an den Fotos des Arbeitnehmers. Die Einräumung der Nutzungsrechte kann ausdrücklich geregelt sein oder sich aus der im Arbeitsvertrag zugewiesenen Tätigkeit des Arbeitnehmers ergeben.

Der Arbeitnehmer bleibt der Urheber der von ihm angefertigten Fotos. Ein Unternehmen oder eine Organisation kann als juristische Person keine Urheberrechte erwerben, sondern nur Nutzungsrechte. Auch wenn der Arbeitgeber eine natürliche Person ist, erwirbt er niemals die Rechte des Urhebers, sondern lediglich Nutzungsrechte an den Werken des Arbeitnehmers.

Für die Frage, in welchem Umfang der Arbeitgeber Nutzungsrechte erwirbt, soweit eben nicht im Arbeitsvertrag geregelt, gilt: Im Zweifel erwirbt der Arbeitgeber die ausschließlichen Nutzungsrechte, die aber auf den Zweck seines Betriebs beschränkt sind.[5] Der Arbeitnehmer darf keinen weiteren Personen Nutzungsrechte an seinen Bildern einräumen.

Für Arbeitnehmer in Unternehmen und Angestellte des öffentlichen Dienstes, die nicht im Auftrag oder auf Anweisung des Arbeitgebers fotografieren, etwa privat im Urlaub oder bei einem Betriebsausflug, gilt: Der Arbeitgeber erwirbt keinen Anspruch auf die Nutzung dieser Fotos. Selbstverständlich kann der Arbeitnehmer aber dem Arbeitgeber, wie jeder andere Urheber, Nutzungsrechte per Rechtsgeschäft einräumen.

Nicht selten verwenden Arbeitnehmer privat erstellte Fotos zur Veröffentlichung in Publikationen ihres Arbeitgebers, ohne dass dieser davon weiß und der Arbeitnehmer auch keine Vergütungsansprüche geltend machen will. Der Arbeitnehmer hat seinem Arbeitgeber dann durch sein Handeln (konkludent) die Nutzungsrechte für die konkrete Verwendung eingeräumt. Dieses Handeln kann jedoch bei einer rechtswidrigen Veröffentlichung, etwa weil die Persönlichkeitsrechte abgebildeter Personen nicht beachtet wurden, zur Haftung des arbeitgebenden Unternehmens führen.

---

[5] Wandtke/Bullinger (2014), UrhG, § 43 Rn. 73.

Ihr Transfer in die Praxis

Die Regelung der Nutzungsrechte des Arbeitgebers sollte möglichst Bestandteil des Arbeitsvertrages sein.

Der Arbeitgeber erwirbt nur an den Fotos Nutzungsberechtigungen, die der Arbeitnehmer zur Erfüllung seiner arbeits- oder dienstrechtlichen Verpflichtungen erstellt.

4.3 Rechteklärung bei Online-Bildangeboten

Der Erwerb von Nutzungsberechtigungen (Lizenzen) erfolgt immer seltener im persönlichen Gespräch, sondern standardisiert per Mausklick. Da es an Beratung durch die Fotoagenturen häufig fehlt, rücken die Allgemeinen Geschäftsbedingungen und die Kenntnis der marktüblichen Lizenzmodelle der Agenturen bei dem Erwerb von Nutzungsrechten für Sie als „Verbraucher" in den Vordergrund.

4.3.1 Rights Managed License

Die Rights Managed License (RM) basiert auf dem „Verkauf" von detaillierten und fein abgestuften Berechtigungen. Für dieses sogenannte lizenzpflichtige Bildmaterial wird ein von Art und Umfang der Verwendung abhängiges Nutzungshonorar erhoben. Sie erwerben entsprechend Ihres konkret geplanten Veröffentlichungsvorhabens die hierfür notwendigen Nutzungsrechte. So wie Sie es auch in der Regel bei der Beauftragung eines Fotografen tun und in Abschn. 4.1 zum Erwerb der Nutzungsrechte im Rahmen von Fotoaufträgen lesen können.

4.3.2 Wann wird ein Agenturbild redaktionell oder kommerziell genutzt?

Bei dem Ankauf von Veröffentlichungsrechten wird von Bildagenturen häufig unterschieden: Das Nutzungsrecht (die Lizenz) kann für die „kommerzielle Nutzung" (werblicher Kontext wie z. B. in Anzeigengestaltungen) oder für eine „redaktionelle Nutzung" (Fachartikel, Berichterstattung) erworben werden. Diese Einteilung zu beachten, ist aus drei Gründen von Bedeutung:

- weil das geforderte Honorar für die kommerziellen Nutzungen meist deutlich höher ist,
- weil abgebildete Personen ihre Einwilligung zur Veröffentlichung eventuell nur für eine der genannten Nutzungen erteilt haben,
- weil die Agentur vom Fotografen nicht berechtigt wurde, das Foto auch z. B. zur kommerziellen Verwendung anzubieten. Die Agentur kann Nutzungsrechte nur soweit vergeben, wie sie hierzu vom Urheber berechtigt wurde.

Die Einstufungen „redaktionell" und „kommerziell" sind nicht zu verwechseln mit der presserechtlichen Unterscheidung von Werbung und journalistischer Arbeit. Es handelt sich hier lediglich um ein Geschäftsmodell zur Preisgestaltung, das von Agentur zu Agentur unterschiedlich in der Trennung zwischen redaktioneller und kommerzieller Verwendung ausfällt. In den Geschäftsbedingungen (AGB) werden diese Nutzungen meist mit Beispielen bestimmt. Veröffentlichungen auf der Unternehmens-Website, die zur Illustration von Unternehmensinformationen dienen (z. B. die freundliche Dame unter der Hotline-Telefonnummer), werden meist als „kommerzielle Nutzung" eingestuft. Weitere Beispiele für kommerzielle Nutzungen sind Anzeigen, Eintrittskarten, Veranstaltungs- und Programmflyer, Imagebroschüren, Merchandising Produkte. Beispiele für redaktionelle Nutzung sind typischerweise Berichterstattungen und Pressemitteilungen.

Bildnutzungen im Content Marketing

Nutzungsrechte in redaktionellen Beiträgen (z. B. Ratgeberbeiträge ohne direkten Bezug zum Angebot des Unternehmens) veröffentlicht im Blog der Unternehmens-Website sollten im Zweifel zur Vermeidung von Streitigkeiten über die eingeräumten Nutzungen und die Persönlichkeitsrechte abgebildeter Personen zur „kommerziellen Nutzung" freigegeben sein und so von der Agentur erworben werden.

4.3.3 Royalty Free License

Missverständlich ist der von den Stockphoto-Agenturen verwendete Begriff Royalty Free (RM). Er wird mit Lizenzfreiheit übersetzt. Damit soll zum Ausdruck gebracht werden, dass hier keine individuellen Nutzungsrechte entsprechend einer Rights Managed License (RM) vergeben werden. Lizenzfrei ist also nicht mit honorarfreier oder bedingungsfreier Nutzung zu verwechseln.

Die Werke dürfen unbegrenzt oft, zeitlich unbegrenzt, in verschiedenen Medien und gerade auch für werbliche Zwecke verwendet werden. Meist bestehen umfangreiche Rechte zur Bildbearbeitung und zur Verwendung in Montagen.

Der Kunde zahlt einmal ein Honorar, gestaffelt nach der Dateigröße des Bildes, und er kann dann über das Bild verfügen, ohne dass er für jede weitere Verwendung eine neue Lizenz erwerben muss.

Technische Grenzen finden die Nutzungen des Kunden über die Qualität einer nur geringen Bildauflösung der im Download erworbenen Kopie. Dieser Umstand ist Teil des Geschäftsmodells: Je größer die Datei, umso höher das Nutzungshonorar.

Weiter werden über die Allgemeinen Geschäftsbedingungen der Agentur Weitergaben an Dritte ausgeschlossen. Es sind somit keine Unterlizenzierungen des Bildes erlaubt, es sei denn, das Recht zur Weitergabe an andere Nutzer (Unterlizenzierung) wird ausdrücklich eingeräumt. Abb. 4.2 zeigt die verschiedenen honorarpflichtigen Verwendungen im Rights Managed.

4.3.4 Creativ Commons License

Bilder, die unter sogenannten Creativ Commons Lizenzen (CC) zur Nutzung angeboten werden, sind frei von Nutzungshonoraren. Die Bilder stammen aus den unterschiedlichsten Quellen quer „durch das Internet". Eine der bekanntesten Quellen für CC-Bilder ist Wikimedia.

Die Non-Profit-Organisation creativecommons.org bietet vorgefertigte, international gültige Lizenzierungsverträge: Jeder Urheber eines

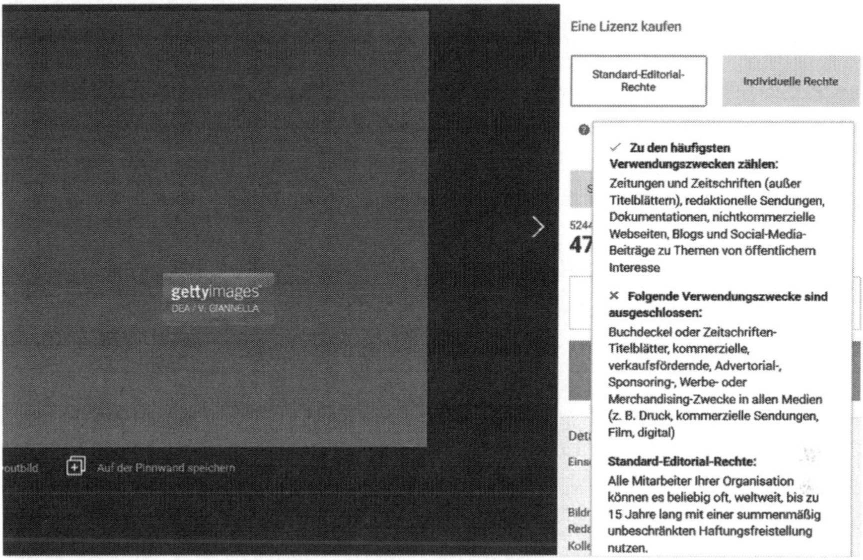

Abb. 4.2 Lizenzmodelle einer Fotoagentur: Screenshot (Ausschnitt) der Fotoagentur Getty Images zum Online-Erwerb einer Lizenz

Bildes kann für sein Foto unter den abgestuften Nutzungsberechtigungen der sechs verschiedenen CC-Lizenzen über das Internet anderen Personen Nutzungsrechte einräumen.

Die Lizenzen der CC-Organisation sind standardisiert und sollen durch ihre Nummernbezeichnungen zur in Art und Umfang abgestuften Nutzungsberechtigung für den Nutzer transparent und einfach zu handhaben sein. Auch wenn die Fotos „umsonst" sind, müssen die Nutzungsbedingungen der CC-Lizenz eingehalten werden. Notwendig sind die korrekte Angabe des Urhebers und die Verlinkung auf die Website „Creativ Commons" zur dort verfassten Lizenzart, unter der das betreffende Bild genutzt werden darf. Weiter ist immer auch ein Link auf die Bildquelle zu setzen. Stammt das Foto beispielsweise vom Fotoportal FlickR, ist ein Link auf die Bilddatei bei FilckR zu setzen. Die gegenwärtige Entwicklung zeigt, dass zahlreiche Fotografen schon bei Abweichungen von den in den CC-Bedingungen vorgesehenen Verlinkungen mit Abmahnungen gegen Verwender vorgehen.

Natürlich ist es ein wirtschaftlicher Vorteil, keine Vergütungen für Bildnutzungen zu zahlen. Nur bedenken Sie Folgendes: Es gibt keinen „gutgläubigen Lizenzerwerb". Das bedeutet, Sie haften für den Fehlgebrauch eines Fotos unabhängig davon, ob Sie wussten oder nicht wussten, dass das Foto nicht veröffentlicht werden durfte oder es von einer Person als ihr eigenes Werk unberechtigt veröffentlicht wurde.

Sie haften zwar auch, wenn Sie fehlerhafte Nutzungsberechtigungen über eine Agentur erwerben und das Bild veröffentlichen. Hier jedoch prüft und garantiert Ihnen die Agentur die „Lieferung" einer rechtsmängelfreien Einräumung der Nutzungsrechte. Die Agentur wird für den Schaden, der Ihnen entstanden ist, aufkommen.

Weiter garantiert eine Agentur auch den „Model Release" und „Property Release". Agenturen stellen Sie ausdrücklich frei: Selbst die Kosten des abmahnenden Anwalts werden übernommen. Die Gesamtkosten einer Abmahnung bewegen sich meist im vierstelligen Bereich. Wie viele Bilder können Sie bei Stockagenturen für das Geld risikolos und ohne die Arbeit der Überprüfung der Rechtmäßigkeit des Angebotes erwerben?

Näher vertraut machen mit der Nutzung von CC-Lizenzen können Sie sich auf der Website der Bundeszentrale für politische Bildung (www.bpb.de).

4.3.5 Public Domain Pictures

Ein Bild steht unter „Public Domain", wenn der Urheber auf die Ausübung seiner Urheberrechte vollständig verzichtet. Er „entlässt das Bild in die Öffentlichkeit" zur freien Verwendung ohne irgendwelche Bedingungen an die Nutzung zu knüpfen.

Ganz ähnlich wie bei den CC-Lizenzen, tragen Sie das rechtliche Risiko, dass das Bild tatsächlich vom Berechtigten unter Public Domain gestellt wurde und Sie es berechtigt nutzen dürfen. Auch bezüglich der Wiedergabe der Bildinhalte tragen Sie die Risiken bei fehlenden Einwilligungen der Berechtigten.

4.3.6 Gemeinfreie Fotos

Nicht zu verwechseln mit der Public Domain ist die sogenannte Gemeinfreiheit, wie sie aus dem deutschen Urheberrecht folgt. An gemeinfreien Fotos besteht kein Urheberrecht mehr. Bei Lichtbildwerken erlischt das Urheberrecht mit dem 1. Januar, der auf den 70. Todestag des Urhebers folgt.

Bei den weniger schützenswerten Lichtbildern („Knipsfotos") beträgt die Frist nach § 72 Abs, 3 Satz 1 UrhG nur 50 Jahre:

> *„Das Recht nach Absatz 1 erlischt fünfzig Jahre nach dem Erscheinen des Lichtbildes oder, wenn seine erste erlaubte öffentliche Wiedergabe früher erfolgt ist, nach dieser, jedoch bereits fünfzig Jahre nach der Herstellung, wenn das Lichtbild innerhalb dieser Frist nicht erschienen oder erlaubterweise öffentlich wiedergegeben worden ist."*

Gemeinfreiheit bedeutet, dass Sie nach Ablauf der Schutzfristen ohne Verpflichtungen gegenüber den Erben des Urhebers über das Bild verfügen können.

Reproduktionen gemeinfreier Werke

Problematisch ist es, wenn Sie eine Reproduktion eines gemeinfreien Werkes nutzen wollen: Die im Internet zu findende Reproduktion eines inzwischen gemeinfreien Werkes kann nach jüngerer Rechtsprechung als eigenständiges Lichtbild im Sinne des Urheberrechtsgesetzes geschützt sein. Für die Verwendung der Reproduktion benötigen Sie dann eine Einwilligung des „Reprografen", bzw. die der Inhaber der ausschließlichen Nutzungsrechte.

Schutz der Reproduktion

Ob die Reproduktion eines Bildes selbst geschützt sein kann, hat die Gerichte immer wieder im Zusammenhang mit der Nutzung von Reproduktionen von Gemälden der Museen beschäftigt. So hat der BGH entschieden, dass die von einem Museumsfotografen angefertigten Fotografien von Gemälden als

Lichtbilder im Sinne von § 72 Abs. 1 UrhG geschützt sind. Dieses ergäbe sich daraus, dass es sich bei den umstrittenen Reproduktionen der Gemälde um technisch aufwendige Aufnahmen handle.[6]

Jeder, der einmal versucht hat, ein Gemälde möglichst „naturgetreu" abzufotografieren, weiß, wie schwer und technisch aufwendig es sein kann, Ausleuchtung und Kamerastandpunkt hierfür einzurichten. Folgerichtig sollen „mit handwerklichem Können angefertigte Fotografien" auch regelmäßig nach § 72 Abs. 1 UrhG als Lichtbilder geschützt sein.

4.3.7 Weitergabe von Agenturfotos an Tochterunternehmen und Vertriebspartner

Nicht selten sind Konstellationen, in denen ein Unternehmen zunächst Fotos zur Nutzung in eigenen Publikationen (Internet wie auch Print) erwirbt und diese auch Partnern zur Verfügung gestellt werden sollen. Immer dann, wenn der Partner nicht mehr dieselbe juristische oder natürliche Person ist, wird der Nutzerkreis erweitert. Dafür ist stets eine Berechtigung erforderlich. Diese kann aus dem Recht zur Unterlizenzierung bestehen. Entweder im Wege einer ausdrücklichen Vereinbarung mit der Fotoagentur oder durch den Erwerb der ausschließlichen Nutzungsrechte. Letzteres ist selten ein Angebot der Agenturen. Jedoch gehen Agenturen immer mehr dazu über die Unterlizenzierung ihrer Fotos durch den Erwerber in einem bestimmten Rahmen zuzulassen. Dieses muss im Einzelfall in den AGB der Agenturen geprüft werden. Eine weitere Möglichkeit besteht darin die Lizenz im Namen und für den Partner zu erwerben. Und als letzte Möglichkeit ist zu prüfen, ob die AGB der Agenturen eine Übertragung der Lizenz (§ 34 UrhG) auf Dritte erlaubt.[7] Diese ist nicht zu verwechseln mit der Unterlizenzierung! Übertragung bedeutet hier, dass das Bild erworben wird und mit der Auslieferung der Publikation an „Dritte" nicht mehr vom ursprünglichen Lizenznehmer genutzt werden kann. Der ursprüngliche Lizenznehmer müsste, will er das Bild weiter nutzen, eine eigene „neue" Lizenz erwerben.

---

[6] BGH, Urteil v. 20. Dezember 2018, Az. I ZR 104/17.

[7] Adobe Stock sieht so eine Möglichkeit der Übertragung einer Fotolizenz in den AGB vor. Da sich AGB häufig ändern, sollten Sie vor einer Übertragung schauen, ob diese noch erlaubt ist.

Beispiel Nutzungsrechte der Tochterfirmen

Beispiel 1: Ein Unternehmen erstellt eine Informationsbroschüre über eine Produktreihe zum Download im Internet. Zur Illustration wurden fünf Fotos einer Stockagentur erworben. Nun sollen auch zwei rechtlich selbstständige Tochterunternehmen diese Broschüre auf ihrer Website zeigen dürfen. Die Tochterunternehmen müssen berechtigt sein, die fünf fremden Fotos im Internet wiedergeben zu dürfen. Eine Berechtigung kann im Wege der Unterlizenzierung geschehen, wenn dem Unternehmen auch ausdrücklich das Recht eingeräumt wurde, Dritte, nämlich hier die Tochterunternehmen, zur Wiedergabe der Fotos im Internet zu berechtigen.
Beispiel 2: Die Dachorganisation einer Holding erwirbt unter Nennung der rechtlich selbstständigen Töchter die Lizenzen für diese gleich mit. Dieses ist kein Fall der Unterlizenzierung, sondern der Lizenzerwerb für und im Namen der Tochterfirmen. Das lässt sich meist im Rahmen eines Abonnements rechtlich flexibel und preiswert gestalten.
Beispiel 3: Sie erstellen Händlerprospekte mit fremden Fotos. Die Prospekte sollen durch die rechtlich selbstständigen Händler an den Endverbraucher verteilt werden. Beim Lizenzerwerb ist zu beachten, dass sich die Lizenz auch auf die Verbreitungshandlung (§ 17 UrhG) der Händler bezieht. Eine eigenständige (lizenzpflichtige) Verbreitungshandlung durch Verteilen bzw. Auslegen der Prospekte liegt dann vor, wenn der Händler dieses auch im eigenen Interesse vornimmt.

Ihr Transfer in die Praxis

Suchen Sie sich möglichst ein für Sie passendes Lizenz-Modell aus und bleiben Sie bei möglichst wenigen Bildanbietern. So vermeiden Sie ein durch unterschiedliche AGB entstehendes „Lizenz-Wirrwarr" in Ihrem Bildbestand.

Seien Sie vorsichtig mit dem Herunterladen und dem Nutzen von Bildern, die gemeinfrei sind, wenn sie keine Einwilligung zur Veröffentlichung haben. Möglicherweise sind nämlich die Reproduktionen der gemeinfreien Bilder wiederum als Lichtbilder geschützt. Sie benötigen zur Veröffentlichung die Einwilligung der Rechteinhaber an der Reproduktion.

4.4 Erwerb der Nutzungsrechte und die Verwertungsgesellschaften

Eine Besonderheit des Urheberrechts ist, dass es Vergütungsansprüche für Nutzungen gibt, die der Urheber nur über eine Verwertungsgesellschaft geltend machen kann. Wichtige Beispiele sind die Wiedergabe von

Fotos in Pressespiegeln (§ 49 Absatz 1 Satz 3) und die ab dem 1. März 2018 geltenden neuen Regelungen zu den gesetzlich erlaubten Nutzungen für „Unterricht, Wissenschaft und Institutionen" als Bestandteil des Urheberrechtsgesetzes.

Im Bereich der Fotografie ist die Verwertungsgesellschaft „Bild und Kunst" im Rahmen des Verwertungsgesellschaften-Gesetzes (VGG) tätig. Der Urheber muss einen Rechtewahrnehmungsvertrag mit einer Verwertungsgesellschaft abgeschlossen haben. Die VG Bild und Kunst wird dann den Vergütungsanspruch, den der Fotograf kraft Gesetz nicht selber geltend machen kann, für ihn „eintreiben". Dieses geschieht, indem Sie die geplante Nutzung bei der VG Bild melden.

4.5 Prüfungspflichten beim Erwerb der Nutzungsrechte

Ein gutgläubiger Erwerb von Nutzungsrechten ist nicht möglich. Bei rechtswidriger Nutzung entstehen völlig unabhängig von Ihrem Verschulden Kosten für die vom Anwalt aufgesetzte Unterlassungserklärung. Daneben hat der Rechteinhaber einen Anspruch auf Schadensersatz, wenn Sie als Nutzer fahrlässig gehandelt haben. Der Rechteinhaber kann von Ihnen die Summe verlangen, die Sie für die Nutzung seines Bildes üblicherweise hätten bezahlen müssen.

Für eine Schadensersatzpflicht genügt ein fahrlässiger Fehlgebrauch. Im Urheberrecht gelten hohe Sorgfaltsanforderungen: Fahrlässigkeit liegt vor, wenn Sie sich nicht vergewissern, ob die zugesicherten Nutzungsrechte tatsächlich rechtswirksam von der Bildquelle eingeräumt werden können. Daraus ergibt sich eine aktive Prüfungspflicht zur Wirksamkeit der Rechteeinräumungen.

Kein gutgläubiger Erwerb der Nutzungsrechte – Prüfungspflichten der Bildnutzer

Auf einen gutgläubigen Erwerb der Nutzungsrechte kann sich im Streitfall ein Bildverwerter nicht berufen. Ein Verschulden zur Begründung eines Schadensersatzanspruchs wird im Urheberrecht dann angenommen, wenn der Verwerter die im Verkehr erforderliche Sorgfalt außer Acht gelassen hat. Dieses ist schon dann der Fall, wenn der Verwerter seiner Prüfungspflicht der Berechtigungen nicht nachgekommen ist.

„Verwerter müssen sich grds. umfassend und lückenlos nach den erforderlichen Rechten erkundigen (Prüfungspflicht). Werden Rechte übertragen, so genügt es in aller Regel nicht, sich auf Zusicherungen hinsichtlich des Bestands und Umfangs der Rechte sowie der Übertragungsbefugnis zu verlassen. Vielmehr muss der Verwerter die Kette der einzelnen Rechtsübertragungen vollständig überprüfen.“[8]

4.5.1 Die Lizenzkette nachverfolgen

Häufig werden Bilder angeboten, die nicht vom Urheber selber vertrieben werden. Es bestehen dann Vertriebsketten mit mehreren Lizenzen und Unterlizenzen. Zwischen dem Nutzer eines Werkes und dem Urheber muss eine ununterbrochene Lizenzkette bestehen. Ist diese an einer Stelle unterbrochen, weil ein Lizenzvertrag in einem Glied der Kette nicht wirksam abgeschlossen wurde, hat der Verwender kein Nutzungsrecht erworben. Für die Prüfung der Lizenzkette gilt: Je unsicherer die Quelle, umso strenger die Anforderung an Ihre Prüfungspflicht. Mag diese bei etablierten Angeboten, wie etwa denen der Deutschen Presseagentur (dpa), weniger streng ausfallen, ist sie bei Mitglieder-Datenbanken der kostenfreien Bildquellen wie z. B. Pixelio.de vielfach höher anzusiedeln.

Die Abb. 4.3 zeigt eine einfache Lizenzkette, wie sie bei dem Erwerb von Nutzungsrechten über eine Fotoagentur häufig besteht. Notfalls müssen Sie sich sämtliche Lizenzverträge vom Urheber an bis zum letzten Glied in der Kette vorlegen lassen. Dieses ist in der Praxis jedoch kaum möglich.

4.5.2 Beschränkungen der Verwendung bei Agenturfotos beachten

Die Feinheiten zur Verwendung von Stockfotos der Agenturen ergeben sich aus deren AGB. Diese sollten Sie vor der Nutzung genau lesen. Das kann Ihnen leider auch kein Bildrechte-Seminar oder dieses Buch ersparen.

[8] Wandtke/Bullinger (2014), UrhG, § 97 Rn. 52.

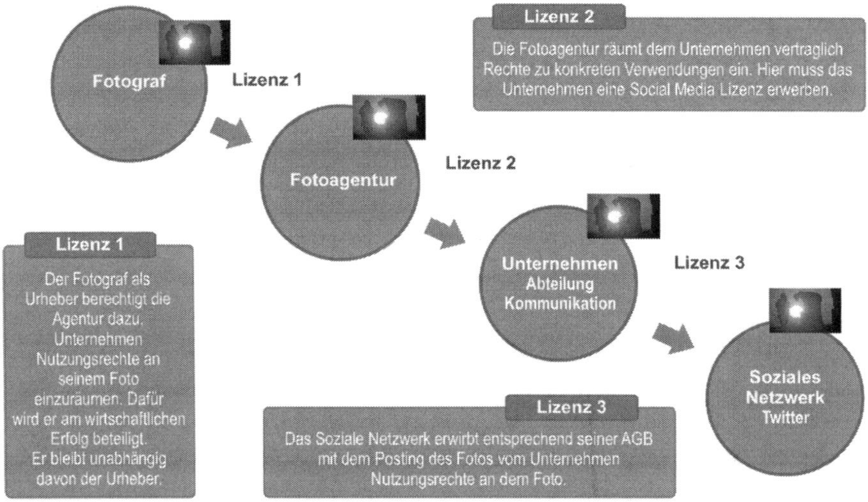

Abb. 4.3 Einfache Lizenzkette, wie sie bei dem Erwerb von Nutzungsrechten über eine Fotoagentur häufig besteht

Nicht alle Bildinhalte dürfen in jedem beliebigen Kontext gezeigt werden. Ein Beispiel bilden die AGB der Fotoagentur Adobe Stock. Dort heißt es, dass die Nutzung der Fotos nicht erlaubt ist, wenn damit die abgebildete Person oder der Urheber in einem negativen Zusammenhang dargestellt wird. Auch dürfen Personenfotos nicht zur Bewerbung einer Weltanschauung und zur Parteienwerbung veröffentlicht werden. Solche Klauseln sind häufig und von den Agenturen inhaltlich unterschiedlich weit durch Auflistungen gefasst.

Ihr Transfer in die Praxis

Je vertrauenswürdiger Ihre Bildquelle, umso weniger Arbeit haben Sie mit der Überprüfung Ihres rechtsgültigen Lizenzerwerbes. Weiter übernehmen Bildagenturen, mit denen Sie einen Vertrag über eine Bildnutzung abgeschlossen haben, Ihre Kosten bei Rechtsmängeln, für die Sie als Störer und Verbreiter haften.

4.6 Bildbearbeitung – Rechte des Urhebers beachten

Der Urheber bestimmt über die gestalterischen Details seines Werkes. Für Umgestaltungen des Werkes bedarf es grundsätzlich der Zustimmung des Urhebers. Der Fotograf kann sich auf sein Urheberpersönlichkeitsrecht berufen und sich gegen Entstellungen und Umgestaltungen seines Werkes wehren.

Umgestaltungen und Entstellungen

Wird die inhaltliche Bildaussage, z. B. durch Ausschnittvergrößerungen,[9] verändert oder in die künstlerische Gestaltung durch die Veränderung von Farben eingegriffen, bedarf es hierzu der Zustimmung des Fotografen. Diese ist auch dann erforderlich, wenn die Änderungen vom Inhaber der ausschließlichen Nutzungsrechte (siehe Abschn. 4.1.2) vorgenommen werden.

Ebenso bedürfen Bearbeitungen und Umgestaltungen, die nicht entstellend in die Gestaltung eingreifen, der Einwilligung des Fotografen. Das betrifft auch Eingriffe, die das Bild tatsächlich ästhetisch verbessern.

Bearbeitungen, die der Reproduzierbarkeit des Bildes dienen, etwa das Schärfen und Nachbelichten zur Vorbereitung der Druckvorlage, sind nicht von den urheberrechtlichen „Bearbeitungsverboten" betroffen.

Bei dem Nutzungsrechteerwerb sollten Sie immer prüfen, wie weit Ihnen der Fotograf oder die Agentur ausdrücklich Bildbearbeitungsrechte eingeräumt haben.

Neues Werk, allein mein Werk?

Des Öfteren wird die Ansicht vertreten, dass bei der Nutzung fremder Bilder zur Gestaltung einer Montage ein neues Werk entstehe und dass dann die Urheber der benutzten Bilder keinen Anspruch auf Vergütung hätten. Auch müssten die Urheber dann nicht zustimmen, dass ihre Bilder in Montagen verwendet werden. Die Anwendungsfälle des § 24

[9] BGH, Urteil v. 05. Mai 1971, Az. I ZR 94/69.

UrhG „Freie Benutzung" betreffen jedoch nicht die im Marketing übliche einfache Kombination von fremden Fotos, oder auch nur Bildelemente fremder Fotos, zu einem einzigen Bild.

Beispiel der „unfreien" Nutzung bei Bildmontagen

Grafiker A benötigt eine Illustration zu einem geplanten OffshoreWindpark vor einem bekannten Ostseeferienort. A montiert die Windkraftanlagen aus dem Foto des Fotografen B in die Aufnahme der Küstenlinie des Fotografen C.

Sowohl B wie auch C müssen hierzu ihre Zustimmung erteilen und sie haben auch einen Anspruch auf Vergütung. Als Urheber der Bildelemente müssen beide Fotografen unter der Montage genannt werden. In redaktionellen Verwendungen ist die Montage zusätzlich im Bildnachweis mit einem M, gesetzt in eckige Klammern, kenntlich zu machen. Die Montage selbst erlangt hier einen Schutz nach dem Urheberrecht. Somit ist auch Grafiker A als Miturheber zu nennen.

4.7 Rechteklärung bei der Verwendung von Bildzitaten

Das Zitatrecht (§ 51 UrhG) ist ein urheberrechtliches Ausnahmerecht, nach dem Bilder auch ohne Einwilligung und Gegenleistung genutzt werden dürfen. Sinn und Zweck des Zitatrechtes nach § 51 UrhG ist vorrangig die Förderung von Kultur und Wissenschaft. Die Verwendung von Bildzitaten in Marketing und PR kann dann eine Rolle spielen, wenn es um die Publikation journalistisch-redaktioneller Beiträge oder (populär-)wissenschaftlicher Inhalte eines Unternehmens oder einer öffentlichen Einrichtung geht. Zu bedenken ist, dass für ein Bildzitat eine „Belegfunktion" vorliegen muss, die die Wiedergabe des Bildes zum Verständnis der Aussage zwingend erforderlich macht. Und selbst dann, wenn diese Voraussetzung erfüllt ist, sollten Sie mit dem Umfang der Bildnutzungen ohne Zustimmung der Rechteinhaber besonders zurückhaltend sein.

Neuregelung – Zitieren mittels Reproduktionen

Mit den ab dem 1. März 2018 geltenden Änderungen durch das Urheberrechts-Wissensgesellschafts-Gesetz (UrhWissG) ist eine für die Zitierpraxis wichtige Ergänzung vorgenommen wurden.

Ein urheberrechtlich geschütztes Bild oder das Abbild eines geschützten Gegenstandes kann häufig nicht von dem zitierenden Nutzer selber hergestellt werden. Der Nutzer muss dann auf bestehendes Bildmaterial zurückgreifen. Dieses ist jedoch meist zumindest als Lichtbild (§ 72 UrhG) geschützt (siehe Abschn. 4.3.6). Somit bleibt dem Nutzer in diesen Fällen wiederum nur die Möglichkeit für die Reproduktion des geschützten Werkes eine Lizenz vom Hersteller der Reproduktion zu erwerben.

Mit der neuen Regelung (§ 51 Satz 3 UrhG) können nun auch ausdrücklich fremde Reproduktionen des zitierten Werkes ohne Zustimmung der Rechteinhaber nach den Regelungen zum Zitatrecht genutzt werden.

Nicht zu vergessen sind im Bildnachweis die Namensnennung des Urhebers des zitierten Werkes, die Nennung der Quelle und (wenn die Reproduktion den Schutz eines Lichtbildes erreicht) der Name des „Reprografen". Ausführlich zum Bildnachweis siehe Abschn. 6.6.

Beispiele Bildzitate

Beispiel 1: Sie wollen eine CD eines Musikers besprechen. Das Albumcover können Sie selber reproduzieren oder es sich vom Musikverlag als Datei zusenden lassen. Die freie Nutzung ist hier erlaubt.
Beispiel 2: Sie setzen sich inhaltlich mit dem berühmten Foto „Sprung in die Freiheit" von Peter Leibing auseinander. Bei wissenschaftlichen und populärwissenschaftlichen Publikationen muss das gezeigte Bild das Thema des Beitrages sein. So z. B. darüber, mit welcher Technik und unter welchen Umständen das Bild aufgenommen wurde. Wollen Sie hingegen einen Artikel zum Mauerbau einfach nur illustrieren, müssen Sie die Nutzungsrechte für dieses Bild rechtsgeschäftlich erwerben.

Bei Zeitschriften- und Buchkritiken dürfen Sie im Wege des Bildzitats den Umschlag wiedergeben, wenn der Verlag ausdrücklich zustimmt. In der Regel kauft der Verlag fremde Fotos zur Cover-Illustration an und nicht immer ist geklärt, ob der Verlag auch das Recht hat die Wiedergabe dieser Fotos außerhalb der Buchbewerbung zu gestatten. Sofern Verlage Buchcover zum Download entsprechend ihrer AGB bereitstellen, kann auch davon ausgegangen werden, dass der Verlag berechtigt ist Ihnen die Wiedergabe des Covers zu erlauben. Geht es um die Wiedergabe von einzelnen Inhalten der Publikation, muss sich Ihre Kritik inhaltlich auf das gezeigte Bild beziehen. Filmkritiken können mit Bildern von Szenen und Filmplakaten versehen werden. Der sicherste Weg ist es, sich an den Filmverleih zu wenden, und Promotionsmaterial anzufordern.

Ihr Transfer in die Praxis

Bei der Vergabe von Fotoaufträgen sollte möglichst genau geregelt sein, welche Nutzungen für welche Zwecke eingeräumt werden sollen. Sinnvoll ist auch stets eine vertragliche Regelung zur Anerkennung der Urheberschaft (Namensnennung); insbesondere dann, wenn der Bildnachweis nicht direkt am Bild selbst platziert werden soll.

Bei der Bildbeschaffung sollte nicht auf kostenlose Online-Angebote zurückgegriffen werden. Denn diese sind ungeprüft und nicht mit der Garantie der Rechtsmängelfreiheit angeboten.

Die Weitergabe von fremden Fotos als urheberrechtlich geschützte Werke muss in jedem einzelnen Fall geprüft werden. Sie müssen hierzu ausdrücklich berechtigt sein. Auch innerhalb eines Konzerns können fremde Werke nicht ohne Zustimmung der Rechteinhaber den Tochterunternehmen zur Verfügung gestellt werden.

Literatur

Kühling, Jürgen; Buchner, Benedikt, Datenschutz-Grundverordnung/BDSG, C. H. Beck, 2018, München.

Wandtke, Arthur-Axel; Bullinger, Winfried, Praxiskommentar zum Urheberrecht, C. H. Beck, 2014, München.

5

Rechteklärung der Motivwiedergabe Produktionsabschnitt Editieren

Was Sie aus diesem Kapitel mitnehmen

Sie erfahren, unter welchen Voraussetzungen Sie berechtigt sind, bestimmte Bildinhalte veröffentlichen zu dürfen. Dieses Kapitel zeigt Ihnen, wie Sie Ihre Berechtigungen prüfen zur Veröffentlichung von

- Personenfotos
- fremden Bauwerken und fremden beweglichen Sachen auf Privatgrundstücken und Grundstücken der öffentlichen Hand
- urheberrechtlich geschützten Bauten und beweglichen Sachen
- Designs und Marken

Im vorangegangenen Kapitel haben Sie erfahren, wie Sie Nutzungsrechte an Bildern erwerben und überprüfen. Dabei ging es um die Nutzung des Bildes als fremde schöpferische Leistung, also um die Frage, ob Sie vom Urheber berechtigt wurden, sein Bild als eine fremde Schöpfung zu Ihren Zwecken z. B. veröffentlichen zu dürfen.

Völlig unabhängig von der Leistung des Fotografen bestehen Rechte anderer natürlicher Personen und juristischer Personen (Unternehmen

C. W. Eggers, *Quick Guide Bildrechte*, Quick Guide,
https://doi.org/10.1007/978-3-658-26017-0_5

und rechtsfähige Organisationen) an den Bildinhalten, also an den fotografierten und bei der Veröffentlichung gezeigten Motiven.

Werden Personen gezeigt, müssen Sie prüfen, unabhängig von den Urheberrechten des Fotografen, ob Sie auch berechtigt sind, die abgebildete Person veröffentlichen zu dürfen. Genauso ist es, wenn urheberrechtlich geschützte Gegenstände oder fremde Designs und Marken gezeigt werden.

5.1 Rechteklärung zur Veröffentlichung von Personenfotos

Die DSGVO beinhaltet den Grundsatz, dass personenbezogene Daten nur dann verarbeitet werden dürfen, wenn hierfür eine Berechtigung („Erlaubnis") entsprechend des Art. 6 DSGVO besteht. Diese Erlaubnis kann in einer Einwilligung bestehen, aber sich auch aus einem Vertrag oder den Interessen des Verantwortlichen ergeben (siehe auch Abschn. 3.1). An dieser Stelle ist es für Sie wichtig zu wissen, dass die rechtliche Verantwortung zur Rechteklärung einer Veröffentlichung eines Personenfotos in der Verantwortung der veröffentlichenden Unternehmen, Vereine oder öffentlichen Stellen liegt. Die Bildauswahl von Personenfotos ist also ständig von der Frage begleitet „Darf ich oder darf ich nicht veröffentlichen?". Nachfolgend soll Ihnen gezeigt werden, wie Sie mit den richtigen Fragestellungen bei der Arbeit einen Wegweiser zur Rechteklärung finden.

5.1.1 Unproblematische Personenfotos

Der Grundsatz lautet: Keine Veröffentlichung von Fotos, die Personen zeigen, ohne eine Erlaubnis entsprechend Art. 6 DSGVO. Sie benötigen also entweder eine Einwilligung, einen Vertrag oder ein Interesse, dass das Interesse der abzubildenden Person überwiegt. Dennoch können Personen auf Fotos sichtbar sein, ohne dass Sie sich um Regelungen der DSGVO kümmern müssen. Unproblematisch ist die Bildauswahl bei Fotos, die zwar Menschen zeigen, diese aber für niemanden erkennbar sind.

Nicht erkennbare Personen

Ist eine Person im Bild nicht erkennbar, liegt kein personenbezogenes Datum im Sinne der DSGVO vor. Somit darf es auch ohne eine Rechtfertigung entsprechend der Erlaubnisse „Einwilligung, Vertrag Interesse" des Abgebildeten veröffentlicht werden und Ihre Bildauswahl ist unter dem Gesichtspunkt „Recht auf informationelle Selbstbestimmung" unproblematisch.

Nicht ganz einfach ist es, das Merkmal „Erkennbarkeit" richtig einzuschätzen. Nicht erkennbar sind Personen dann, wenn aus ihrer gesamten Erscheinung oder auch aus einzelnen charakteristischen Merkmalen keine Rückschlüsse auf die Identität der gezeigten Person möglich sind. Bei der Erkennbarkeit kommt es also nicht allein auf die Gesichtszüge an. Erkennbarkeit bezieht sich auf das gesamte Erscheinungsbild einer Person. So kann auch eine Person, deren Gesicht nicht zu erkennen ist, dennoch durch andere individuelle Eigenschaften identifizierbar sein. Selbst Personen, die nur in der Rückenansicht zu sehen sind, können aufgrund ihrer Gesamterscheinung oder durch ihre besondere Kleidung oder auffällige Körpermerkmale erkennbar sein. Aus diesem Grund genügt es auch in der Regel nicht, wenn die Erkennbarkeit mittels Verpixelung des Gesichts verhindert werden soll.

Weiter ist zur Beurteilung der Erkennbarkeit auch zu fragen, für welchen Personenkreis die Abgebildeten nicht erkennbar sein dürfen, damit das Foto ohne Zustimmung veröffentlicht werden kann. Denn je besser jemand eine Person kennt, umso leichter ist sie für ihn im Bild zu identifizieren. Abweichend von der Rechtsprechung zum KUG, die davon ausgegangen ist, dass erst mit der Identifizierbarkeit durch „einen mehr oder minder großen Bekanntenkreis" auch die Erkennbarkeit der abgebildeten Person gegeben ist,[1] ist nunmehr davon auszugehen, dass wirklich niemand die Person erkennen darf. Abb. 5.1 zeigt ein Beispiel zur Unerkennbarkeit einer Person. Wichtig ist, dass Sie vor einer Veröffentlichung die Metadaten des Fotos entfernen. Denn schnell können Angaben über Aufnahmeort und Aufnahmezeit kumulativ ein personenbezogenes Datum aus der zunächst unverdächtigen Silhouette der weiblichen Person machen.

---

[1] BGH, Urteil v. 26. Juni 1979 Az. VI ZR 108/78.

Abb. 5.1 Die Person ist nur als Silhouette sichtbar, daher bedarf es hier keiner Erlaubnis entsprechend DSGVO zur Veröffentlichung in diesem Buch. Das Foto diente zur Illustration einer Pressemitteilung und es wurde gerne von den Adressaten übernommen. Für den Erfolg bedarf es nicht immer identifizierbarer Personen

Ihr Transfer in die Praxis – Werden Sie erfinderisch

In der Praxis der Rechteprüfung zur Veröffentlichung sollten Sie zu Ihrer Absicherung zunächst so fragen: „Ist es denkbar, dass der Abgebildete überhaupt von irgendjemandem erkannt wird?" Auch nicht über Körpermerkmale, Kleidung oder die Unverwechselbarkeit einer Szene? Kommen Sie hier zum Ergebnis, dass dieses ausgeschlossen ist, können Sie das Foto ohne weitere Prüfung veröffentlichen.

Geeignete fotografische Möglichkeiten zur unerkennbaren Darstellung von Personen sind Silhouetten, Spiegelungen z. B. in einem Gewässer und Langzeitbelichtungen bei sich bewegenden Personen. Die Bewegungsunschärfe lässt sich auch nach der Aufnahme mit Bildbearbeitungsprogrammen herstellen (siehe auch Abschn. 3.1.4). Insbesondere zur Illustration von Social Media Postings, die rechtlich besonders problematisch sind, eigenen sich derartige „Teaser" hervorragend. Auch eine Veranstaltung muss nicht immer Menschen erkennbar zeigen. Sie sollten kreativ werden. Warum nicht einmal eine Personengruppe durch ein halbgefülltes Sektglas hindurch aufnehmen? Oder die vielen Regenschirme, die zum Trocknen vor dem Saal aufgespannt aufgestellt sind? Die Möglichkeiten sind unendlich und sogar oft grafisch sehr reizvoll.

5.1.2 Vorgehensweise zur Prüfung der Veröffentlichungsberechtigung von Personenfotos

Ausführlich konnten Sie die rechtlichen Voraussetzungen zum Erstellen von Personenfotos im Abschn. 3.1 kennenlernen. In den nachfolgenden Abschnitten geht es um die redaktionelle Rechteklärung zur Veröffentlichung von Personenfotos.

Am Anfang war die Aufnahme: Die Zweckbindung bestimmt die Reichweite der Veröffentlichungsrechte
Mit Geltung der DSGVO ist bei der Rechteprüfung von Archivfotos, Ihnen übermittelten Fotos und von Ihnen oder Ihren Dienstleistern produzierten Fotos, vor dem Veröffentlichen zu prüfen, wie die Aufnahme, die veröffentlicht werden soll, ihren Anfang nahm. Der Grundsatz der Zweckbindung des Art. 5 Abs. 1 Buchst. b DSGVO besagt, dass bei der Verarbeitung der personenbezogenen Daten der Zweck dieser Verarbeitung im Vorfeld festgelegt werden muss. Dieses bedeutet, dass bereits bei der Erhebung, der Anfertigung, eines Personenfotos die betroffene Person darüber informiert werden muss, wofür die Daten verwendet werden. Die Aufnahme, soll sie rechtmäßig sein, ist an den vor der Aufnahme bestimmten legitimen Zweck gebunden. Ihre Berechtigungen zur Veröffentlichung sind somit im Zusammenhang mit der Erlaubnis zur Erstellung der Fotos für einen bestimmten Zweck zu bewerten. So ist z. B. bei der Einwilligung zur Erstellung auch stets der Zweck zu nennen und auf diesen Zweck bleibt die Einwilligung dann auch beschränkt (es sei denn Sie holen eine neue Einwilligung zu einem neuen Zweck ein). Wurden Fotos auf der Grundlage eines Model-Vertrages angefertigt, ist der Vertrag über die Verwendungen zu prüfen und wurden Fotos, z. B. einer Veranstaltung, auf den „Interessen-Rechtsgrundlagen" angefertigt, ist auch in der Redaktion genau zu prüfen, ob die konkret geplante Verwendung die Interessenlage während der Aufnahme widerspiegelt.

In der redaktionellen Arbeit „landen" meist Personenfotos aus den unterschiedlichsten Quellen in Ihren Produktionsordnern. Nicht immer geht aus der Lieferung hervor, dass die abgebildeten Personen in die anstehende, konkrete Veröffentlichung eingewilligt haben oder Sie bei Ihrer Arbeit mit den fremden Personenfotos eine vertragliche Rechtsgrundlage oder ein „berechtigtes Interesse“ bzw. als öffentliche Einrichtung das „öffentliche Interesse“ zur Veröffentlichung geltend machen können. Aber genau eine dieser Berechtigungen zur Veröffentlichung, muss für Sie zur „Datenverarbeitung Veröffentlichung“ bestehen und daher von Ihnen geprüft werden. In der Praxis erweist sich dieses als außerordentlich zeitraubend und häufig als unmöglich, da von Bildlieferanten öfter nur ungenaue Aussagen über Veröffentlichungsrechte getroffen werden. Die DSGVO erlegt Ihnen jedoch auf, sich nicht auf Zusagen von Bildlieferanten zu verlassen, sondern selber aktiv die Rechtmäßigkeit der Veröffentlichung zu überprüfen.

Die Grafik Abb. 5.2 zeigt Ihnen Ihre Herangehensweise bei der Prüfung Ihrer Berechtigung, ein Foto veröffentlichen zu dürfen.

Vier Fragen zur Prüfung der Veröffentlichungsrechte von Personenfotos

1. **Auf welcher Rechtsgrundlage wurde das Bild ursprünglich angefertigt?** In Betracht kommen eine Einwilligung (Art. 6 Abs. 1 Buchst. a DSGVO), ein Model-Vertrag, (Art. 6 Abs. 1 Buchst. b DSGVO oder für Vereine und Unternehmen die „berechtigten Interessen“ (Art. 6 Abs. 1 Buchst. f DSGVO) bzw. für eine öffentliche Einrichtung das „öffentliche Interesse“ (Art. 6 Abs. 1 Buchst. e DSGVO). Jetzt schauen Sie in Ihre Dokumentationen, welche Rechtsgrundlage bei der Erstellung der Personenfotos angewendet wurde. Besteht eine schriftliche Einwilligung oder ein schriftlicher Model-Vertrag? Oder wurden auf der Grundlage der „berechtigten Interessen“ z. B. Veranstaltungen fotografiert und zur Dokumentation die ausgestellten Fotohinweise zur Information der Besucher abfotografiert? Bestehen diese Dokumente und Sie können darauf bequem über das Digitale Bildrechtemanagement zugreifen, können Sie daraus ersehen, was Sie mit dem Bild „machen“ dürfen. Bekommen Sie fremdes Bildmaterial zugeschickt, sollten Sie auch hier um die Dokumente zum Nachweis der Berechtigungen bitten. Denn Sie bzw. Ihre Organisation ist verantwortlich für die Einhaltung der Vorschriften der DSGVO.
2. **Geht aus den Dokumenten hervor, dass das Foto durch Ihre Organisation zur Veröffentlichung veröffentlicht werden darf?** Handelt es sich um Fotos, die Ihnen von Dritten zur Verfügung gestellt werden,

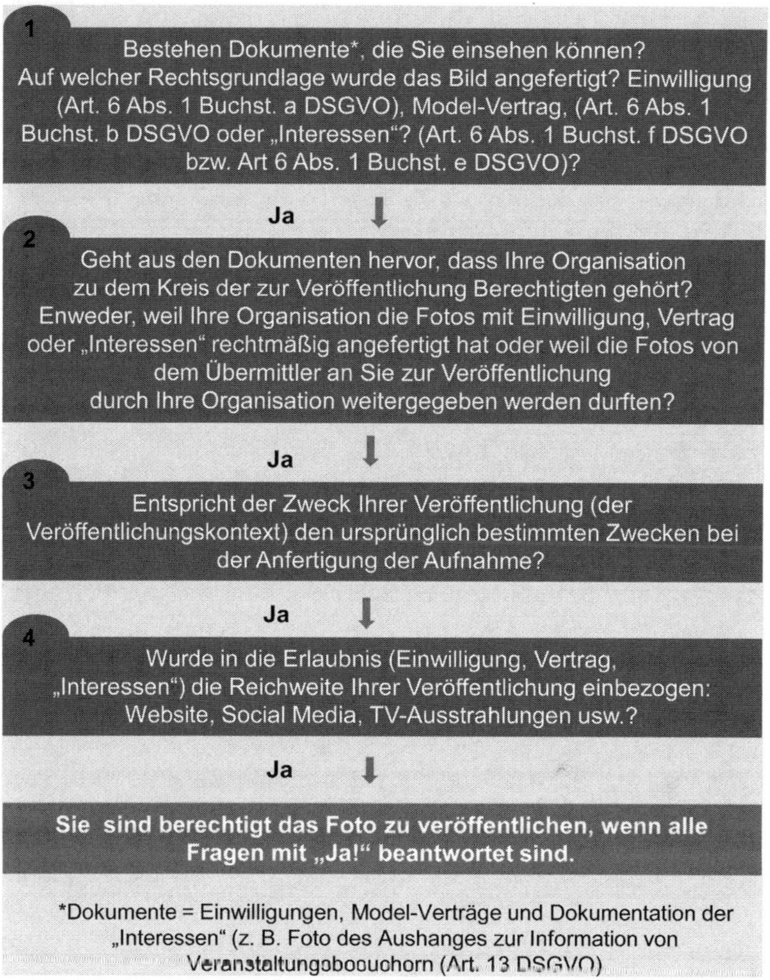

Abb. 5.2 Prüfungsschema zur Veröffentlichung von Personenfotos aus fremder Produktion

ist sorgfältig zu überprüfen: Eine Einwilligung und ein Model-Vertrag müssen Regelungen enthalten, die Weitergabe der Fotos an Dritte zum Zwecke der Veröffentlichung erlauben (siehe Abschn. 3.1.7 und 3.1.8). Ebenso ist es mit den Informationen, die Besuchern einer Veranstaltung zur Verfügung gestellt werden (siehe Abschn. 3.1.15), wenn diese ohne Zustimmung im Rahmen einer „Interessen- Rechtsgrundlage" fotografiert wurden. Ist Ihre Organisation dem Empfängerkreis der den Betroffenen mitgeteilten Multiplikatoren des Fotos zuzurechnen?

3. **Entspricht der Zweck Ihrer Veröffentlichung (Veröffentlichungskontext) den ursprünglich bestimmten Zwecken bei der Anfertigung der Aufnahme?** Hier geht es um die Prüfung des Veröffentlichungszusammenhangs (siehe Abschn. 1.3). So ist von Ihnen zu untersuchen, ob das Foto für den von Ihnen geplanten Zweck eine Erlaubnis hat. Wurde z. B. eingewilligt in die Veröffentlichung zur Vorstellung eines Mitarbeiters auf der Unternehmenswebsite, ist damit auch klar, dass es dabei bleibt und Sie nicht einfach das Foto in einer Verkaufsanzeige veröffentlichen dürfen. Oder wurden Besucher einer Veranstaltung fotografiert, können Sie diese Fotos in der Regel auch nur zur Berichterstattung über die konkrete Veranstaltung nutzen (siehe Abschn. 3.1.13 und 3.1.9).
4. **Wurde in die Erlaubnis die Reichweite Ihrer Veröffentlichung einbezogen?** Die Erlaubnis muss sich auf bestimmte Medien und ihre Reichweite beziehen. Dieses ist von ganz besonders hoher Bedeutung für Social Media Postings. Hierzu ist in der Regel eine ausdrückliche Zustimmung erforderlich. Wurde den Besuchern einer Veranstaltung nicht in der erforderlichen Information nach Art. 13 DSGVO mitgeteilt, dass „Empfänger der Daten" bestimmte soziale Netzwerke sind, dürfen diese Bilder auch nicht dafür genutzt werden. Ebenso sind auch die Einwilligung und der Model-Vertrag daraufhin zu prüfen, ob der Abgebildete in derartige Nutzungen eingewilligt hat.

Was ist zu tun, wenn Sie feststellen, dass Sie nicht berechtigt sind, das Foto zu veröffentlichen?

Planen Sie eine Veröffentlichung, die nicht durch die ursprüngliche Erlaubnis zur Anfertigung der Aufnahme gedeckt ist, besteht die Möglichkeit, dass Sie eine aktuelle Zustimmung des Betroffenen einholen. Diese kann in einer Einwilligung entsprechend Art. 6 Abs. 1 Buchst. a, Art. 7 DSGVO (siehe Abschn. 3.1.7) bestehen oder auch als ein Model-Vertrag auf der Rechtsgrundlage des Art. 6 Abs. 1 Buchst. b DSGVO legitimiert werden (siehe Abschn. 3.1.8). Auch kommt grundsätzlich als Rechtsgrundlage das

„berechtigte Interesse“ bzw. das „öffentliche Interesse“ als Rechtsgrundlage zur Veröffentlichung in Betracht. Liegen die Voraussetzungen für Ihre Organisation vor (siehe Abschn. 3.1.9 und 3.1.10) und Sie wollen das Bild veröffentlichen, haben Sie die Pflicht, die Abgebildeten gemäß Art. 13 DSGVO über ihre Betroffenenrechte zu informieren (siehe Abschn. 3.1.15). Wird das Bild von Ihnen aus einer fremden Quelle beschafft, sind die abgebildeten Personen entsprechend Art. 14 DSGVO über die durch Sie als Verantwortlicher vorgenommene Datenerhebung und die Verbreitung der Personenfotos zu informieren. Bei Fotos von Menschenansammlungen und zufällig im Bild befindlichen Personen wird dieses Ihnen in der Praxis nicht möglich sein. Damit stellt sich die gleiche Problematik wie schon bei der Anfertigung der Fotos, wenn unbekannte Personen zufällig in das Bild geraten oder eine unübersehbare Menschenmenge fotografiert wird. Eine rechtlich abgesicherte Lösung der „Freistellung“ von den Informationspflichten ist in den Fällen der praktisch nicht zu informierenden Personen bisher nicht gegeben (siehe Abschn. 3.1.15 letzter Absatz).

Beispiele

Beispiele zur Rechteprüfung der Verarbeitung durch Kommunikationsagenturen
Eine Kommunikationsagentur bekommt von ihrem Auftraggeber Mitarbeiterfotos zur Veröffentlichung in der Online-Mitarbeiterzeitschrift des Auftraggebers übersandt. Auch wenn die Agentur „nur“ Auftragsverarbeiter gemäß Art. 28 DSGVO sein sollte (siehe Abschn. 4.1.1), ist sie verpflichtet zu prüfen, ob die Voraussetzungen für die Veröffentlichung des Mitarbeiterfotos vorliegen. Streng genommen muss sich die Agentur die Einwilligungen der Mitarbeitenden vorlegen lassen. Dieses erweist sich in der Praxis als schwierig und belastend für das Verhältnis zwischen Agentur und Auftraggeber.

Beispiel zur Rechteprüfung eines Portalbetreibers
Der Betreiber eines Reiseportals erhält von seinem Kunden, einer Hotelkette, Aufnahmen von Gästen die von Mitarbeitern an der Rezeption begrüßt werden zur Veröffentlichung übersandt. Für die Veröffentlichung der Fotos ist der Portalbetreiber entweder Auftragsverarbeiter gemäß Art. 28 DSGVO oder aber gemeinsam mit dem Kunden nach Art. 26 DSGVO verantwortlich (siehe Abschn. 4.1.1). Auch in diesem Beispiel ist der Portalbetreiber nicht davon befreit, die Einhaltung der Rechtmäßigkeit der Veröffentlichung zu überprüfen.

5.1.3 Rechteprüfung von Personenfotos nach Bildquelle, Verwendungszweck und Personeneigenschaften

Stockfotos der Agenturen sind relativ unproblematisch, wenn ein Model-Release durch die Agentur garantiert wird. Dennoch bestehen auch hier Prüfungspflichten der Allgemeinen Geschäftsbedingungen (AGB) der Agentur bezüglich der Verwendungen von Model-Fotos in bestimmten Zusammenhängen.

Zugesicherte Einwilligung bei Agenturfotos – „Model Release"
Stockagenturen, wie z. B. Adobe Stock, kennzeichnen Personenfotos mit „Model Release", wenn die Einwilligungen abgebildeter Personen in die Veröffentlichungen vorliegen. Die Einwilligungen beziehen sich bei Stockfotos weitreichend auf redaktionelle und werbliche (kommerzielle) Nutzungen. Im professionellen Bereich bestehen meist Einwilligungen auf der Grundlage eines Model-Vertrags. Aber auch hier gibt es eine Reihe von inhaltlichen Nutzungseinschränkungen, die durch die Allgemeinen Geschäftsbedingungen (AGB) der Agenturen erkennbar werden. So erlauben viele Stockagenturen u. a. nicht, dass ihre Personenfotos für politische Werbung und in religiösem Kontext genutzt werden. Es ist dann auch davon auszugehen, dass die abgebildeten Personen den Veröffentlichungen ihres Abbildes im Zusammenhang mit einer Parteienwerbung nicht zugestimmt haben. Sie riskieren dann neben einer Verletzung der Lizenzvereinbarungen auch noch die Verletzung des vermögensrechtlichen Teils zum „Recht am Bild" des Models sowie auch eine Verletzung des „Rechts auf informationelle Selbstbestimmung" der fotografierten Person. Letzteres ergibt sich aus der DSGVO, die stets eine Erlaubnis zur Bildnutzung erforderlich macht. Ist die Erlaubnis „Vertrag" überschritten, ist die Konsequenz, dass sich das Model bei zur Wahrung seiner Rechte auch auf die DSGVO berufen kann. Zur Gestaltung von Model-Verträgen (siehe Abschn. 3.1.8).

Rechteprüfung eines Model-Vertrags
§ 22 Satz 2 KUG schafft für den Fall eines vermögensrechtlichen Streits zwischen dem Fotografen und honoriertem Model eine Regel, nach der das Model beweisen muss, es habe nicht in die umstrittene

Veröffentlichung eingewilligt. Die Tatsache, dass ein Honorar gezahlt wird, ist keinesfalls mit einer Generaleinwilligung für jede Art und jeden Umfang einer Veröffentlichung verbunden (siehe Abschn. 3.1.8). Werden Models für eine Fotoproduktion gebucht und honoriert, bestehen in der Praxis meist detaillierte Abreden über den Umfang der Verwendung der Fotos. Wurden keine genauen Vereinbarungen getroffen, muss der Zweck des Vertrages für das Shooting in die Ermittlung der Reichweite der Veröffentlichungseinwilligung einbezogen werden. Die Einwilligung eines Modells reicht dann so weit, wie diese zur Erfüllung des Vertragszwecks erforderlich ist. Hier besteht für das „Recht am Bild" als Vermögenswert eine Parallele zur urheberrechtlichen Zweckübertragungsregel (siehe Abschn. 4.1.4).

Ihr Transfer in die Praxis – Personenfotos der Fotoagenturen
Wenige Probleme bereiten Agenturfotos, die mit einem Model Release gekennzeichnet sind. Aber auch hier gelten Sorgfaltspflichten zur Überprüfung: Verwenden Sie das Foto tatsächlich in einem durch die AGB der Agentur erlaubten Zusammenhang? Das Lesen der AGB kann Ihnen dieses Buch nicht abnehmen; zumal die AGB der Agenturen häufig geändert werden.

Rechteprüfung notwendiger Einwilligungen abgebildeter Personen
Ausnahmslos benötigen Sie für die Veröffentlichung von Fotos, auf denen Personen identifizierbar zu erkennen sind, eine Berechtigung entsprechend des Art. 6 DSGVO (siehe Abschn. 3.1.6). Veröffentlichungen zur Öffentlichkeitsarbeit und dem Marketing müssen entweder durch eine Einwilligung (Art. 6 Abs. 1 Buchst. a DSGVO) oder einen Vertrag (Art. 6 Abs. 1 Buchst. b DSGVO) oder durch Ihre „berechtigten Interessen" (Art. 6 Abs. 1 Buchst. f DSGVO für Unternehmen und Vereine bzw. Buchst. e DSGVO für öffentliche Einrichtungen) legitimiert sein.

Zwingend notwendige Einwilligungen (Art. 6 Abs. 1 Buchst. a DSGVO) ergeben sich aus besonders geschützten Personengruppen sowie auch aus der Verwendung des Fotos selbst in einem bestimmten Veröffentlichungskontext.

Die Einwilligung zur Veröffentlichung ist einzuholen

- bei Personenfotos, mit deren Abgebildeten kein Model-Vertrag besteht und die zu rein werblichen Zwecken eingesetzt werden (siehe Abschn. 3.1.9 Grenzen des berechtigten Interesses),
- in den meisten Fällen der Mitarbeiterfotos, die vom Arbeitgeber oder auf Veranlassung des Arbeitgebers veröffentlicht werden (siehe Abschn. 3.1.11),
- Fotos von Künstlern während ihrer Darbietung,
- in den Fällen, in denen Personen gezeigt werden, weil sie einen bestimmten Gesundheitszustand haben oder einer besonderen ethnischen Gruppe angehören oder einer Gewerkschaft oder eine religiöse bzw. politische Überzeugung erkennen lassen (siehe aber Ausnahmen Abschn. 3.1.6 Einwilligung bei besonders sensiblen Daten – Art. 9 DSGVO,
- bei Fotos, die Kinder und Jugendliche zeigen (siehe Ausnahmen im Abschn. 3.1.13).

Die Auflistung soll Ihnen auch zeigen, dass Sie bei der Bildauswahl der beschrieben Personen besonders wachsam auf die Vorlage der Einwilligungen bestehen und dies für Ihre konkrete Verwendung überprüfen, bevor Sie ein Foto veröffentlichen.

Entgegen der immer noch verbreiteten Behauptung, dass ab einer bestimmten Personenzahl die Einwilligung entbehrlich sei, bedarf es auch bei Gruppenfotos der einzelnen Einwilligungen aller oben aufgezählten Personen. Soll beispielsweise ein Team-Foto auf der Website des Unternehmens veröffentlicht werden, bedarf es hierfür der Einwilligung aller auf dem Foto gezeigten Personen. Unabhängig davon, wie viele Mitglieder des Teams abgebildet sind.

Zu den Erfordernissen und zur Rechtswirksamkeit von Einwilligungen auf der Grundlage des Art. 6 Abs. 1 Buchst. a, Art. 7 DSGVO (siehe Abschn. 3.1.7).

Einwilligung von Künstlern in die Veröffentlichung von Fotos und Filmen ihrer Darbietung

Auch Künstler während einer Aufführung können sich grundsätzlich auf ihr „Recht am Bild“ als Vermögenswert berufen. Auch können Künstler sich grundsätzlich auf ihr Recht auf informationelle Selbstbestimmung berufen, wenn ihr Bildnis genutzt wird (siehe Abschn. 3.1.15 Künstler auf Veranstaltungen). Werbliche Nutzungen ohne Zustimmung der Künstler scheiden stets aus.

Weiter haben Künstler ein sogenanntes Leistungsschutzrecht an ihrer Aufführung. Bildaufnahmen von einer Darbietung bedürfen entsprechend § 77 UrhG vor der Aufnahme der Zustimmung der abgebildeten Künstler. Denn diese dürfen darüber entscheiden, wer ihre Darbietung in Bild oder Ton aufnimmt (siehe auch Abschn. 3.5) und veröffentlicht. Ausdrücklich genannt ist hier die Internetveröffentlichung als „öffentliche Zugänglichmachung", § 78 Abs. 1 Nr. 1 UrhG.

Rechteprüfung von Personenfotos aus dem Archiv
Aufzupassen gilt es bei Personenfotos, die aus dem Archivbestand stammen und erneut veröffentlicht werden sollen. Auch wenn hier ursprünglich eine Einwilligung vorlag, kann diese in einem neuen Veröffentlichungszusammenhang ungültig sein.

Beispiel zur Reichweite der Einwilligung bei der Verwendung von Archivfotos

Mitarbeiter A hat vor zwei Jahren schriftlich eingewilligt, dass sein Foto im Rahmen eines Porträts in den Hausmitteilungen des Unternehmens U veröffentlicht wird. Hierzu wurde A an seinem Arbeitsplatz abgebildet. Jetzt braucht die Grafikabteilung des Unternehmens eine Illustration zu einem Beitrag über das richtige Sitzen am Arbeitsplatz in einer Kundenzeitschrift und verwendet das Bild von A als positives Beispiel.

Hier ist unerheblich, dass A vor zwei Jahren in die Veröffentlichung eingewilligt hatte. Für den neuen Veröffentlichungszusammenhang „richtiges Sitzen" zur Veröffentlichung in einer Kundenzeitschrift muss das Unternehmen auch wieder eine Einwilligung von A speziell für diese Verwendung einholen.

Einwilligungen zur Veröffentlichung von Fotos verstorbener Personen
Unternehmen, Vereine und öffentliche Einrichtungen verbreiten häufig im Rahmen eines Nachrufs ein Foto des verstorbenen Mitarbeiters oder Vereinsmitglieds. Diese Nutzungen unterliegen nicht dem Datenschutz. Verstorbene Personen sind hier weiter „nur" nach den Grundsätzen des postmortalen Persönlichkeitsrechts geschützt. Veröffentlichungen von

Bildnissen Verstorbener unterliegen wie bisher den speziellen Regelungen zum „Recht am Bild“ nach dem Kunsturhebergesetz (KUG). Die Einwilligung zur Veröffentlichung eines Nachruf-Fotos ist bei den Angehörigen einzuholen. Der Kreis der zur Einwilligung berechtigten Angehörigen beschränkt sich nach § 22 Satz 4 KUG auf den überlebenden Ehegatten oder den Lebenspartner und die Kinder des Abgebildeten. Gibt es weder Ehegatten oder den Lebenspartner noch Kinder, so sind ersatzweise die Eltern „wahrnehmungsberechtigt“ zur Erteilung der Einwilligung.[2] Eine Hürde in der Praxis, stellt das Erfordernis zur Einwilligung aller berechtigten lebenden Angehörigen (Lebenspartner und Kinder) dar. Grundsätzlich bedarf es bis zum Ablauf von zehn Jahren der Einwilligung der Angehörigen (§ 22 Satz 3 KUG). Nach Ablauf dieser Frist, kann das Bildnis ohne Einwilligungen veröffentlicht werden.

Beweislast für die Erteilung der Einwilligung
Beruht die Veröffentlichung auf einer Einwilligung entsprechend Art. 6 Abs. 1 Buchst. a, Art. 7 DSGVO muss der Verantwortliche gemäß Art. 7 Abs. 1 DSGVO nachweisen können, dass die abgebildete Person ihre Einwilligung in die Veröffentlichung erteilt hat. Neben Nachweispflicht besteht die Dokumentationspflicht, dass die Regelungen der DSGVO eingehalten wurden. In der Praxis führen diese Erfordernisse zur Einwilligung in der Schriftform als unterschrieben Erklärung oder es bedarf eines Schriftwechsels, aus dem sich eindeutig ergibt, dass der Betroffene in die Veröffentlichung eingewilligt hat. Ausfühlich hierzu Abschn. 3.1.7.

5.1.4 Widerruf, Widerspruch und Erlöschen einer Einwilligung

Bis zur Geltung der DSGVO galt: Auch wenn der Einwilligende keinen Vorteil durch die Veröffentlichung seines Fotos erlangt, ist die Einwilligung nicht ohne ausreichende Begründung frei widerrufbar. Für die Wirksamkeit des Widerrufs bedurfte es entweder seiner Akzeptanz durch den zuvor Berechtigten oder eines „wichtigen Grundes“. Mit Geltung der

[2] Vgl. Wandtke/Bullinger (2014), UrhG, § 22 KUG Rn. 12.

DSGVO kann der Betroffene nunmehr jederzeit und ohne Begründung seine Einwilligung mit Wirkung für die Zukunft widerrufen. Neben dem Widerruf einer Einwilligung gemäß Art. 7 Abs. 3 DSGVO ist auch ein Widerspruch in die Verarbeitung gemäß Art. 21 DSGVO gegen die Verarbeitungen vorgesehen, die auf den „Interessen-Rechtsgrundlagen" erfolgen. Und zu guter Letzt besteht nach den Regeln des Bürgerlichen Gesetzbuches (BGB) auch ein Widerrufsrecht eines vertraglich gebundenen Models „aus wichtigem Grund".

§ 314 Abs. 1 BGB: *„Dauerschuldverhältnisse kann jeder Vertragsteil aus wichtigem Grund ohne Einhaltung einer Kündigungsfrist kündigen. Ein wichtiger Grund liegt vor, wenn dem kündigenden Teil unter Berücksichtigung aller Umstände des Einzelfalls und unter Abwägung der beiderseitigen Interessen die Fortsetzung des Vertragsverhältnisses bis zur vereinbarten Beendigung oder bis zum Ablauf einer Kündigungsfrist nicht zugemutet werden kann."*

Widerruf der Einwilligung des Fotografierten in die Veröffentlichung und Speicherung seines Fotos

Vor Geltung der DSGVO konnte der Abgebildete seine Einwilligung nicht so ohne Weiteres widerrufen. Wurde die Einwilligung rechtsgültig entsprechend § 22 Abs. 1 Kunsturheberrechtsgesetz (KUG) erteilt, konnte der Berechtigte auf den Bestand der Einwilligung vertrauen. Es bedurfte zum Widerruf eines „wichtigen Grundes" entsprechend der Regelungen eines Schuldverhältnisses nach dem Bürgerlichen Gesetzbuch (BGB). Dieses gilt auch weiterhin bei dem Widerruf eines Model-Vertrages in dessen Rahmen eine Honorierung des Models für die Einräumung der Veröffentlichungsrechte geleistet wurde (siehe nachfolgenden Abschnitt).

Art. 7 Abs. 3 DSGVO stellt für den Widerruf ausdrücklich keine Hürden auf. Der Abgebildete kann jederzeit und ohne Begründung die Veröffentlichung seines Bildnisses „untersagen". Das bedeutet, widerruft der Abgebildete, muss die Veröffentlichung gelöscht werden und es dürfen keine erneuten Veröffentlichungen vorgenommen werden. Der Widerruf hat jedoch auf die Veröffentlichungshandlungen, die vor dem Widerruf rechtsgültig vorgenommen wurden, keine Auswirkung. Widerruft z. B. der Abgebildete eine Veröffentlichung in einem Druckerzeugnis, müssen die Exemplare nicht eingesammelt werden. Lediglich eine Neuauflage mit dem Bild des Betroffenen wäre rechtswidrig. Für Internet-Veröffentlichungen gilt, dass im Falle des Widerrufs der Verantwortliche verpflichtet ist, die Veröffentlichungen zu löschen. Zur Frage, ob sich ein Löschungsanspruch nur auf die Veröffentlichung bezieht oder sogar das Löschen der archivierten Bilddateien betrifft (siehe Abschn. 5.1.5).

Widerruf der Zustimmung des vertraglich gebundenen Models „aus wichtigen Gründen"

Wird die Rücknahme der rechtsgeschäftlichen Einwilligung im Rahmen eines Model-Vertrags vom Berechtigten nicht akzeptiert, muss der Abgebildete für seinen Widerruf einen „wichtigen Grund" anführen können. Wichtige Gründe liegen nach der Rechtsprechung dann vor, wenn für den Abgebildeten Veränderungen eingetreten sind, die das Festhalten an weiteren Veröffentlichungen für ihn zur unzumutbaren Belastung werden lassen. Es muss eine erhebliche Beeinträchtigung der Persönlichkeit und der Lebensumstände mit weiteren Veröffentlichungen verbunden sein.[3]

Weiter ist eine Abwägung zwischen den allgemeinen Persönlichkeitsrechten des Abgebildeten im Verhältnis zu den Interessen des Fotografen beziehungsweise seines Auftraggebers vorzunehmen.[4] Es geht dabei stets um eine Einzelfallprüfung, in der der Abgebildete das Vorliegen eines wichtigen Grundes beweisen muss. Der wirksame Widerruf bezieht sich auf zukünftige Veröffentlichungen. Aber auch für bestehende Veröffentlichungen im Internet können bei einem wirksamen Widerruf u. U. Löschungsansprüche ausgelöst werden. So wäre es beispielsweise denkbar, dass ein Unternehmen das Foto eines honorierten Models von seiner Facebook-Website entfernen muss, weil der Abgebildete inzwischen Opfer eines Stalkings geworden ist und mit den Abbildungen Nachstellungen sowie verunglimpfende Nutzungen durch den Täter verbunden sind.

Der Widerrufende kann zum Ersatz des Schadens verpflichtet sein, der dem zuvor Berechtigten entstanden ist. Denn wer auf den Bestand der Einwilligung vertraut hat, soll die Aufwendungen ersetzt bekommen, die er bis zum Zugang des Widerrufs getätigt hat (analoge Anwendung des

[3] LG Düsseldorf, Urteil v. 27. Oktober 2010, Az. 12 O 309/10.

[4] Vgl. OLG München, Urteil v. 17. März 1998, Az. U 4729/88.

§ 42 Absatz 3 UrhG und des § 122 BGB „Vertrauensschaden"). So kann beispielsweise der Auftraggeber eines Fotografen sich dessen Honorar vom widerrufenden Porträtierten ersetzen lassen.

Weiter kann sich die Schadensersatzpflicht des den Model-Vertrag widerrufenden Models auch auf den entgangenen Gewinn des zuvor Berechtigten ausdehnen (§ 252 BGB). Dieses ist z. B. der Fall, wenn das zur Veröffentlichung vorgesehene Foto zu einem Einnahmeausfall führt, weil es nicht mehr über Lizenzvergaben durch den berechtigten Fotografen verwertet werden kann.

Erlöschen der Einwilligung des Arbeitnehmers nach Kündigung?
Wie im Abschn. 3.1.7 dargelegt, benötigt der Arbeitgeber zur Veröffentlichung von Arbeitnehmerfotos eine freiwillige und unterschriebene Einwilligung für die konkreten Veröffentlichungen. Scheidet der abgebildete Arbeitnehmer aus dem Unternehmen aus, stellt sich die Frage, ob der Arbeitgeber Bildnisse des ehemaligen Mitarbeitenden (z. B. von der Website des Unternehmens) „automatisch" entfernen muss. Und zwar auch dann, wenn der Mitarbeitende seine Einwilligung nicht widerrufen hat. Zur Beurteilung dieser Frage ist auf die Funktion des veröffentlichten Mitarbeiterfotos zu schauen: Handelt es sich um ein Foto, dass zur Vorstellung oder Kontaktaufnahme des Mitarbeiters veröffentlicht wurde, ist der Zweck der Veröffentlichung nach dem Ausscheiden des Mitarbeiters entfallen. Entfällt der Verarbeitungszeck von Beschäftigtendaten, hat der ehemalige Arbeitnehmer ein Recht auf Löschung seiner Daten gemäß Art. 17 Abs. 1 Buchst. a DSGVO.

Anders sind die Fälle zu betrachten, in denen der Mitarbeitende nicht in seiner besonderen Funktion, sondern lediglich als Akteur zur Illustration einer Dienstleistung gezeigt wird. Auch die Mitwirkung in Imagefilmen, ohne dass die Eigenschaft des Mitarbeitenden herausgestellt wird, gehört zu den Fällen, in denen die Einwilligung nicht automatisch mit dem Ausscheiden des Arbeitnehmers aus dem Unternehmen erlischt. Mit Geltung der DSGVO besteht jedoch das jederzeitige Recht zum Widerruf der Einwilligung, ohne dass der Widerruf einer Begründung bedarf. Der Arbeitgeber ist nach Empfang des Widerrufs verpflichtet, die Person unkenntlich zu machen oder die Bildsequenz zu löschen.

Löschungspflicht des Arbeitgebers nach Kündigung – Wirtschaftlichkeit versus Persönlichkeitsrecht

In einer Entscheidung des Bundesarbeitsgerichts ging es um die Frage, ob ein Arbeitnehmer es dulden muss, in einem Werbefilm des Unternehmens auch noch nach seiner Kündigung gezeigt zu werden.[5]

„In diesem Zusammenhang kann der Arbeitnehmer grundsätzlich anführen, dass mit seiner Person und mit der Abbildung seiner Erscheinung nach dem Ende des Arbeitsverhältnisses nicht weiter für das Unternehmen geworben werden soll. Dies gilt jedenfalls in dem Fall, in dem für die Verwendung zu Werbezwecken eine Vergütung nicht erfolgt war. Es muss aber mit der Person des ausgeschiedenen Arbeitnehmers oder mit seiner Funktion im Unternehmen geworben werden. Bei einer allgemeinen Darstellung des Unternehmens, auch wenn diese aus Werbezwecken erfolgt ist und ins Internet gestellt wird, bei der die Person und Persönlichkeit des Arbeitnehmers nicht hervorgehoben, sein Name nicht genannt und die Identität seiner Person auch sonst nicht herausgestellt wird und bei der zudem beim Betrachter nicht zwingend der Eindruck entsteht, es handele sich um die aktuelle Belegschaft, kann von einer wirtschaftlichen und persönlichkeitsrelevanten Weiter-„verwertung" der Abbildung des Arbeitnehmers nicht ausgegangen werden." Im Ergebnis dieses Urteils konnte der Arbeitnehmer die Entfernung der Filmszenen, in denen er zu sehen war, nicht verlangen.

Mit Geltung der DSGVO wird dieses Urteil wohl keinen Bestand haben. Denn Art. 7 Abs. 3 DSGVO sieht den jederzeitigen Widerruf ohne eine Begründung vor. Eine Rechtsgüterabwägung zwischen den Interessen des Arbeitgebers und denen des Arbeitnehmers, so wie das BAG sie vorgenommen hat, ist damit bei einem Widerruf hinfällig. Hat der Arbeitgeber widerrufen, muss der Arbeitgeber die Veröffentlichung der Fotos und Filmsequenzen löschen oder die Person unkenntlich machen.

5.1.5 Wie weit geht die Löschungspflicht von Fotodaten?

Der Widerruf einer Einwilligung löst die Pflicht zur Löschung der Veröffentlichung aus. Die Frage ist, ob sich diese Pflicht nicht nur auf die Löschung einer Veröffentlichung bezieht, sondern auch auf die in den Pressestellen der Unternehmen, Vereine und Behörden archivierten Roh- und Master-Bilddateien. Art. 17 DSGVO begründet zwar ein „Recht auf Vergessenwerden", jedoch ist dieses Recht nicht schrankenlos.

[5] BAG, Urteil v. 11. Dezember 2014, Az. 8 AZR 1010/13.

Ausdrücklich für Archivzwecke dürfen personenbezogene Daten gespeichert werden, wenn dieses zur Wahrnehmung einer Aufgabe, die im öffentlichen Interesse liegt, erfolgt. Die Übernahme von Personenfotos aus der Öffentlichkeitsarbeit der Behörden und sonstigen öffentlichen Stellen in öffentliche Archive, wie z. B. einem Stadtarchiv einer Kommune, ermöglicht die Ausnahmeregelung des Art. 17 Abs. 3 Buchst. b DSGVO. Es besteht keine Löschungspflicht der Archivdateien, wenn die Fotos im Rahmen der Öffentlichkeitsarbeit einer Behörde oder einer sonstigen öffentlichen Stelle rechtmäßig angefertigt wurden.

Unternehmen und Vereine können sich leider nicht auf eine vergleichbare Archiv-Regelung des Art. 17 Abs. 3 Buchst. b DSGVO berufen. Es bleibt, rechtlich unsicher, die Möglichkeit, dass Unternehmen und Vereine sich bei der Archivierung von Personenfotos auf Art. 17 Abs. 3 Buchst. e DSGVO berufen. Denn sind bestimmte personenbezogene Daten „zur Geltendmachung, Ausübung oder Verteidigung von Rechtsansprüchen" notwendig, sind diese nicht von dem Löschungsanspruch des Betroffenen erfasst. Da regelmäßig über urheberrechtliche Nutzungsrechte gestritten wird, könnte man sich auf den Standpunkt stellen, dass im Streitfall der Nachweis von Urheberschaft und exklusiven Nutzungsberechtigungen nicht mehr möglich ist, wenn die Archivdateien vollständig gelöscht werden. Diese in der Literatur diskutierte Konstruktion trägt leider nicht. Denn es bedarf für diese Ausnahme von der Löschungspflicht nach Art. 17 Abs. 3 Buchst. e DSGVO nicht eines abstrakten und möglicherweise bevorstehende Streifalls, sondern die Streitfälle müssen schon stattfinden oder sicher bevorstehen.[6] Andernfalls könnte nahezu jeder Löschungsanspruch des Betroffenen mit der Argumentation einer möglicherweise bevorstehenden rechtlichen Auseinandersetzung abgewehrt werden.

Lösung zur Löschungspflicht der Archivdatei

Schwerlich einzusehen ist es, dass Porträts sowie Fotos auf denen Personen agieren, und die unter Verwendung von finanziellen Mitteln erstellt wurden, der kompletten Vernichtung anheimfallen, wenn fotografierte Personen z. B. ihre Einwilligung wiederrufen und den Widerruf gemäß Art. 7 Abs. 3 DSGVO noch nicht einmal begründen müssen. Ebenso

[6] Kühling/Buchner (2018), DS-GVO BDSG Art. 17 Rn. 83.

unbefriedigend verhält es sich mit der Zerstörung der ideellen Werte von Personenfotos: Unternehmen und Vereine haben eine Geschichte, die dokumentationswürdig werden kann. Ein Belegschaftsfoto vor dem Werksgebäude mag heute langweilig erscheinen. In einigen Jahrzehnten wird es wie schriftliche Dokumente von hohem Wert für die Dokumentation der Firmengeschichte werden. Denkbar ist daher, dass die Archivierung im Rahmen der Kommunikationsrechte einer Organisation entsprechend der Löschungsausnahme Art. 17 Abs. 3 Buchst. a DSGVO möglich ist. Die Ausnahmeregelung des Art. 17 Abs. 3 Buchst. a DSGVO soll der Wahrung des Rechts zur Ausübung der freien Meinungsäußerung und der Information dienen. Sie ist nicht allein auf den Bereich professioneller Medien beschränkt.[7] Unternehmen und Vereine können diese Grundrechte ebenso wie natürliche Personen in Anspruch nehmen (Art. 5, Art. 19 Abs. 3 Grundgesetz). Nach der hier vertretenen Ansicht können Unternehmen und Vereine Personenfotos, die im Zusammenhang der sie betreffenden Aktivitäten angefertigt wurden, aufgrund der Ausnahmeregelung zur Löschungspflicht „Meinungsfreiheit und Informationsfreiheit" des Art. 17 Abs. 3 Buchst. a DSGVO dauerhaft archivieren. Die Rechte der Betroffenen können dabei angemessen gewahrt werden, wenn die Daten unter „eingeschränkter Verarbeitung" stehen und z. B. auf einer gesonderten Festplatte, die nicht an das Bildmanagementsystem gekoppelt ist, abgelegt werden. Denkbar ist auch, dass sich die Langzeitarchivierung auf die Rechtsgrundlage des Art. 6 Abs. 1 Buchst. f DSGVO („berechtigte Interessen") eines Unternehmens oder eines Vereins stützen lässt. Das „berechtigte Interesse" der Organisation ergibt sich aus ihrer Stellung als Inhaber urheberrechtlicher Nutzungsrechte. Ob und unter welchen Voraussetzungen in der Rechtsgüterabwägung die Urheberschaft sowie die Inhaberschaft von Nutzungsrechten die „berechtigten Interessen" der Abgebildeten überwiegen können, ist derzeit noch ungeklärt.

[7] Kühling/Buchner (2018), DS-GVO BDSG Art. 17 Rn. 72.

5.1.6 Praxis der Bildbeschaffung und die Informationspflichten – Art. 14 DSGVO

Redaktionsalltag und unumgängliche Praxis ist der Erwerb von Lizenzen unter Sichtung angebotener fremder Fotos, etwa durch einen freien Fotografen, den Sie kontaktieren. Entweder wird auf Ihre Anfrage die Vorauswahl per Mail vom Anbieter übersandt oder es wird zur Sichtung des Materials ein Link zur Sammlung des Anbieters übermittelt. Befinden sich in der Auswahl Personenfotos, so ist dieses streng genommen schon eine Datenverarbeitung. Art. 4 Nr. 2 DSGVO definiert als Datenverarbeitung sowohl die „Offenlegung durch Übermittlung, Verbreitung oder eine andere Form der Bereitstellung" personenbezogener Daten als Verarbeitung. Die Konsequenz ist, dass selbst in diesem Stadium einer Produktion eine Erlaubnis entsprechend Art. 6 DSGVO notwendig ist. Die kann sich aus der Einwilligung oder aus einem Model-Vertrag mit den Betroffenen ergeben oder auch aus den „berechtigten Interessen" des Bildanbieters. Die Speicherung der Daten auf Ihrem Rechner zwecks Durchsicht des Angebotes kann sich in der Regel aus Ihren „berechtigten Interessen" (bzw. aus dem „öffentlichen Interesse" bei der Pressearbeit einer öffentlichen Einrichtung) zwecks Prüfung des Bildangebotes ergeben. Die Veröffentlichung der Fotos bedarf einer Rechtsgrundlage, wie oben im Abschn. 5.1.2 beschrieben. Soll die Veröffentlichung auf einer „Interessen-Rechtsgrundlage" erfolgen, besteht die Informationspflicht gemäß Art. 14 DSGVO gegenüber den abgebildeten Personen (siehe Abschn. 3.1.15 und 5.1.2).

Die Besonderheit in diesem Falle ist, dass nicht Sie selbst bzw. Ihre Organisation die Daten beim Betroffenen erhoben haben, sondern Sie erheben diese Daten bei einem „Dritten", nämlich bei dem fremden Bildanbieter, der nicht in Ihrem Auftrag oder als Ihr Mitarbeiter fotografiert hat. Für diese Fälle der Datenerhebung bei „Dritten" hat die DSGVO die Informationspflichten entsprechend Art. 14 vorgesehen. Zeigen die Fotos eine unübersehbare Menschenmenge oder zufällig in das Bild geratene Personen, bestehen u. U. keine Informationspflichten (siehe hierzu Abschn. 3.1.15).

Beispiel zur Erfüllung der Informationspflichten gemäß Art 14 DSGVO anhand eines Tweets

Klimaforscher A twittert leidenschaftlich über seine Arbeit. Anlässlich eines Vortrages fertigt er ein „Selfie" von sich vor der Titelseite seiner PowerPoint Präsentation an und gibt im Text seines Tweets eine plakative Stellungnahme ab. Klimaforscher B bereitet gerade seine eigene Präsentation für einen internationalen Kongress vor, findet den Tweet des Kollegen A sehr passend für seine eigenen Thesen und verwendet den Screenshot in seiner Präsentation. Per Direktnachricht kommt Klimaforscher B seinen Informationspflichten gemäß Art. 14 DSGVO wie folgt nach:

Lieber Kollege A, hiermit informieren wir Sie gemäß Art. 14 DSGVO darüber, dass ein Screenshot Ihres Tweets mit Foto (siehe Anhang) im Rahmen eines Vortrags auf der „Klima 2018" erhoben, verarbeitet und veröffentlicht wird. ***Verantwortlich*** *für die Datenverarbeitung sind Klimaforscher A und der Veranstalter der „Klima 2030" mit der Anschrift: Stiftung Klima 2030, Dorfstraße 25, 24103 Kiel.* ***Zweck der Verarbeitung*** *ist die wissenschaftliche Auseinandersetzung mit aktuellen Debatten über den Klimawandel auf Twitter. Die* ***Verarbeitung stützt sich auf Art. 6 Abs. 1 Buchst. f DSGVO*** *und folgt aus unserem* ***berechtigten Interesse an der wissenschaftlichen Auseinandersetzung*** *mit aktuellen Debatten auf Twitter.* ***Empfänger*** *sind die Zuhörer der „Klima 2018" sowie Zuschauer des Livestreams, evtl. auch in einem Drittland, für das ggf. kein angemessenes Datenschutzniveau besteht. Die* ***Dauer der Speicherung*** *hängt von dem Interesse der Öffentlichkeit zur aktuellen Debatte ab. Sie haben das* ***Recht auf Auskunft*** *über die betreffenden personenbezogenen Daten sowie auf* ***Berichtigung oder Löschung oder auf Einschränkung der Verarbeitung und Widerspruch gegen die Verarbeitung****. Sie können sich zudem über unsere Datenverarbeitung* ***bei der zuständigen Aufsichtsbehörde beschweren****: Unabhängiges Landeszentrum für Datenschutz in Schleswig-Holstein, Holstenstraße 98, 24103 Kiel. Mit freundlichen Grüßen, Ihr Kollege B*

5.1.7 Umsetzung der Dokumentations – und Nachweispflichten

Bilddaten lassen sich bequem in datenbankgestützten Media Asset Management Systemen verwalten. Auch das Rechtemanagement sollte Bestandteil der digitalen Bildverwaltung sein. So können schnell die Reichweiten von Einwilligungen in die Veröffentlichung von Personenfotos eingesehen werden und auch die Dokumentation und der Nachweis der rechtskonformen Verarbeitung von Personenfotos automatisiert werden. Des Weiteren kann der Zugriff auf Bilddaten mit abgestuften

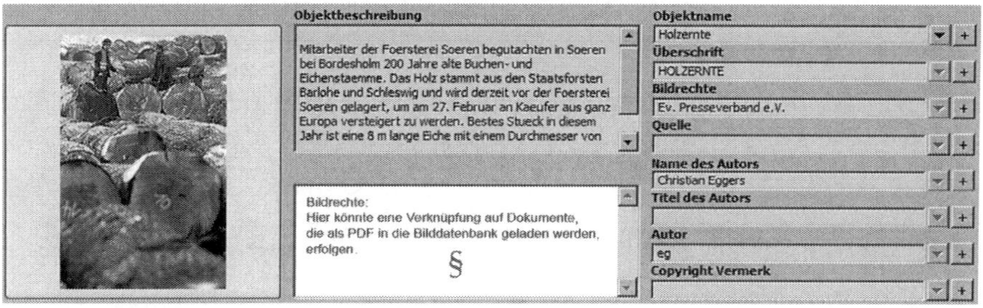

Abb. 5.3 Dokumente wie Einwilligungserklärungen und Model-Verträge sollten niemals in eine Bilddatei, etwa in einem IPTC-Feld, eingebunden werden. Denn verlässt das Bild die Datenbank, sind diese Informationen für Dritte auslesbar. Eine einfache Methode stellt der Zugriff auf Dokumente zum Bild über das Hochladen der Information als PDF in die Bilddatenbank dar. Das Foto muss dann nur noch mit der PDF-Datei verknüpft werden

Berechtigungen der Mitarbeitenden technisch geregelt werden. Es lassen sich so die Anforderungen der DSGVO hervorragend realisieren. Moderne Software zur Rechteverwaltung entsprechend der DSGVO wird inzwischen von den namenhaften Bilddatenbankherstellern angeboten.

Notwendig sind Verknüpfungsmöglichkeiten auf PDF-Dateien zur Einsicht von Einwilligungen, Verträgen und Dokumentationen zur Einhaltung der Informationspflichten (siehe Abb. 5.3). Eine automatisch erzeugte Bildhistorie dokumentiert alle Verarbeitungen einschließlich des Anlegens von Bildkopien. Ebenso lassen sich technische Sperren realisieren, wenn ein Bild nicht mehr verarbeitet werden darf. Automatisieren lässt sich auch die Überwachung des „Ablaufdatums" einer Veröffentlichung, wenn hierfür, etwa in einem Model-Vertrag, Vorgaben bestehen. Und zu guter Letzt können Zugriffsrechte und Bearbeitungsrechte individuell so vergeben werden, dass je nach Funktion der Mitarbeitenden Berechtigungen zur Datenverarbeitung auf technischem Wege begrenzt werden können.

5.1.8 Die Freiheit der selbständigen Unternehmenspresse

Anders als die Medienunternehmen der Presse, die sich auf eine weitgehende Befreiung von datenschutzrechtlichen Vorschriften bei der Berichterstattung berufen können, sind Unternehmen und Vereine nicht von den

Regelungen des Datenschutzes über das sogenannte Medienprivileg befreit. Auch wenn im Bereich der Öffentlichkeitsarbeit Journalisten beschäftigt sind, ist das Unternehmen, oder der Verein dadurch nicht von den Vorschriften des Datenschutzes befreit. In seltenen Fällen kann dieses der Fall sein, wenn es sich um die „selbständige Unternehmenspresse“ handelt.

> *„Vereine, Parteien oder sonstige Unternehmen, die Mitglieder-, Kunden- oder sonstige Publikationen erstellen, können das Medienprivileg aber nur in Anspruch nehmen, wenn die für die Publikationen zuständige Abteilung organisatorisch selbständig ist.“* Konkretisierend heißt es in dem Beschluss: *„Tauglicher Adressat des Medienprivilegs nach nationalem Recht sind daher nur organisatorisch in sich geschlossene, gegenüber den sonstigen (betrieblichen) Stellen abgeschottete, in der redaktionellen Tätigkeit autonome Organisationseinheiten.“* [8]

Kunden- und Mitgliederzeitschriften, deren Herausgeber ein Unternehmen oder ein Verein ist, sind dann bei der redaktionellen, journalistischen Arbeit zur Gestaltung der Inhalte von den Regelungen der Datenschutzgesetze befreit, wenn sie

- in einem rechtlich eigenständigen Verlag produziert werden,
- bezüglich der Inhalte keine Weisungsgebundenheit der Redaktion gegenüber den Geschäftsleitungen der Herausgebers besteht,
- die technischen Gegebenheiten der Redaktion nicht Bestandteil Kommunikationstechnik des Herausgebers sind,
- und die Publikationen periodisch erscheinen.

Mitteilungsplätter und Publikationen öffentlicher Stellen, wie etwa einer Gemeinde, können nicht in den Genuss des Medienprivilegs kommen (siehe Abschn. 3.1.10).

5.2 Rechteklärung bei Bauwerken

Bei der Prüfung der Berechtigungen, fremde Gebäude veröffentlichen zu dürfen, kommt ein ganzes Bündel juristischer Differenzierungen ins Spiel. Hier besteht die Gefahr regelrecht „aus der Kurve zu fliegen“ und sich zu verstricken. Bedeutsam zur Beurteilung der Berechtigungen werden das Eigentum, das Hausrecht und die Grenzen des urheberrechtlichen Schutzes

---

[8] BVerwG, Beschluss v. 29. Oktober 2015, Az. 1 B 32.15.

der Architektur („Panoramafreiheit") sowie auch die Persönlichkeitsrechte des Eigentümers und der Bewohner. Im folgenden Kapitel erfahren Sie, wessen Rechte zu beachten sind und wie Sie systematisch durch Unterscheiden der Fallkonstellationen bei der Rechteklärung vorgehen.

Bei der rechtlichen Bewertung der Bildauswahl von Gebäuden ist zu unterscheiden zwischen

- Standorten, auf denen sich das Gebäude befindet,
- Standorten, von denen aus das Gebäude fotografiert wurde,
- der Verwendung des Fotos zur kommerziellen Verwertung oder sonstigen Nutzung,
- urheberrechtlich ungeschützten Bauwerken,
- urheberrechtlich geschützten Bauten.

5.2.1 Nicht geschützte Bauwerke auf privaten Grundstücken fotografieren

Eine häufige Frage aus der Praxis ist, ob das Foto eines sich auf einem Privatgrundstück befindlichen Gebäudes für kommerzielle Verwertungen, wie z. B. zur Anzeigengestaltung, genutzt werden darf.

Besteht an dem Gebäude kein Urheberrecht, z. B. weil es inzwischen nach Ablauf der Schutzfrist gemeinfrei (§ 64 UrhG) wurde oder es nicht die nötige Schöpfungshöhe zum urheberrechtlichen Schutz erreicht, müssen Sie dennoch die Aspekte fremdes Sacheigentum, Hausrecht und Persönlichkeitsrechte vor der Veröffentlichung einbeziehen.

Ein eigenständiges Recht am Bild der eigenen Sache, so wie es bei einer Person an ihrer Abbildung, existiert, gibt es nicht. Das bedeutet, dass nicht schon grundsätzlich der Eigentümer eines Hauses oder beweglicher Sachen gefragt werden muss, ob sein Eigentum fotografiert und das Foto verwertet werden darf. Grundsätzlich kann der Eigentümer aus seiner Stellung als Eigentümer nicht dagegen vorgehen. Die Abbildung Abb. 5.4 zeigt ein historisches Gebäude, welches aus dem öffentlichen Raum heraus fotografiert wurde. Der Eigentümer, hier einen Kirchengemeinde, muss nicht zustimmen und sie kann sich auch nicht gegen eine kommerzielle Nutzung der Aufnahme wehren.

Aber wie immer gibt es Ausnahmen, bei denen der Eigentümer aus seinen Eigentumsrechten die Verwertung nicht dulden muss. Der Eigentümer

Abb. 5.4 Unproblematisch veröffentlichen und verwerten lassen sich Bauwerke, deren Architektur nicht geschützt ist und die aus dem öffentlichen Raum heraus fotografiert wurden. Das Foto dieser historischen nordfriesischen Kirche wurde von der Straße aus aufgenommen. Nichts spricht dagegen das Foto in einem Fotokalender zum Thema „Nordfrieslands schönsten Kirchen" zu verwerten

kann sich dann auch völlig unabhängig von Rechtfertigungen des Fotografen aus dem Urheberrecht oder einer Zutrittsgewährung durch den Mieter, gegen die kommerzielle Verwertung der Fotos wehren.

Gebäude auf privatem Grundstück innerhalb des Grundstückes fotografiert

Mit der „Schloss-Tegel-Entscheidung"[9] von 1974 hat der BGH in einem ebenso kurzen wie auch verständlich geschriebenen Urteil die kommerzielle Verwertung von Fotografien durch einen Fotografen aus dem Eigentumsrecht des Schlosseigentümers untersagt.

Das Schloss war nur vom Grundstück des Eigentümers einsehbar und der Fotograf hatte die Fotos zur Ansichtskartenherstellung innerhalb des Eigentümergrundstückes aufgenommen.

[9] BGH, Urteil v. 20. September 1974, Az. I ZR 99/73.

Auch ohne ein durch den Hauseigentümer ausgesprochenes Fotografierverbot muss der Eigentümer die Verwertung seines abgebildeten Eigentums nicht dulden.

> *„Wer Ansichtskarten eines im Privateigentum stehende Gebäudes, das nicht frei zugänglich ist, gewerblich herstellt und verwertet, macht sich nach natürlicher Betrachtung einen fremden Vermögenswert nutzbar. Er darf – auch ohne ausdrückliches Verbot – nicht damit rechnen, daß der Eigentümer gewillt sei, jedermann eine solche Auswertung ohne Entgeld zu gestatten."*[10]

Gebäude auf privatem Grundstück vom öffentlichen Raum aus fotografiert

Ist das Gebäude vom öffentlichen Raum, etwa von einer Straße oder einem Weg aus fotografiert, steht einer kommerziellen Verwertung der Fotos das Eigentumsrecht des Hauseigentümers nicht im Wege. Der Eigentümer hat keinen Abwehranspruch; er muss die Verwertung dulden.

„Friesenhaus-Entscheidung" – Werbung mit fremdem Hauseigentum

In der „Friesenhaus-Entscheidung" des BGH ging es um die Veröffentlichung der Fotografie eines traditionellen Friesenhauses auf der Insel Sylt in einem Werbeprospekt.

Der Eigentümer war der Ansicht, dass mit der gewerblichen Verwertung der Abbildung seines Hauses sein Eigentumsrecht verletzt sei. Weiter verletze die Veröffentlichung erheblich seine geschützte Privatsphäre.

Der BGH verneinte hier eine Eigentumsverletzung, da das Haus von einer allgemein zugänglichen Stelle aus fotografiert wurde. Das Eigentumsrecht biete dann keinen Schutz vor einer gewerblichen Verwertung der Abbildung des Hauses.

Die Verletzung der Privatsphäre wurde vom BGH verneint, da im Foto selbst kein Bezug zu den Produkten der Beklagten hergestellt wurde und so auch nicht der Eindruck entstand, der Eigentümer unterstütze die im Prospekt beworbenen Produkte.

> *„Das ungenehmigte Fotografieren eines fremden Hauses und die gewerbliche Verwertung einer solchen Fotografie stellen dann keine Abwehr- und Zahlungsansprüche auslösende Einwirkung auf fremdes Eigentum dar, wenn die Fotografie – ohne daß das Hausgrundstück betreten wird – von einer allgemein zugänglichen Stelle aus angefertigt wird."*[11]

[10] BGH, Urteil v. 20. September 1974, Az. I ZR 99/73.

[11] BGH, Urteil v. 09. März 1989, Az. I ZR 54/87.

Zur Verletzung der Privatsphäre des Eigentümers durch die werbemäßige Veröffentlichung eines Gebäudes hat das Landgericht Köln ausgeführt:

> *„Zwar kann grundsätzlich auch in der werbemäßigen Verbreitung der Abbildung eines fremden Hauses eine Persönlichkeitsrechtsverletzung liegen. Dies setzt jedoch voraus, dass der Eindruck entstehe, der Eigentümer des Hauses stehe hinter der Werbung des Veröffentlichenden, unterstütze sie oder habe Geld dafür bekommen.“*[12]

Weiter kann durch Außenaufnahmen eines Hauses in die Privat- oder Intimsphäre des Bewohners eingegriffen werden, „wenn ein Grundstück unter Überwindung von Hindernissen oder mit Hilfsmitteln wie Teleobjektiven, Leitern oder Flugzeugen gleichsam ‚ausgespäht‘ wird.“[13]

5.2.2 Nicht geschützte Bauwerke der öffentlichen Hand fotografieren

Zur öffentlichen Hand gehören Liegenschaften, die der Erfüllung öffentlicher Aufgaben dienen. So z. B. städtische Krankenhäuser sowie auch private Flughäfen, wenn sie als Unternehmen von der öffentlichen Hand beherrscht werden. Ebenso gehören dazu Grundstücke öffentlicher Unternehmen. Auch dann, wenn sie in den Formen des Privatrechts (z. B. als GmbH) organisiert sind. Der öffentliche Raum ist hiermit nicht zu verwechseln. Dieser umfasst Straßen und Plätze, die dem Gemeinwohl gewidmet sind.

Auch hier, genau wie bei Bauten auf Privatgrundstücken, ist wieder zwischen den Standorten der Fotoaufnahmen zu unterscheiden.

Gebäude auf Grundstück der öffentlichen Hand innerhalb des Grundstückes fotografiert

Mit dem berühmten Urteil zur Verwertung von Fotografien des Schlosses Sanssouci hat der BGH nochmals betont, dass zum Zuweisungsgehalt des Eigentums auch das Recht des Grundstückeigentümers gehört, „darüber zu entscheiden, wer die wirtschaftlichen Vorteile ziehen darf, die das Betreten oder Benutzen des Grundstückes eröffnet“.[14]

[12] LG Köln, Urteil v. 13. Januar 2010, Az. 280 578/09.

[13] Wandtke/Bullinger (2014), KUG, § 22 Rn. 21.

[14] BGH, Urteil v. 01. März 2013, Az. V ZR 14/12.

Anders als im Fall des Schlosses Tegel (siehe Abschn. 5.2.1) befinden sich die Liegenschaften zum Schloss Sanssouci als öffentlich-rechtliche Stiftung nicht im Privateigentum, sondern im Eigentum der öffentlichen Hand. Die gegen das kommerzielle Verwertungsverbot klagende Fotoagentur war der Ansicht, dass es zur Verwertung der Fotos, wenn sie auf Grundstücken der öffentlichen Hand angefertigt werden, eben gerade keiner Genehmigung durch den Eigentümer bedürfe. Dieser Sichtweise hat sich der BGH nicht angeschlossen.

Aus der Rechtsprechung zur Verwertung der Fotos, die unter Betreten der vom öffentlichen Raum erkennbar abgegrenzten Grundstücke der öffentlichen Hand angefertigt wurden, lassen sich für die Praxis der Bildnutzungen Grundsätze herleiten.

Ein Einverständnis zur Verwertung aller Fotomotive, die auf Grundstücken der öffentlichen Hand angefertigt werden, benötigen Sie dann, wenn

- das Grundstück sich von dem sonstigen dem Gemeinwohl gewidmeten Raum (öffentliche Straßen und Plätze) als Areal durch (teilweise) bestehende Einfriedungen abgrenzt und
- sich aus der öffentlichen Aufgabe der Einrichtung kein Recht ergibt, unabhängig von einem Einverständnis des Eigentümers, gewerbliche Fotos anzufertigen und zu verwerten.

Ist das Grundstück abgegrenzt, ist die freie Zugänglichkeit kein Kriterium, aus dem sich ein Recht zur Verwertung der Fotografien herleiten lässt.

Ein Recht zur kommerziellen Verwertung von Fotos, hergeleitet aus der nach dem öffentlichen Recht zugewiesenen Aufgabe der Einrichtung, dürfte wohl nur selten bestehen. Dem Autor ist hierfür kein Beispiel bekannt.

Gebäude auf Grundstücken der öffentlichen Hand vom öffentlichen Raum aus fotografiert

Wird das Bauwerk vom öffentlichen Raum aus fotografiert, so endet die Macht des Eigentümers, eine Verwertung der Fotos untersagen zu können. Hier verhält es sich wie im Abschn. 5.2.1 für Privatgrundstücke dargelegt. Bauwerke auf Anwesen der öffentlichen Hand vom öffentlichen Raum aus fotografiert und verwertet, stellen keinen Eingriff in fremdes Eigentums dar, solange hierfür nicht Hilfsmittel zur Überwindung von Sichtschutzmaßnahmen verwendet werden.

5.3 Rechteklärung bei geschützter Architektur

Unabhängig von der Eigentumsfrage ist die Beurteilung des Fotografierens und Verwertens von urheberrechtlich geschützter Architektur zu beurteilen. Hier geht es um ein anderes Schutzgut und auch in der Regel um einen anderen geschützten Personenkreis. Es geht um die Urheberrechte des Architekten. Grundsätzlich bedarf jedes Anfertigen eines Fotos und jede Veröffentlichung der geschützten Baukunst der Einwilligung des Urhebers.

Urheberrechtlich geschützte Baukunst – Wann ist ein Bauwerk geschützt?
Geschützte Werke der Baukunst (§ 2 Abs. 1 Nr. 4 UrhG) können Bauwerke aller Art sein. Bei geschützten Gebäuden bezieht sich der Urheberrechtsschutz auch auf die Fassadengestaltung, sodass deren Abbild grundsätzlich nur mit der Einwilligung der Rechteinhaber zweidimensional reproduziert und veröffentlicht werden darf.

Damit ein Bauwerk geschützt ist, muss seine Gestaltung aus der Masse der Baugestaltung herausragen.[15] Sie muss als persönlich geistige Schöpfung eine individuelle Prägung aufweisen „deren ästhetischer Gehalt einen solchen Grad erreicht hat, dass nach Auffassung der für Kunst empfänglichen und mit Kunstanschauungen einigermaßen vertrauten Kreise von einer künstlerischen Leistung gesprochen werden kann."[16]

Das klingt nach recht hohen Ansprüchen. Jedoch nahezu jede Fassade einer Hotelkette, jedes Bürohaus einer Bank in einer Großstadt sowie fast jedes moderne Kaufhaus einer Fußgängerzone genießt urheberrechtlichen Schutz.

---

[15] Wandtke/Bullinger (2014), UrhG, § 2 Rn. 109.

[16] BGH, Urteil v. 13. November 2013, Az. I ZR 143/12.

5.3.1 Geschützte Architektur an und im öffentlichen Raum – Panoramafreiheit

Eine in der Praxis wichtige Ausnahme von dem Verbot des Fotografierens und Veröffentlichens von geschützten Bauwerken ohne die Genehmigung des Urhebers gewährt die sogenannte Panoramafreiheit nach § 59 UrhG (hierzu bereits ausführlich Abschn. 3.3). Kann diese Ausnahme in Anspruch genommen werden, steht sogar der kommerziellen Verwertung und Verwendung dieser Fotos das Urheberrecht nicht im Wege.

„Hundertwasser-Haus-Entscheidung" – Es kommt auf die Perspektive an
In dem BGH-Urteil zum ungenehmigten Verkauf der Abbildungen des Hauses des Künstlers Friedensreich Hundertwasser ging es um die Verwertung durch ein Unternehmen in Deutschland. Dieses hatte gerahmte Drucke von dem künstlerisch gestalteten Hundertwasser-Haus zum Verkauf angeboten. Das umstrittene Motiv wurde von der gegenüberliegenden Straßenseite aus dem ersten Stock einer Wohnung aufgenommen. Die Erbin des Künstlers verklagte das Unternehmen.

Das Unternehmen wehrte sich mit der Begründung, bei der vertriebenen Abbildung handele es sich um die Aufnahme eines Bauwerks, das sich bleibend an öffentlichen Straßen befinde. Alles, was auf der vertriebenen Aufnahme zu sehen sei, sei auch von der Straße oder von der Terrasse des im ersten Obergeschoss des Hundertwasser-Hauses befindlichen Cafés aus zu sehen.[17] Das urheberrechtlich geschützte Bauwerk sei damit von der „Panoramafreiheit" nach § 59 UrhG erfasst und die Verwertung durch das Unternehmen damit nicht rechtswidrig.

Der BGH hat herausgearbeitet, dass es bei der Panoramafreiheit um die Perspektive eines Passanten im öffentlichen Raum geht: Soweit es diesem Betrachter möglich ist, Teile eines Gebäudes oder einer Fassade wahrzunehmen, soweit reicht auch sein Recht auf die perspektivische Anfertigung und Verwertung der Fotos. Damit ist deutlich, dass jede Art von Hilfsmitteln zur Einnahme einer anderen Perspektive als die des allgemeinen Publikums auf der öffentlichen Straße nicht zu Fotos führen kann, die mit der Ausnahmeregelung der Panoramafreiheit (§ 59 UrhG) gerechtfertigt sind.

[17] BGH, Urteil v. 05. Juni 2003, Az. I ZR 192/00.

Die Regel der Panoramafreiheit gilt auch für im öffentlichen Raum installierte Kunst, wie etwa Skulpturen und Denkmäler, sofern diese „bleibend im öffentlichen Raum“ wahrnehmbar sind.

5.3.2 Geschützte Architektur als Beiwerk

Egal, wo sich der Fotograf befindet, ob auf einer öffentlichen Straße oder einem Privatgrundstück, erscheint ein geschütztes Gebäude mehr zufällig im Bild als in das Bild hineinkomponiert, benötigt der Fotograf keine Zustimmung des Urhebers zum Fotografieren und Verwerten der Aufnahmen. Die geschützten Gebäude müssen entsprechend der Regelung des § 57 UrhG lediglich als „unwesentliches Beiwerk“ zum eigentlichen Motiv anzusehen sein.

5.4 Rechteklärung bei fremdem beweglichen Eigentum im Bild

Der Eigentümer einer beweglichen Sache sowie auch der einer Immobilie kann aus seinem Recht über die Sachherrschaft grundsätzlich keine Abwehrrechte gegen die fotografische Reproduktion und Verwertung seines Eigentums geltend machen. Für bewegliches Eigentum ergeben sich keine Abweichungen von den Regeln, wie sie unter Abschn. 5.2 für die Immobilien dargestellt sind.

Dem Fotografieren fremder Sachen und sogar einer anschließenden kommerziellen Nutzung dieser Fotos steht also unter dem Aspekt Eigentumsrecht grundsätzlich nichts im Wege.

Beispiele zur Verwertung von Fotos fremden beweglichen Sacheigentums

B ist Eigentümer eines Oldtimers der Marke „Messerschmitt Kabinenroller". Grafiker G will das Fahrzeug für eine Bewerbung eines kommerziellen Oldtimerportals nutzen. G fotografiert das an einer öffentlichen Straße geparkte Fahrzeug. Der Eigentümer kann aus seinem Eigentumsrecht keinen Abwehranspruch geltend machen und er muss das Fotografieren und die fotografische Verwertung seines Fahrzeugs dulden.

> Grafiker G sieht während eines Spazierganges von der öffentlichen Straße aus den Oldtimer auf dem Grundstück des B geparkt. G fotografiert das Fahrzeug, so wie er es von der Straße aus sieht. Auch hier kann sich B nicht aus seinem Eigentumsrecht gegen die Verwertung des Fotos durch G wehren.
>
> Grafiker G hat gehört, dass auf dem Grundstück des B ein schöner Oldtimer parkt. Leider ist das Fahrzeug von der Straße aus wegen einer hohen Hecke nicht zu sehen. Aber G gelingen dennoch Fotos. Er klettert auf einen Baum an der Straße und er fotografiert zusätzlich vom privaten Nachbargrundstück aus das Fahrzeug. Die Verwertung beider Motive muss B als Eigentümer des Oldtimers nicht hinnehmen.

5.5 Rechteklärung bei Kunstwerken im Bild

Zeigt das Foto Kunst im Sinne des § 2 UrhG, dann benötigen Sie für das Fotografieren und die Verwertung der Aufnahme die Zustimmung des Künstlers. Unzulässig ist nicht nur die Veröffentlichung des Fotos, sondern schon das Abfotografieren, z. B. eines Schmuckstückes oder eines Gemäldes. Denn das Abfotografieren ist schon eine Vervielfältigung, die der Zustimmung durch den Urheber bedarf (siehe Abschn. 3.3).

5.5.1 Kunstwerke und die Panoramafreiheit

Die sogenannte Panoramafreiheit besteht nicht nur bei Bauwerken (siehe Abschn. 5.3), sondern auch bei urheberrechtlich geschützter Kunst im und am öffentlichen Raum der Straßen und Plätze. Hier ist die Voraussetzung, dass diese sich „bleibend" im öffentlichen Raum wahrnehmbar befinden muss, besonders zu beachten. Werden z. B. Skulpturen nur vorübergehend aufgestellt, kann die Ausnahmeregelung des § 59 UrhG nicht in Anspruch genommen werden. Wie bei urheberrechtlich geschützten Gebäuden gilt auch hier, dass das Kunstwerk nur aus der Perspektive eines Passanten im öffentlichen Raum aufgenommen werden darf (siehe Abschn. 5.3.1 „Hundertwasser-Urteil"). „Bleibend im öffentlichen Raum wahrnehmbar" sind auch bewegliche Kunstobjekte. So z. B. die künstlerische Bemalung einer Straßenbahn oder auch der berühmte Kussmund am Bug eines Kreuzfahrtschiffes (siehe Abschn. 3.3).

5.5.2 Kunstwerke und die Beiwerkregel

Das Urheberrecht erlaubt dann die Veröffentlichung von urheberrechtlich geschützten Gegenständen ohne die Zustimmung des Urhebers, wenn diese nach § 57 UrhG „unwesentliches Beiwerk" zum eigentlichen Motiv sind. Erfasst von der Regel sind selbstverständlich auch bewegliche Kunstwerke.

Kunst als Beiwerk von Werbefotos
Die Beiwerk-Ausnahme kann grundsätzlich auch für Werbeaufnahmen in Anspruch genommen werden. Aber nur selten gelangen bei Werbeaufnahmen Gegenstände zufällig und austauschbar in das Bild. Jedenfalls nicht bei hochwertigen Produktionen. Werden Gegenstände zu dekorativen Zwecken ganz bewusst zum Hauptmotiv in Beziehung gesetzt, kann sich der Nutzer nicht einfach auf die Beiwerkregel berufen.

„Möbelkatalog-Entscheidung" – Es kommt auf die Beziehung an
Der BGH hat sich mit der Frage auseinandergesetzt, wann in einem Werbekatalog fremde Kunstwerke in Produktfotos gezeigt werden dürfen. Es ging um ein Gemälde, das im Produktfoto eines Möbelhauses im Hintergrund sichtbar war.[18]

> „Ein Werk ist im Verhältnis zum Hauptgegenstand unwesentlich im Sinne von § 57 UrhG, wenn das Werk weggelassen oder ausgetauscht werden kann, ohne dass dies dem durchschnittlichen Betrachter auffällt oder ohne dass die Gesamtwirkung des Hauptgegenstandes in irgendeiner Weise beeinflusst wird."

> „Darüber hinaus ist ein Werk als unwesentliches Beiwerk im Sinne von § 57 UrhG anzusehen, wenn ihm nach den Umständen des Einzelfalls keine auch noch so geringfügige inhaltliche Beziehung zum Hauptgegenstand der Verwertung zuzubilligen ist, sondern es durch seine Zufälligkeit und Beliebigkeit für diesen ohne jede Bedeutung ist.
>
> Eine derart nebensächliche Bedeutung kann dem mitverwerteten Werk regelmäßig nicht mehr zugewiesen werden, sobald es erkennbar

[18] BGH, Urteil v. 17. November 2014, Az. IZR 117/13.

stil- oder stimmungsbildend oder eine bestimmte Wirkung oder Aussage unterstreichend in das Hauptwerk oder den eigentlichen Gegenstand der Verwertung einbezogen wird, einen dramaturgischen Zweck erfüllt oder sonst – etwa für eine Film- oder Theaterszene – charakteristisch ist."

In diesem Fall durfte das Werk gezeigt werden, da es austauschbar und nicht stimmungsbildend in die Bildkomposition einbezogen wurde. Anders wäre es, wenn das Gemälde in Farbgebung und Stil auf die gezeigten Möbel abgestimmt gewesen wäre.

Urheberrechtlich geschütztes Industriedesign – Urheberschutz an Gebrauchsgegenständen

Mit der „Geburtstagszug-Entscheidung" zu einem Holzspielzeug hat der BGH deutlich gemacht, dass auch Gebrauchsgegenstände als Werke der angewandten Kunst einen Urheberrechtsschutz erlangen können. Dieses sei dann möglich, wenn der Gebrauchsgegenstand neben seiner Funktion auch noch eine „künstlerische Leistung" verkörpere. Dieses sei auch prinzipiell bei Gebrauchsgegenständen mit geringer Gestaltungshöhe nicht ausgeschlossen.[19]

So kann es nun immer häufiger vorkommen, dass Sie bei der Abbildung fremder Produkte nicht nur die Designrechte von Unternehmen beachten müssen (siehe Abschn. 5.6), sondern auch die Interessen des Urhebers eines Industriedesigns als Urhebers im Auge behalten sollten.

5.6 Rechteklärung bei geschützten Designs im Bild

Designs umgeben unser Leben. Sie sind in einer Konsumgesellschaft allgegenwärtig. Ob es die Brille des Porträtierten ist oder das Display eines neuen Smartphones oder ein Auto, das durch das Bild fährt; kaum ein Gegenstand ist nicht in ein amtliches Designregister eingetragen und steht damit unter Designschutz.

[19] Vgl. BGH, Urteil v. 13. November 2013, Az. I ZR 143/12.

Der Schutzbereich des Designgesetzes (DesignG) ist nach dem Wortlaut des § 38 Abs. 1 DesignG sehr weit gefasst. Auch fotografische Reproduktionen und Wiedergaben fremder Designs sind Benutzungen, die die Rechte der Designinhaber berühren. § 40 DesignG enthält Ausnahmeregelungen, nach denen die Abbildung fremder Designs auch ohne die Zustimmung der Rechteinhaber erlaubt ist. In diesem Abschnitt geht es um die Frage, unter welchen Voraussetzungen Sie fremde Designs ohne die Zustimmung der Rechteinhaber in Verwendungen für Marketing und Öffentlichkeitsarbeit wiedergeben dürfen.

Schutzgut des Designgesetzes
Schützt das Urheberrecht die persönliche Beziehung und die wirtschaftlichen Interessen des Urhebers an seinem Werk, so schützt das Designgesetz Innovationen und Investitionen der unternehmerischen Produktentwicklung. Das Designrecht dient damit vorrangig dem gewerblichen Rechtsschutz. Europarechtlich werden Designs unter dem Begriff Geschmacksmuster geschützt.

Wann ist Design geschützt?
Geschützt sind Designs, die eine Eigenart aufweisen, die das Produkt von bereits bestehenden Designs unterscheidbar macht und die in ein amtliches Register eingetragen sind. Jedoch wird die erforderliche besondere Eigenart eines designten Produktes nicht vom Amt bei der Eintragung in das Designregister geprüft, sondern im Streitfall durch ein Gericht bewertet.

Die Schutzdauer des eingetragenen Designs beträgt maximal 25 Jahre, gerechnet ab dem Anmeldetag. Nach jeweils fünf Jahren ist eine Aufrechterhaltung erforderlich.

Designschutz recherchieren
Wie können Sie erfahren, ob für ein Produkt in welchen Regionen Designschutz vorliegt? Recherchemöglichkeiten bieten die Datenbanken:

- des Deutschen Patent- und Markenamtes https://register.dpma.de/DPMAregister/gsm/einsteiger
- des Amts der Europäischen Union für geistiges Eigentum (EUIPO) https://euipo.europa.eu/eSearch/
- der Weltorganisation für geistiges Eigentum (WIPO): http://www.wipo.int/portal/en/index.html

5.6.1 Fotoveröffentlichungen fremder Designs zwecks Zitierung

Eine Ausnahme von dem Zustimmungsvorbehalt der Wiedergabe fremden Designs in Fotoveröffentlichungen eröffnet § 40 Nr. 3 DesignG:

> *„Wiedergaben zum Zwecke der Zitierung oder der Lehre, vorausgesetzt, solche Wiedergaben sind mit den Gepflogenheiten des redlichen Geschäftsverkehrs vereinbar, beeinträchtigen die normale Verwertung des eingetragenen Designs nicht über Gebühr und geben die Quelle an."*

Die Abbildung des fremden Designs „zum Zwecke der Zitierung" muss in der Sachauseinandersetzung mit dem geschützten Produkt erfolgen und zum Verständnis der Aussage erforderlich sein.

Beispiele zur erlaubten Zitierung bei „nicht privaten" Veröffentlichungen

Beispiel 1: Fotografenmeister B unterhält auf seiner Website seine Leser regelmäßig mit Artikeln und Tipps zur Fotografie. Nun hat er eine neue im Design geschützte Kamera erworben und stellt die Funktionen der Kamera in einem redaktionellen Artikel seines Blogs in Wort und Bild vor. Dabei zeigt der Artikel auch nur Fotos der Kamera, die zur Erklärung der Funktionen notwendig sind.

Die Fotos der Kamera hat B selber angefertigt. Dennoch muss B bei Abbildungen zur Zitierung die Quelle des Designs, nämlich das Herstellerunternehmen als Rechteinhaber, angeben.

Beispiel 2: Die Berufsgenossenschaft T für Mitarbeiter des Transportwesens berichtet über die Sicherheitsaspekte eines Lkw-Zubehörteiles. Die Genossenschaft, deren öffentlich-rechtlich zugewiesene Aufgabe ja auch die Aufklärung ihrer Mitglieder zur Arbeitssicherheit ist, darf das besprochene geschützte Zubehörteil im Rahmen ihres Berichtes zur Produktsicherheit auch zeigen.

5.6.2 Fremdes Design in eigenen Anzeigen und Produkt- und Werbefotos

Für die Bewertung einer nicht durch den Rechteinhaber autorisierten Wiedergabe fremder Designs im eigenen Produktfoto oder in einer

Anzeigenkombination, die eigene Produkte mit fremden geschützten Produkten in Beziehung setzt, sind zwei Verwendungen zu unterscheiden:

- Geht es um bloße Dekoration der eigenen Produkte und Dienstleistungen mit fremden Designs, so ist die Abbildung des fremden Designs ohne Zustimmung des Rechteinhabers nicht möglich.
- Werden eigene Produkte und Dienstleistungen erst durch das Hinzufügen von fremden Designs dem Verbraucher erklärbar, ist die Zustimmung des Rechteinhabers unter Umständen entbehrlich.

Fremdes Design zu Dekorationszwecken eigener Produkte und Dienstleistungen

Die Versuchung ist groß, in einem Werbefoto oder einer Anzeigengestaltung für das eigene Produkt oder die eigene Dienstleistung fremde Gegenstände in die Bildkomposition aufzunehmen. Dabei können jedoch fremde geschützte Designs als bloße Dekoration zur Bewerbung der eigenen Leistungen ausnahmslos nur mit Zustimmung der Rechteinhaber wiedergegeben werden.

„ICE-Entscheidung" – Fremde Federn oder erlaubtes Zitat

In der ICE-Entscheidung ging es darum, dass ein Forschungsinstitut in einem Messe-Flyer seine Forschungsarbeit mit der Abbildung eines ICE-Triebkopfes der Bahn illustrierte.[20] Es entstand der fälschliche Eindruck, das Forschungsinstitut sei an der Entwicklung des ICE beteiligt. Die Bahn verklagte daraufhin das Forschungsinstitut u. a. auf Unterlassung der Veröffentlichungen.

Der BGH stellte für die Anwendung der Zitatausnahme des § 40 Nr. 3 DesignG (damals noch Geschmacksmustergesetz genannt) folgendes Kriterium auf:

> *„Eine Wiedergabe zum Zwecke der Zitierung im Sinne des § 40 Nr. 3 GeschmMG setzt eine innere Verbindung zwischen dem wiedergegebenen Muster und eigenen Gedanken des Zitierenden voraus und erfordert daher, dass die Wiedergabe des Musters als Belegstelle oder Erörterungsgrundlage für eigene Ausführungen des Zitierenden dient."*

[20] BGH, Urteil v. 07. April 2011, Az. I ZR 56/09.

Der BGH hat hier die Anforderungen der urheberrechtlichen Zitateregelung (§ 51 UrhG) entsprechend für die Ausnahmeregelung für das Zitieren von fremden Designs herangezogen. Auch wenn diese Frage vom BGH nicht entschieden wurde, ist mit den Ausführungen des BGH davon auszugehen, dass die Abbildung des ICE in dem Flyer rechtswidrig war. Denn die Abbildung des fremden Designs war hier austauschbar und beliebig, sodass die entsprechend angewendete Zitate-Regelung des Urheberrechts für diese Abbildung nicht zutraf.

Design des fremden Hauptproduktes zur Bewerbung der eigenen Zusatzprodukte

Umstritten war, ob und unter welchen Voraussetzungen Abbildungen fremder Designs zur Bewerbung von Zubehör ohne Zustimmung der Rechteinhaber möglich sein können. Hierzu hat der Gerichtshof der Europäischen Union (EuGH)[21] geurteilt: Wird Zubehör zu fremden Produkten angeboten, soll es dem Zubehörhersteller auch grundsätzlich möglich sein, seine „Ware zu erläutern oder darzutun". Die Richter folgten dabei den vom OLG Düsseldorf[22] aufgestellten Kriterien einer erlaubten Zitierung. Die Wiedergabe der fremden Designs ist dabei ohne Zustimmung der Rechteinhaber nach den „Gepflogenheiten des redlichen Geschäftsverkehrs" erlaubt, wenn folgende Voraussetzungen erfüllt sind:

- die Abbildung des fremden Designs der Erläuterung der Funktionen des Zubehörs dient und
- die Abbildung dazu „geboten" ist,
- der wirtschaftliche Wert des zitierten Designs nicht ausgehöhlt wird,
- keine Rufausbeutung, Rufschädigung, Aufmerksamkeitsausbeutung oder Verwässerung mit der Abbildung des fremden Designs erfolgt,
- die Quelle des Designs genannt wird.

Wie die Verpflichtung zur Umsetzung der Quellenangabe genau umzusetzen ist, hat der EuGH offen gelassen. Die Nennung des Rechteinhabers

[21] EuGH, Urteil v. 27. September 2017, Az. C-24/16; C-25/16.

[22] OLG Düsseldorf, Beschluss v. 07. Januar 2016, Az. I-20 U 226/13.

des Designs soll jedoch so erfolgen, dass dem normal informierten und verständigen Verbraucher deutlich wird, von welchem Unternehmen die fremde Ware stammt. Praxis ist es bisher, die Unternehmen als Rechtinhaber des abgebildeten Designs im Bildnachweis zu benennen (siehe hierzu Abschn. 6.6 Bildnachweise erstellen).

5.6.3 Redaktionelle Verwendungen in der Unternehmenskommunikation

Nach dem Wortlaut des Designgesetzes wäre schon jede fotografische Wiedergabe fremder Designs zu nicht privaten Zwecken ohne die Zustimmung des Rechteinhabers rechtswidrig. Einzige Ausnahme wäre danach die Abbildung zum Zwecke des Zitates (siehe zuvor).

Eine einfache Straßenansicht, veröffentlicht beispielsweise in einem Unternehmens-Blog zur Illustration eines Artikels, enthält unübersehbar viele Designs. Es handelt sich um Wiedergaben des fremden Designs zu nicht privaten Zwecken. Hier hilft zur Rechtfertigung von zufälligen und unbeabsichtigten Wiedergaben fremden Designs die Ausnahmeregelung des DesignG zur Zitierung nicht weiter. Auch eine entsprechende Anwendung der im Urheberrecht bestehenden „Panoramafreiheit" bei geschützten Gegenständen im und am öffentlichen Raum scheidet zur Rechtfertigung nach einhelliger Meinung aus. Einen Ausweg könnte die urheberrechtliche Beiwerk-Regelung bieten (§ 57 UrhG), wenn sie entsprechend im Designrecht angewendet werden darf.

Designs als Beiwerk?
Geraten fremde Designs unbeabsichtigt und ohne kompositorischen Bezug zum eigentlichen Motiv in das Bild, könnten diese Abbildungen fremden Designs entsprechend der Ausnahme zum Beiwerk, § 57 UrhG, auch ohne Zustimmung der Rechteinhaber veröffentlicht werden.[23]

---

[23] Vgl. Wandtke/Bullinger (2014), UrhG, § 57 Rn. 2.

Auch diese Ansicht ist bisher nicht durch eine kontinuierliche Rechtsprechung zum Designrecht gefestigt.

Das OLG München hat sich mit einem Magazin befasst, auf dessen Titelblatt ein junger Mann abgebildet ist. Dieser trägt ein T-Shirt mit dem Design des Klägers.[24] Die Richter haben hier die Beiwerk-Regelung des Urheberrechts herangezogen und sind in diesem Fall zu dem Ergebnis gekommen, dass die Wiedergabe des fremden Designs auf dem Magazintitel erlaubt war.

„Wie das Landgericht zu Recht entschieden hat, ist dieses Design nur unwesentliches Beiwerk zu dem eigentlichen Gegenstand (Hauptgegenstand), einem Magazinheft mit einer berufswahlbezogenen Titelgeschichte. Unwesentliches Beiwerk liegt vor, wenn es keine noch so unbedeutende inhaltliche Beziehung zum Hauptgegenstand aufweist und durch seine Zufälligkeit und Beliebigkeit für ihn ohne jede Bedeutung ist."

„Der eigentliche Gegenstand muss derart beherrschend sein, dass das neben ihm erscheinende Beiwerk ohne Beeinträchtigung der Gesamtwirkung des Hauptgegenstandes und unmerklich ausgetauscht werden könnte."

Ihr Transfer in die Praxis

Veröffentlichen Sie keine Abbildungen fremder Designs nur zur Ausschmückung Ihrer eigenen Angebote. Es sei denn, Sie haben hierfür die Zustimmung der Rechteinhaber.

In Ihren redaktionellen Beiträgen dürfen Sie fremde Designs zeigen, wenn das gezeigte Design selbst das Thema des redaktionellen Beitrages ist undeine Sachauseinandersetzung stattfindet.

Sind fremde Designs nur zufällig und austauschbar in Fotos zu sehen und in Ihren redaktionellen Beiträgen veröffentlicht, sollte der gesamte Beitrag dem gezeigten fremden Design nicht „zu nahe treten". Dieses wäre der Fall, wenn der Eindruck entsteht, Ihr Unternehmen habe etwas mit den Innovationen des fremden Designs zu tun, oder auch, wenn das gezeigte geschützte Produkt in einem ungünstigen Licht erscheint.

Wollen Sie einen bestimmten im Design geschützten Gegenstand, etwa in einem Online-Shop, zum Verkauf anbieten, dürfen Sie diesen bestimmten Gegenstand auch ohne Zustimmung der Rechteinhaber abfotografieren und das Bild zwecks Beschreibung der Ware veröffentlichen.

[24] OLG München, Urteil v. 13. März 2008, Az. 29 U 5826/07.

5.7 Rechteklärung Logos und Markennamen im Bild

In der Bildredaktion stellt sich, ähnlich wie beim Design, häufig die Frage, ob die Fotos, die Logos und Wortmarken zeigen, der Einwilligung in die Veröffentlichung durch den Inhaber der Marke bedürfen. Die Rechtmäßigkeit der Abbildung fremder Marken ist im gewerblichen Umfeld, beispielsweise auf der Website eines Freiberuflers oder einer GmbH immer davon abhängig, in welchem Zusammenhang die Marke wiedergegeben wird.

Eine Markenrechtsverletzung kommt dann in Betracht, wenn

- die Gefahr der Verwechselungen mit anderen Marken besteht,
- die Gefahr einer Ausnutzung des Images der fremden Marke besteht,
- die Gefahr der Verunglimpfung der fremden Marke besteht.

Markenrecht

Marken sind Zeichen und Namen für Waren und Dienstleistungen sowie auch für Unternehmensnamen. Das Markengesetz (MarkenG) dient dazu die Kennzeichen zu schützen, die Waren und Dienstleistungen einem bestimmten Unternehmen zugeordnet sind. Geschützt sind Wort- Bild- und Formmarken. Geschützte Formmarken können dreidimensionale Gestaltungen einer Ware sein.

Auch ohne Eintragung in das Markenregister sind Marken geschützt, wenn sie im „geschäftlichen Verkehr" genutzt werden und so dem Verbraucher bekannt sind.

Wie das Designrecht ist auch das Markenrecht ein „gewerbliches Schutzrecht". Eine Markenrechtsverletzung kommt daher auch nur dann in Betracht, wenn die Marke in den „geschäftlichen Verkehr" gebracht wird. Hierzu gehören alle Handlungen, die einem beliebigen eigenen oder fremden Geschäftszweck dienen. Ausgenommen werden lediglich rein private, wissenschaftliche, politische und amtliche Handlungen.[25]

Der Markenschutz gewährt dem Markeninhaber ein ausschließliches Nutzungsrecht. Die Nutzung fremder Marken im „geschäftlichen Verkehr" ist daher von der Zustimmung des Inhabers der Marke abhängig. § 14 Abs. 2 Nr. 1-3

[25] BGH, Urteil v. 13. November 2003, Az. I ZR 103/01.

Markengesetz (MarkenG) beinhaltet einen Katalog von zustimmungsabhängigen Handlungen der Markennutzung.

In bestimmten Fällen kann der Markeninhaber die Nutzung seiner Marke nicht untersagen. Ohne Zustimmung des Markeninhabers kann beispielsweise die fremde Marke gezeigt werden, wenn damit die Bestimmung eines Zubehörteiles dem Verbraucher erst deutlich werden kann (§ 23 Nr. 3 MarkenG).

Insbesondere können Markenrechte verletzt werden, wenn durch das Abbilden der Marke ihr Image ausgenutzt oder verletzt wird (§ 14 Abs. 2 Nr. 3 MarkenG).

Unternehmen verteidigen ihre Marken unterschiedlich hartnäckig. Zu bedenken ist, dass ein Unternehmen zur Verteidigung der Marke verpflichtet ist, wenn es den Markenschutz nicht verlieren will, weil über längere Zeit Markenrechtsverletzungen hingenommen wurden.

Beispiele zur „markenmäßigen Nutzung"

Ein künstlerisches Aktfoto, aufgenommen in einem Hotel, zeigt auf einem Handtuch das Logo des Hotels. Es handelte sich um die Veröffentlichung eines künstlerischen Fotos in einem Bildband. Die Richter waren hier der Ansicht, das Foto stelle keine „markenmäßige Nutzung" dar, da es bei der Wiedergabe des Handtuchs mit dem Logo um eine künstlerische Gestaltung geht. Da das Foto die nackte Person in ästhetischer Weise zeige, sei damit auch keine Herabwürdigung der Marke verbunden.[26] Da für das Foto der „rechtfertigende Grund" (im Sinne des § 14 Abs. 2 Nr. 3 MarkenG) der Kunstfreiheit (Art. 5 GG) in Anspruch genommen werden könne, sei die Wiedergabe der Marke in dem Foto auch rechtmäßig.

Wäre aber dasselbe Foto ungefragt für die Bewerbung eines anderen Hotels veröffentlicht worden, wäre damit auch eine Markenrechtsverletzung verbunden. Ebenso wäre dieses der Fall, wenn die Aufnahme einen pornografischen Charakter gehabt hätte. Denn dann wäre damit eine Herabsetzung der im Foto gezeigten Marke verbunden gewesen.

Eine Markenrechtsverletzung kommt auch dann in Betracht, wenn ohne die Zustimmung des Inhabers der abgebildeten Marke markenfremde Waren oder Dienstleistungen beworben werden: Eine „freie Werkstatt" für den Wartungsdienst für Außenbordmotoren veröffentlicht auf seiner Website blickfangmäßig Fotos eines Modellbauschiffes, auf dessen Rumpf das Logo eines bekannten Außenbordmotorenherstellers deutlich sichtbar ist. Damit erweckt der Wartungsdienst den falschen Eindruck, er habe eine besondere geschäftliche Beziehung zu dem Markeninhaber. Dieser kann die Veröffentlichung untersagen.

[26] Vgl. KG Berlin, Urteil v. 09. November 2010, Az. 5 U 69/09.

Wie sehr es auf den individuellen Veröffentlichungszusammenhang und den Zweck sowie auf die Art der Wiedergabe der Markenabbildungen ankommt, zeigt folgendes Beispiel.

5.7.1 Geschützte Marken im Werbefoto

Ob mit der Wiedergabe einer fremden Marke in einem Werbefoto auch eine Markenrechtsverletzung gegeben ist, beurteilt sich insbesondere nach der Funktion der Wiedergabe der fremden Marke.

Fremde Marke als Dekoration zum eigenen Produkt
Ganz ähnlich wie bei der Wiedergabe fremden Designs zur Dekoration eigener Produkte und Dienstleistungen verhält es sich mit dem Schmücken fremder Marken. Auch hierzu existiert höchstrichterliche Rechtsprechung, die der Wiedergabe einer fremden Marke hier Grenzen setzt.

Beispiele

Beispiel Imagetransfer
Rechtsanwalt R, Fachanwalt für Internationales Wirtschaftsrecht, stellt sich mit einem Porträtfoto auf seiner Website als Anwalt vor. Im Hintergrund leuchtet fotogen das Logo eines Apple Stores. Es entsteht der fälschliche Eindruck, R sei für das Unternehmen Apple tätig. Apple könnte R die Veröffentlichung dieses Fotos untersagen, da R durch die Abbildung der Marke profitiert. Es findet ein sogenannter Imagetransfer statt, bei dem der Eindruck bei den Mandanten entsteht, R arbeite für das berühmte Unternehmen und müsse schon von daher als besonders kompetent angesehen werden.

Beispiel „Rolls-Royce-Entscheidung"
Eine Werbeagentur veröffentlichte für ihren Kunden „Jim Beam Whisky" in einem aufwendig produzierten Foto die Vorderansicht eines Rolls-Royce-Automobils einschließlich der Kühlerpartie mit der Kühlerfigur „Flying Lady" sowie dem Emblem „RR". Rolls-Royce war nicht einverstanden mit dieser Werbekampagne. Denn es würde der Eindruck entstehen, dass Rolls-Royce-Fahrer dem Whisky (der Marke Jim Beam) zugetan sind. Darin sah der Autohersteller u. a. eine Beschädigung des guten Rufs (sogenannter Vorspann) der Marke Rolls-Royce.

Der BGH hat mit seinem Urteil[27] deutlich gemacht, dass die Nutzung eines fremden Images durch die Abbildung von fremden Produkten im eigenen Produktfoto eine Rufausbeutung sein kann.

„Die ‚Rolls Royce'-Entscheidung aus dem Jahr 1982 ist der Paradefall einer Rufausbeutung zur Empfehlung der eigenen Leistungen unter dem Gesichtspunkt des Vorspanns einer bekannten Marke oder markenrechtlichen Ausstattung. Sie ist in ihrem sachlichen Kern inzwischen in § 14 Abs. 2 Nr. 3 MarkenG verortet, und die Rechtsprechung ist nicht länger darauf angewiesen, für ihre Beurteilung auf wettbewerbsrechtliche Gesichtspunkte auszuweichen."[28]

Fremde Marken im Bild zur Erklärung eigener Zubehör- und Ergänzungsprodukte

Eine Ausnahme vom Erfordernis der Zustimmung des Markeninhabers besteht, wenn seine Marke im Zusammenhang mit der Zubehörbewerbung fremder Hersteller gezeigt wird. Im spektakulären „Felgen-für-Porsche-Fall"[29] hatte ein Felgenhersteller in einem Werbeprospekt seine Felgen an einem Porsche im Foto abgebildet. Am Fahrzeug war die Marke des Herstellers, das Porschewappen, sichtbar. Der BGH hat in diesem Fall entschieden, dass die Abbildung der fremden Marke hier von der das Markenrecht begrenzenden Schranke des § 23 MarkenG erfasst ist. Der Felgenhersteller darf also zur Zubehörbewerbung seiner Felgen die fremde Marke ohne Zustimmung von Porsche zeigen.

Unabhängig vom Markenrecht muss die Frage geprüft werden, ob, wann und wie ein geschütztes Design in der Zubehörbewerbung gezeigt werden darf (hierzu ausführlich Abschn. 5.6).

Fremde Marken im Bild zur Erklärung der eigenen Dienstleistungen

Zur Veranschaulichung von Dienstleistungen, z. B. als Reparaturservice von Markenprodukten, legt der BGH strenge Maßstäbe zur Nutzung fremder Marken an.

---

[27] BGH, Urteil v. 09. Dezember 1982, Az. I ZR 133/80.

[28] Keßler (2015), Deutscher Anwaltspiegel.

[29] BGH, Urteil v. 12. März 2015, Az. I ZR 147/13.

„Die Benutzung einer Marke ist notwendig, wenn die Information über den Zweck der Dienstleistung anders nicht sinnvoll übermittelt werden kann. Die Markennutzung muss praktisch das einzige Mittel darstellen, um der Öffentlichkeit eine verständliche und vollständige Information über die Bestimmung der Dienstleistung zu liefern. Es muss ausgeschlossen sein, dass diese Information auch auf andere Art und Weise, etwa durch Angabe technischer Standards oder Normen, bewerkstelligt werden kann.“[30]

Unter Umständen darf jedoch die Wortmarke zur Bewerbung der Dienstleistungen noch wiedergegeben werden. Nicht aber die Bildmarke, also das Logo, weil hiermit vom Image der Marke profitiert werde. So im Falle der Werbung einer freien Reparaturwerkstatt.[31]

Beispiel Dienstleistungen für fremde Produkte

S betreibt einen Reparaturservice für Mobiltelefone. Zur Werbung lässt er Fotos in seiner Werkstatt erstellen. Im Hintergrund, an einer Wand unübersehbar angebracht, sind die Logos (Bildmarken) verschiedener Hersteller von Smartphones zu sehen. Nach den strengen Voraussetzungen des BGH für die Wiedergabe fremder Marken im Dienstleistungsbereich müsste S für die Veröffentlichung des Fotos die Zustimmung der Markeninhaber einholen.

Fremde Marken im Bild zur Bewerbung des Weiterverkaufs

Unproblematisch ist das Zeigen von fremden Marken, wenn Sie einen konkreten Gegenstand erworben haben, ihn nebst Markenkennzeichen abfotografieren und mit Foto zum Verkauf anbieten. Dieses ergibt sich aus dem sogenannten Erschöpfungsgrundsatz: Wer als Markeninhaber seine Marke mit Produkten in den Handel bringt, soll den Weiterverkäufern keine Steine in den Weg legen können, wenn sie den konkreten einzelnen Gegenstand verkaufen wollen. Eine Zustimmung benötigen Sie also hier nicht.

---

[30] BGH, Urteil v. 14. April 2011, Az. I ZR 33/10.

[31] BGH, a. a. O.

Beispiel zu Marken im Weiterverkauf von Produkten

Musikhaus A will das zuvor vom Herstellervertrieb gekaufte Schlagzeug der Marke „Gretsch" für den Weiterverkauf bewerben. Das Musikhaus darf die Wort- und Bildmarke „Gretsch" zum Weiterverkauf dieses konkreten Musikinstrumentes zeigen. Auch darf A in der Verkaufsanzeige zu diesem einzelnen Markenprodukt auf einem Internetportal die Wort- und Bildmarke in der Anzeigengestaltung zeigen.[32]

5.7.2 Geschützte Marken in redaktionellen Beiträgen

In Ratgeberbeiträgen und Artikeln der Mitglieder- und Kundenzeitschriften lässt es sich kaum vermeiden, dass fremde Marken im Bild erscheinen. Hier verhält es sich im Ergebnis ähnlich zu der Problematik des Designrechts (siehe Abschn. 5.6). Entscheidend ist, ob Sie einer fremden Marke mit der Text- und Fotokombination „zu nahe treten". Entsteht der Eindruck, Ihr Unternehmen habe etwas mit den abgebildeten Marken zu tun, kann darin unter Umständen eine Markenrechtsverletzung liegen.

5.7.3 Entfernen von Markenzeichen durch Retusche

Das „Wegretuschieren" von fremden Markenkennzeichen ist keine Verletzungshandlung im Sinne des Markenrechts (siehe Abschn. 5.11). Dennoch kann das Entfernen von Marken ein Verstoß gegen das Gesetz gegen den unlauteren Wettbewerb (UWG) sein. Das wäre beispielsweise der Fall, wenn die Entfernung in einem Produktfoto dazu dient, den Eindruck entstehen zu lassen, fremde Produkte seien eigene Produkte.

[32] Vgl. BGH, Urteil v. 17. Juli 2003, Az. I ZR 256/00.

Ihr Transfer in die Praxis

Immer dann, wenn Fotos die Abbildung fremder Markenkennzeichen enthalten, sollten Sie genau hinschauen, in welchen Zusammenhängen die Logos und Wortmarken gezeigt werden.

Nicht jede Wiedergabe fremder Marken im gewerblichen (Veröffentlichungs-)Bereich ohne Zustimmung des Markenrechtsinhabers ist ein Verstoß gegen das Markengesetz. Bevor Sie radikal die zeitraubende Arbeit des „Wegretuschierens" für jede Verwendung des Fotos auf sich nehmen, prüfen Sie, ob die Retusche wirklich notwendig ist. Im Zweifel können Sie dann immer noch aktiv werden.

5.8 Rechteklärung bei Namen von Personen im Bild

Die Wiedergabe von Namen kann die Persönlichkeitsrechte einer Person verletzen. So z. B., wenn der Name des Bewohners im Zusammenhang mit einer Außenaufnahme seines Privathauses genannt wird oder im Bild zu sehen ist. „Ein Eingriff in das Persönlichkeitsrecht liege auch dann vor, wenn die Anonymität durch Veröffentlichung einer Aufnahme des Wohnsitzes unter Namensnennung aufgehoben werde und die Gefahr bestehe, dass das Wohnhaus in seiner Eignung als Rückzugsbereich individueller Lebensgestaltung beeinträchtigt werde."[33] Mit Geltung der DSGVO ist davon auszugehen, dass auch Fotos, die keine Person zeigen, zu einem „personenbezogenen Datum" werden können. Nämlich dann, wenn die Bildbestandteile in ihrer Gesamtheit einen Rückschluss auf die Identität einer Person erlauben.

Bei werblichen Nutzungen ist besonders darauf zu achten, dass sichtbare Personennamen nicht in Verbindung mit dem beworbenen Produkt oder der beworbenen Dienstleistung in Verbindung gebracht werden. Entsteht der Eindruck, die Person unterstütze die Angebote, ist dieses eine Verletzung der Persönlichkeitsrechte der Personen, deren Namen im Bild auftauchen.

[33] BGH, Urteil v. 19. Mai 2009, Az. VI ZR 160/08.

Eine juristische Person (z. B. eine GmbH) kann das Schutzrecht ihres Namens aus dem Namensrecht des § 12 BGB in Anspruch nehmen. Hier geht es jedoch meist um die spezieller geregelten Fälle des gewerblichen Rechtsschutzes aus dem Markenrecht (siehe Abschn. 5.7).

5.9 Unlauterer Wettbewerb mit Fotos

Werbung mit Fotos kann eine unlautere Wettbewerbshandlung nach dem „Gesetz gegen den unlauteren Wettbewerb (UWG)" darstellen. Das Gesetz gegen den unlauteren Wettbewerb (UWG) schützt Mitbewerber und Verbraucher u. a. vor der Täuschung über wesentliche Merkmale einer Dienstleistung und der Befähigung des Anbieters. Werden Fotos im eigenen Umfeld der Darstellung der eigenen Dienstleistungen verbreitet, die den Eindruck erwecken, der Anbieter verfüge über ein bestimmtes Know-how, welches er in Wahrheit nicht hat, kann dieses gegen das UWG verstoßen.[34] In diesem Zusammenhang können auch Linksetzungen auf fremde Produkte und Dienstleistungen ein Verstoß gegen das UWG sein.

5.10 Recht am eingerichteten und ausgeübten Gewerbebetrieb

Wird im Zusammenhang mit einer Bildveröffentlichung eines Produktes der Marken- oder Unternehmensname in ein schlechtes Licht gerückt, könnte damit das „Recht am eingerichteten und ausgeübten Gewerbebetrieb" verletzt werden. Vergleichbar zu den Persönlichkeitsrechten eines Menschen, nur in einem viel engeren Rahmen, kann sich ein Unternehmen auf „Unternehmenspersönlichkeitsrechte" berufen und bei Verletzungen der „Unternehmensehre" oder des Namensrechtes Schadensersatz- und Unterlassungsansprüche geltend machen (§§ 823 Abs. 1, 1004 BGB). Die Rechtswidrigkeit kann sich dabei auch gerade aus dem Gesamteindruck der Kombination von Text und Foto ergeben.

[34] LG Augsburg, Urteil v. 08. September 2009, Az. 2HK O 1630/09.

5.11 Rechteklärung bei Bildbearbeitungen und Bildmontagen

Bei der Veränderung von Bildinhalten sind das „Recht am Bild", die Marken- und Designrechte sowie urheberrechtlich geschützte Inhalte zu berücksichtigen. Es geht darum, ob Sie durch Veränderungen der Bildinhalte die Rechte der Rechteinhaber der gezeigten Motive verletzen. Diese Rechteprüfung erfolgt unabhängig von der urheberrechtlichen Berechtigung ein fremdes Werk bearbeiten zu dürfen (siehe hierzu Abschn. 4.6).

Persönlichkeitsrechte beachten bei Bildausschnitten und Bildmontagen

Auch Fotomontagen dürfen nicht zur Verletzung der Persönlichkeitsrechte der abgebildeten Person führen. Dieses kann schnell passieren, wenn ursprüngliche Zusammenhänge der Aufnahme verändert werden. Hier kann es dazu kommen, dass die Einwilligung zur Veröffentlichung die neu hergestellten inhaltlichen Zusammenhänge nicht erfasst.

Insbesondere bei Fotomontagen, die Personen zeigen, die vorher nicht zusammen auf einem Foto abgebildet wurden, ist große Zurückhaltung geboten. Auch bei prominenten Personen ist die Einwilligung zur Fotomontage in neue Zusammenhänge erforderlich. Eine Ausnahme besteht hier für satirische Darstellungen, wenn das Bild auch als Satire erkannt werden kann und die Manipulationen nicht für wahr gehalten werden.[35] Personen, die zuvor in ihrer Individualität nicht erkennbar waren, könnten in der Vergrößerung eines Bildteiles plötzlich erkennbar werden und somit in ihrem Recht auf informationelle Selbstbestimmung verletzt sein. Das zuvor „unverdächtige" Foto unterliegt dann dem Erlaubnisvorbehalt der DSGVO (siehe Abschn. 3.1).

[35] BVerfG, Beschluss v. 14. Februar 2005, Az. 1 BvR 240/04.

Urheber- und Designrechte

Bei künstlerischen Bildinhalten, etwa einem abgebildeten Buchcover oder einer Skulptur, sind Veränderungen des geschützten Gegenstandes nur mit Einwilligung des Berechtigten gestattet.

Bei Produktgestaltungen, die Designschutz genießen, wäre eine Veränderung des abgebildeten Produktes durch Bearbeitung ohne Einwilligung der Berechtigten ebenfalls eine Verletzung der Schutzrechte aus dem Designgesetz.

Entfernen von Markennamen und Logos

Gerade um Markenrechtsverletzungen vorzubeugen, werden Wort- und Bildmarken von Produkten häufig mit Photoshop gänzlich entfernt. Dieses soll unproblematisch sein. Denn die Beseitigung oder Abdeckung von Markennamen und Logos ist nach der Rechtsprechung des BGH keine Verwendung des Zeichens. Somit soll auch das „Wegretuschieren" von Markenzeichen keine Verletzungshandlung sein, die eine Marke angreift.[36]

Werden die Marken jedoch entfernt, damit der Eindruck entsteht, fremde Produkte seien dem eigenen Produktangebot zuzurechnen, kann dieses eine Handlung sein, die gegen das Gesetz gegen den unlauteren Wettbewerb (UWG) verstößt. Markennamen und Logos dürfen selbstverständlich auch nicht verändert oder in markenfremde Produkte hineinmontiert werden.

Ihr Transfer in die Praxis

Häufig werden Fotos gerade als Grundlage für Montagen und Freisteller benötigt. Vergewissern Sie sich, ob Sie diese Bearbeitungsrechte auch tatsächlich eingeräumt bekommen haben.

- Bei Fotoaufträgen sollte Ihr Recht zur Bildbearbeitung Bestandteil des Vertrages sein.
- Schauen Sie bei Agenturfotos in die AGB der betreffenden Agentur.
- Bei Creativ Commons Lizenzen, schauen Sie genau nach, ob die vom Urheber bestimmte Lizenz auch Bildbearbeitungsrechte einschließt.

---

[36] Rau (2013), S. 153; BGH, Urteil v. 13. Oktober 2004, Az. I ZR 277/01.

Literatur

Keßler, Werner: Fremde Federn – Eigenwerbung mit fremden Marken, Juli 2015.

Kühling, Jürgen; Buchner, Benedikt, Datenschutz-Grundverordnung/BDSG, C. H. Beck, 2018, München.

Rau, Wolfgang: Recht für Fotografen, Galileo Press, 2013, Bonn.

Wandtke, Arthur-Axel; Bullinger, Winfried, Praxiskommentar zum Urheberrecht, C. H. Beck, 2014, München.

6

Rechteklärung im Produktionsabschnitt Publizieren

Was Sie aus diesem Kapitel mitnehmen

Die Veröffentlichungshandlung ist kein rein technischer Vorgang. Vielmehr sind an das eigentliche Publizieren durch den Mausklick Vertragsabschlüsse über die AGB der sozialen Medien und Rechtspflichten gekoppelt. Dieses Kapitel informiert über die wichtigsten Rechtsgebiete und Normen, die in den Tätigkeitsschritten der Veröffentlichungshandlung bei Bildern für Marketing und PR zu beachten sind. Weiter erfahren Sie, wie Sie Ihrer Pflicht zur Urheber- und Quellennennung bei digitalen Fotos technisch nachkommen können und wie Sie Ihre Fotos vor Missbrauch schützen.

Nach § 7 Abs. 1 TMG sind Betreiber von Websites für die Veröffentlichungen, die sie zur Nutzung bereithalten, nach den allgemeinen Gesetzen verantwortlich. Damit ist klargestellt, dass das Betreiben von Websites nicht in einem „rechtsfreien Raum" geschieht, sondern auch Veröffentlichungen im Internet nach den allgemeinen Gesetzen zu beurteilen sind. Besonders wichtige Gesetze für die Fotonutzungen sind u. a. das Urheberrechtsgesetz (UrhG), die Datenschutzgrundverordnung (DSGVO) und das Kunsturhebergesetz (KUG), Regelungen zum Wettbewerbs- und Presserecht sowie auch das Netzwerkdurchsetzungsgesetz (Gesetz zur Verbesserung der Rechtsdurchsetzung in sozialen Netzwerken – NetzDG).

C. W. Eggers, *Quick Guide Bildrechte*, Quick Guide,
https://doi.org/10.1007/978-3-658-26017-0_6

Beispiel

Ein Twitter-Nutzer findet in seiner Timeline das Foto eines von ihm geschätzten Musikers. Der Twitter-Nutzer lädt das Foto auf seinen PC herunter und veröffentlicht es jetzt auf seiner Facebook-Seite.

Nur weil das Foto bereits in einem Netzwerk veröffentlicht wurde, berechtigt dieser Umstand nicht dazu, es nach Belieben zu nutzen. Veröffentlicht der Website-Betreiber oder Account-Inhaber ein Foto, für das er keine Nutzungsrechte erworben hat, haftet er, wie auch im Printbereich, nach den Vorschriften des UrhG für diese Rechtsverletzung. Nach § 97 UrhG kann der Rechteinhaber Ansprüche auf Unterlassung und Schadensersatz gegen den Seitenbetreiber geltend machen.

Gegenüber Print-Veröffentlichungen weist das Internet als Wiedergabemedium mit seinen zahlreichen technischen Möglichkeiten der Interaktionen Besonderheiten im Umgang mit Fotografien und Grafiken auf. Ein kleiner Mausklick oder eine kurze Wischbewegung können große Folgen haben. Posten Sie beispielsweise Fotos in soziale Netzwerke, erlangen die Dienstbetreiber auch Nutzungsrechte an diesen Fotos. Weiter ist es aufgrund nahezu unkontrollierbarer Multiplikation von Bilddaten fast unmöglich ein Foto aus dem Netz zurückzuholen, wenn es einmal den Weg der Verbreitung im Internet genommen hat.

Internetveröffentlichungen von Fotos, Filmen und Grafiken sind besonders angreifbar. Sie sind rund um die Uhr weltweit sichtbar. Unberechtigte Veröffentlichungen sind mittels spezieller Software inzwischen leicht auffindbar. Fehlerhafte Bildnachweise und fehlerhafte Verlinkungen auf Creative Commons Lizenzen (siehe Abschn. 4.3.4) beschäftigen immer wieder die Gerichte und können Schadensersatzansprüche auslösen.[1]

Zum einen sollten Sie Ihre Berechtigungen, so wie auch bei Print-Veröffentlichungen, genau einhalten und zum anderen besteht bei Internetveröffentlichungen auch immer die Aufgabe fremde und eigene Fotos vor Missbrauch zu schützen.

---

[1] OLG Köln, 13. April 2018, Az. 6 U 131/17.

6.1 Haftung und Prüfungspflichten bei Internetveröffentlichungen

Aufgrund der vielfältigen Möglichkeiten der Veröffentlichungs- und Verbreitungswege von Bildern in elektronischen Medien ergeben sich gegenüber der Print-Veröffentlichung einige Besonderheiten:

- Internetveröffentlichungen sind meist nicht vollständig rückgängig zu machen.
- Der Kreis der Zugriffsberechtigten einer Veröffentlichung ist schwer einzugrenzen.
- Inhalte können sich ohne Ihr Zutun durch Verlinkungen, Teilen, Liken und Kommentieren „vermehren", auch in unerwünschte Umfelder und rechtlich unerlaubte Veröffentlichungszusammenhänge.

6.1.1 Störerhaftung des Website-Inhabers bei Fotoveröffentlichungen

Im Bereich des Bildrechtes und der Internetveröffentlichungen spielt die sogenannte Störerhaftung eine besondere Rolle. Werden z. B. fremde Bilder ohne Berechtigung durch den Urheber in einen fremden Blog oder die Timeline einer Unternehmens-Website auf Facebook (Fanpage) gepostet, kann der Inhaber des Accounts oder der Website unter Umständen als Mitstörer einer Urheberrechtsverletzung auf Beseitigung und Unterlassung in Anspruch genommen werden. Sinn dieser Regelung ist es, dem Rechteinhaber die Möglichkeit zu geben, seine Rechte unabhängig von der Auffindbarkeit des ursprünglichen Täters zu schützen.

Die Störerhaftung setzt dann ein, wenn

- der Störer weder Täter noch Teilnehmer der Rechtsverletzung ist,
- der Störer willentlich und kausal zur Verletzung des Rechtsgutes beiträgt,
- der Störer seine Prüfungspflichten und/oder Belehrungspflichten verletzt.

Der Umfang der Prüfungs-, Überwachungs- und Belehrungspflichten bestimmt sich danach, ob und inwieweit dem als Störer in Anspruch Genommenen nach den Umständen eine Verhinderung der Verletzungshandlung zuzumuten ist.[2]

Beispiel zur Störerhaftung des Website-Betreibers

Fotogroßhandel F unterhält ein Forum „Impressionen der Großstadt". Fotobegeisterte können ihre Beiträge hochladen und kommentieren. Nach einer Freischaltung durch F erscheinen die Beiträge im Forum des F. A kopiert das Foto „Berlin im Feierabendverkehr" von der Website des Fotografen B und postet das Foto in das Forum des Unternehmens F.

Schwierig und nur im Einzelfall zu beurteilen ist die Frage nach den Prüfungspflichten des Forum-Inhabers F hinsichtlich der Rechtmäßigkeit der Postings. Ist es F zuzumuten, jedes Posting zu überprüfen? Je weiter sich die technischen Möglichkeiten zur Bilderkennung entwickeln, umso eher wird zukünftig das Ergebnis sein, dass es F zuzumuten ist z. B. einen Upload-Filter vor das Posting zu schalten oder selber manuell mittels Software nach weiteren Veröffentlichungen zu suchen, die Zweifel an der Urheberschaft des A bestätigen oder ausräumen.

Auch die Wiedergabe durch Verlinkung von rechtswidrig „eingestellten" Inhalten kann im gewerblichen Bereich für den Anbieter eine Haftung nach den Grundsätzen der Störer- und Verbreiterhaftung auslösen (siehe Abschn. 6.4.2).

6.1.2 Störerhaftung bei Foto-Postings in sozialen Netzwerken

Soziale Netzwerke wie Facebook und Twitter sind bisher aus der Störerhaftung gemäß § 10 Telemediengesetz ausgenommen. Nach Ansicht des Bundesgerichtshofs (BGH) haftet der Host-Provider grundsätzlich nicht für fremde Inhalte. Eine Prüfungspflicht von Inhalten trifft die Dienstbetreiber von sozialen Netzwerken bisher nicht. Ein Hostprovider (bisher werden soziale Netzwerke als Hostprovider eingestuft) ist zur Vermeidung

[2] BGH, Urteil v. 05. Februar 2015, Az. I ZR 240/12.

einer Haftung als mittelbarer Störer grundsätzlich nicht verpflichtet, die von den Nutzern in das Netz gestellten Beiträge vor der Veröffentlichung auf eventuelle Rechtsverletzungen zu überprüfen. Er ist jedoch verantwortlich, sobald er Kenntnis von der Rechtsverletzung erlangt.[3]

Eine generelle Prüfungspflicht der Hostprovider, also auch der Betreiber von sozialen Netzwerken, würde bestehen, wenn die „Richtlinie über das Urheberrecht im digitalen Binnenmarkt" mit ihrem umstrittenen Art. 13 Geltung erlangt.[4] Die EU-Richtlinie sieht vor, dass „Content Sharing Service Provider" zukünftig Prüfungspflichten erfüllen müssen. Zur Realisierung sollen sogenannte Upload-Filter dafür sorgen, dass Urheberrechtsverletzungen erkannt werden und die Fotos aus dem Netzwerk entfernt werden können. Bis zur Geltung der Richtlinie gilt, dass allein der Account-Inhaber für seine rechtswidrig eingestellten Fotos haftet, sofern dem Netzwerkbetreiber nicht die Kenntnis einer Urheberrechtsverletzung nachzuweisen ist. Da die Geschäftsbedingungen (AGB) der Netzwerkbetreiber vorsehen, dass der Nutzer gegenüber dem Betreiber haftet, wenn der Nutzer unberechtigt Inhalte veröffentlicht, besteht die Gefahr, dass bei Streitigkeiten der in Anspruch genommene Netzwerkbetreiber auf den Nutzer zurückgreift.

6.2 Kein Medienprivileg für die Öffentlichkeitsarbeit

Im Abschn. 3.1 wurde dargelegt, dass Fotos, die identifizierbare Personen zeigen, den Regelungen der DSGVO unterliegen. Die §§ 12, 13 und 15 des Telemediengesetzes enthalten Regelungen zum Datenschutz zum Betrieb von Websites. Mit Geltung der DSGVO wird davon ausgegangen, dass die Regelungen des TMG keinen Bestand mehr haben.

[3] BGH, Urteil v. 27. Februar 2018, Az. VI ZR 489/16.

[4] Bei Redaktionsschluss dieses Kapitels am 1. März 2019 ergibt sich folgender Stand: Der Text der EU-Verhandlungsführer muss vom Europäischen Parlament und vom Rat bestätigt und im Amtsblatt veröffentlicht werden. Danach haben die Mitgliedsstaaten 24 Monate Zeit die Regelungen in nationales Recht umzusetzen.

Der Content einer Website, sofern es sich dabei um personenbezogene Daten handelt, beurteilt sich auf der Grundlage der DSGVO. Werden also Personenfotos auf der Website gezeigt, bedarf es dafür entweder einer Einwilligung, eines Model-Vertrags oder eines „berechtigten Interesses“ bzw. im Rahmen der Pressearbeit einer Behörde des „öffentlichen Interesses“.

Kein Medienprivileg für die Pressearbeit von Unternehmen, Vereinen und öffentlichen Stellen

Der Staatsvertrag für Rundfunk und Telemedien (RStV) sieht für die journalistische Verarbeitung personenbezogener Daten eine Lockerung von den datenschutzrechtlichen Pflichten vor. Gemäß § 57 RStV besteht für Unternehmen der Presse sowie für Nachrichtenagenturen eine Privilegierung, das Medienprivileg, bei der journalistischen Arbeit für redaktionelle Zwecke von den Vorgaben der DSGVO befreit zu sein. Für das Veröffentlichen von Personenfotos ist diese eine Erleichterung, da hier weiter auf der Rechtsgrundlage des Kunsturheberrechtsgesetzes (KUG) unter Befreiung der Informations- und Nachweispflichten der DSGVO gearbeitet werden darf.

Wer kann das Medienprivileg in Anspruch nehmen? Mit Blick auf die Pressefreiheit (Art. 5 Grundgesetz) und die Formulierungen der Landespressegesetzte sind nicht zwangsläufig nur Unternehmen der Presse von dem Medienprivileg erfasst, sondern auch freie Journalisten und u. U. auch Blogger, die periodisch über Themen berichten, an denen ein Interesse der Öffentlichkeit besteht.

Für die Abteilungen der Öffentlichkeitsarbeit und insbesondere für das Marketing von Unternehmen und Vereinen, die auf ihren Websites redaktionelle Beiträge veröffentlichen, wird sich ein Medienprivileg leider nicht begründen lassen. Unternehmen und Vereine können sich auf die Ausübung der Meinungsfreiheit berufen, jedoch ist diese nach aktueller Rechtslage gerade nicht von den Regelungen der DSGVO ausgenommen. Eine gesetzliche Regelung, die hier eine Lockerung von den Pflichten der DSGVO vorsieht, ist bisher nicht erfolgt (siehe Abschn. 3.1.6).

Für Behörden und öffentliche Stellen kommt ein Medienprivileg ebenfalls nicht in Betracht. Denn die öffentliche Hand ist nicht selber

Grundrechtsträger des Art. 5 GG und eine medienmäßige Berichterstattung ist diesen Einrichtungen nach dem Grundsatz der Staatsferne der Presse untersagt (siehe Abschn. 3.1.10).

Damit besteht nicht nur für die Arbeit mit Personenfotos, sondern für die gesamte personifizierte Öffentlichkeitsarbeit, der Erlaubnisvorbehalt der DSGVO.

6.3 Foto-Postings und soziale Netzwerke

Mit dem Hochladen von Fotos in soziale Netzwerke wie Twitter und Facebook ist nach den jeweiligen Allgemeinen Geschäftsbedingungen eine Rechteeinräumung zugunsten dieser Unternehmen verbunden. Das jeweilige Netzwerk erwirbt umfangreiche Nutzungsrechte an den hochgeladenen Fotos. Weiter haften Sie gegenüber dem Dienstbetreiber entsprechend seiner AGB auch dafür, dass die Bilder „frei von Rechten Dritter" sind. Damit ist gemeint, dass Sie selber berechtigt sein müssen, die Fotos dem Netzwerk zur Verfügung stellen zu dürfen. Sind Sie es nicht, kann sich der Netzwerkbetreiber an Sie halten, wenn der berechtigte Dritte das Netzwerk in Regress nimmt. Derartige Streitigkeiten könnten mit der Umsetzung der „Richtlinie über das Urheberrecht im digitalen Binnenmarkt" relevant werden (siehe Abschn. 6.1.2).

Die Abb. 6.1 zeigt den Weg der Rechteeinräumungen vom Urheber bis zu einer möglichen Unterlizenzierung von weiteren Unternehmen am Beispiel von Twitter.

Die AGB der meisten sozialen Netzwerke enthalten Klauseln, nach denen mit dem Hochladen von Fotos umfangreiche Nutzungsrechte eingeräumt werden. Die Reichweite der Rechteeinräumungen ist in den jeweiligen AGB einseitig durch die Unternehmen den Nutzern auferlegt. Zu trennen davon ist die Urheberschaft: Der Fotograf ist und bleibt mit der Erschaffung eines Fotos nach unserem Urheberrechtsgesetz (UrhG) der Urheber seines Werkes, ohne dass er oder jemand anderes das verhindern kann. Er bleibt auch dann der Urheber, wenn er sein Foto in ein soziales Netzwerk hochlädt.

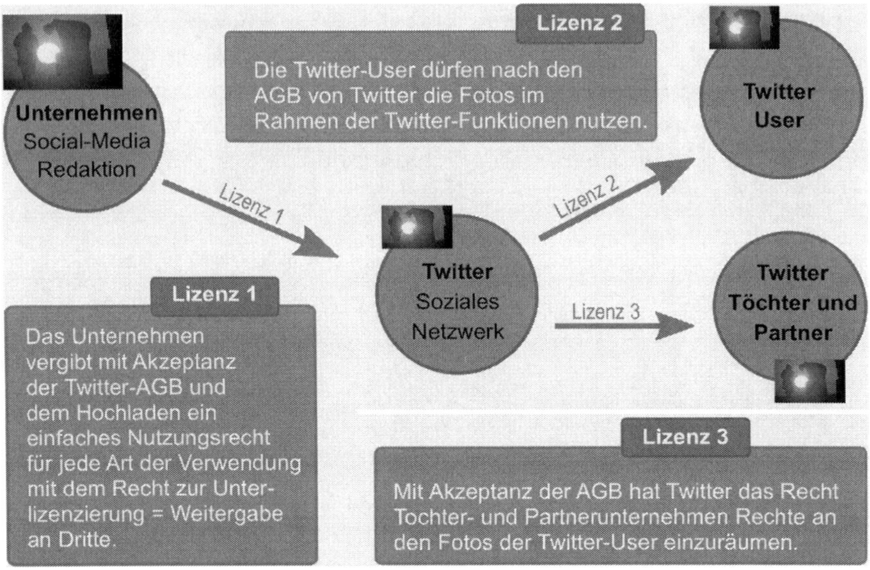

Abb. 6.1 Der Weg der Rechteeinräumungen vom Urheber über eine Fotoagentur bis zu einer möglichen Unterlizenzierung von weiteren Unternehmen durch Twitter

6.3.1 Vergabe der „nicht exklusiven" Nutzungsrechte an den Dienstbetreiber

Als ein Beispiel für die Rechteeinräumung durch das Hochladen von Fotos in soziale Netzwerke dienen hier stellvertretend die Nutzungsbedingungen von Twitter. Die Vergabe der Nutzungsrechte an Twitter wird durch diese Klausel der Nutzungsbedingungen festgelegt:

> „Durch Übermittlung, Veröffentlichung oder Anzeigen von Inhalten über die Dienste gewähren Sie uns eine weltweite, nicht exklusive, unentgeltliche Lizenz (mit dem Recht zur Unterlizenzierung), diese Inhalte in sämtlichen Medien und über sämtliche Verbreitungswege, die gegenwärtig bekannt sind oder in Zukunft bekannt sein werden, zu verwenden, zu vervielfältigen, zu reproduzieren, zu verarbeiten, anzupassen, abzuändern, zu veröffentlichen, zu übertragen, anzuzeigen und zu verbreiten."[5]

[5] AGB Twitter, Ziffer 3, https://twitter.com/de/tos. Zugegriffen am 15.02.2019.

Twitter sichert sich ausdrücklich die „nicht exklusive" Nutzung zu. Mit dem Einstellen räumen Sie Twitter damit ein sogenanntes einfaches Nutzungsrecht (§ 31 Abs. 2 UrhG) ein. Das bedeutet, Sie dürfen Ihr Foto auch weiter (neben Twitter) nutzen, auch wenn Twitter umfangreiche Nutzungsrechte an Ihrem Foto über die Akzeptanz der Nutzungsbedingungen und Ihren Upload erworben hat. Ähnliche Klauseln sind auch für andere Netzwerke keine Seltenheit. Das Überprüfen der AGB hilft Ihnen, Risiken zu erkennen.

Mit der Akzeptanz und dem Hochladen eines Bildes räumen Sie den Dienstbetreibern der meisten Netzwerke ein einfaches Nutzungsrecht ein.[6] Damit verbunden ist, dass Sie nach dem Hochladen Ihrer eigenen Bilder in ein Netzwerk Ihre Stellung als Inhaber ausschließlicher Nutzungsrechte zur Veröffentlichung des Bildes aufgegeben haben und bei Rechtsverletzungen entsprechend der AGB des Netzwerkbetreibers haftbar gemacht werden können.

6.3.2 Konsequenzen der Rechtevergabe durch Postings

Aufgabe der exklusiven Rechte

Mit dem Einstellen verlieren Sie Ihre exklusiven Nutzungsrechte. Zu beachten ist, dass Sie als Fotograf einer anderen Person damit jetzt keine „exklusiven" (ausschließlichen) Nutzungsrechte an dem getwitterten Foto mehr übertragen können. Jedenfalls so lange nicht, wie Twitter die „nicht exklusiven" Nutzungsrechte besitzt. Da sich die Netzwerke in der Regel nicht nur das Nutzungsrecht zur Wiedergabe der Fotos im Internet einräumen, sondern für jede Art der Nutzung, besteht somit für den Urheber nicht mehr die Möglichkeit, für sein Foto anderen Nutzern ausschließliche Nutzungsrechte einzuräumen.

[6] Häufig wird argumentiert, dass sich der Netzwerkbetreiber ein Nutzungsrecht an den Inhalten der Nutzer einräumen lassen muss, damit die Inhalte zwischen den Nutzern verbreitet werden können. Sehr wohl lässt sich auch ein Netzwerk zum „Liken, Teilen Kommentieren" betreiben, ohne dass sich der Dienstanbieter die Nutzungsrechte dafür einräumen muss. Insbesondere auch nicht noch mit dem Recht zur Unterlizenzierung von Tochterunternehmen und Partnern.

Haftung gegenüber Twitter
Twitter darf eingestellte Fotos auch an Tochterunternehmen und Partner zur Nutzung weitergeben. Da Sie Twitter zusichern, die Fotos seien frei von Rechten Dritter, sollen Sie nach den AGB auch für mögliche Schäden haften. Werden Ihre nicht rechtskonform eingestellten Fotos nun von Twitter an weitere Unternehmen vergeben, dehnt sich Ihre Haftung unter Umständen auch auf die Schäden aus, die Unternehmen gegenüber Twitter geltend machen, weil die von Twitter (weiter-)gelieferten Fotos nicht frei von Rechten Dritter waren.

6.3.3 Notwendigkeit des Lizenzerwerbs für soziale Netzwerke

Bei einer Veröffentlichung in sozialen Netzwerken handelt es sich nicht allein um die „Verwendungsart Internet". Bildnutzer sollten genau prüfen, ob ihnen das Hochladen in Netzwerke mit der erworbenen Lizenz gestattet ist. Wie zuvor beschrieben, übertragen Sie mit dem Posting Nutzungsrechte auf den Dienstbetreiber. In den Konstellationen, in denen Sie fremde Fotos (z. B. Agentur und freie Fotografen) nutzen, müssen Sie jedoch vom Urheber oder dem Inhaber der ausschließlichen Nutzungsrechte (z. B. einer Agentur) berechtigt sein, das Bild in dem jeweiligen Netz zeigen zu dürfen und dem Dienst selbst Nutzungsrechte einzuräumen.

Haben Sie nun Verbreitungsrechte, z. B. an einem Agenturbild, erworben, dann vergewissern Sie sich, dass die erworbene Lizenz Sie auch berechtigt, das Bild in soziale Netzwerke einzustellen. Das ist deshalb so wichtig, weil Sie das Bild ja nicht nur auf Twitter zeigen, sondern Twitter auch, wie beschrieben, umfangreiche Nutzungsrechte an dem Bild einräumen.

Hierzu bedarf es auch einer besonderen Nutzungsberechtigung. Sie benötigen also nicht nur die Erlaubnis, das Foto im Internet zeigen zu dürfen, sondern auch die Erlaubnis, Twitter eine sogenannte „Unterlizenz" an dem Foto einzuräumen. Andernfalls verletzen Sie die Rechte des Bildurhebers oder eines anderen Inhabers der ausschließlichen Nutzungsrechte an dem betreffenden Foto.

Wenn Sie Fotos posten, die Sie selbst fotografiert haben, müssen Sie Ihre Berechtigungen klären. Denn es kann sein, dass Ihr Arbeitgeber (als Inhaber der Nutzungsrechte an den von Ihnen erstellten Fotos) die Option der Vergabe der ausschließlichen Rechte behalten möchte.

Auch von Unternehmen beauftragte Fotografen sollten nicht einfach Fotos aus einer Auftragsproduktion in soziale Netzwerke ohne die Zustimmung des Auftraggebers veröffentlichen. Dieses geschieht öfter, wenn Fotografen über ihre Arbeit berichten und ein Bild aus der Auftragsproduktion als „Werkschau" stolz ihren Followern zeigen. Sind dem Auftraggeber die exklusiven Rechte zugesichert oder ist dem Auftraggeber ein sogenanntes Erstveröffentlichungsrecht bei Auftragserteilung eingeräumt worden und der Auftraggeber sieht „seine" Fotos im Netz, kann dieses für Ärger sorgen.

6.3.4 Checkliste soziale Medien

Die Abb. 6.2 zeigt Ihnen ein Schema zur Prüfung Ihrer Berechtigungen bei Veröffentlichungen in sozialen Netzwerken. Zu trennen ist zwischen Ihren urheberrechtlichen Nutzungsberechtigungen, ein fremdes Bild in sozialen Netzwerken veröffentlichen zu dürfen und Ihren Rechten, bestimmte Bildinhalte (Bildthemen) wiedergeben zu dürfen.

Erläuterungen zur Checkliste „Veröffentlichen in sozialen Netzwerken"
Haben Sie das Bild selbst erstellt? Mit der Beantwortung stellen Sie eine Weiche. Die Rechteprüfung zum Posten eigener Fotos (linke Spalte der Abb. 6.2 „Prüfungsschema") basiert nicht auf der Prüfung eines Lizenzerwerbes. Die Berechtigungen zum Posten von fremden Fotos sind wiederum von der Zustimmung zur Nutzung der Fotos in sozialen Netzwerken abhängig (rechte Spalte der Abbildung).

Wollen Sie dem Netzwerkbetreiber Nutzungsrechte einräumen? Auch wenn Sie das Foto selber angefertigt haben, ist zu bedenken, dass Sie mit dem Posten des Bildes den Netzwerkbetreibern in der Regel ein „einfaches Nutzungsrecht" einräumen (siehe Abschn. 4.1). Damit können Sie anderen Nutzern ein exklusives Nutzungsrecht nicht mehr einräumen. Natürlich können Sie das Foto in dem Netzwerk löschen. Dieses

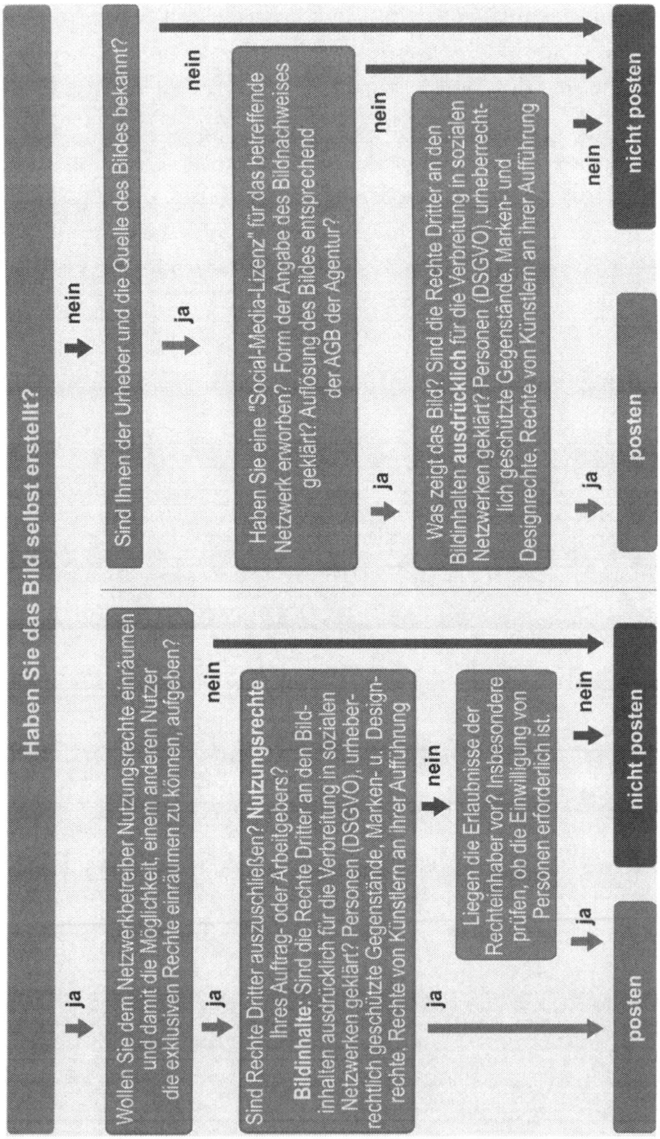

Abb. 6.2 Prüfungsschema für Foto-Postings in sozialen Netzwerken

gelingt aber meist nicht vollständig, so dass eine Weiterverbreitung in dem jeweiligen Netzwerk in der Regel nicht auszuschließen ist.

Sind Rechte Dritter auszuschließen? Auch hier geht es um die Prüfung, ob Sie dem Netzwerkbetreiber ein einfaches Nutzungsrecht einräumen dürfen. Diese ist nicht der Fall, wenn Ihr Auftraggeber oder Arbeitgeber (siehe Abschn. 4.2) die exklusiven Nutzungsrechte an Ihren Werken erworben hat. Sie benötigen in diesem Fall die Zustimmung des Inhabers der exklusiven Nutzungsrechte. Die weiteren Fragen der linken Spalte des Prüfungsschemas zielen auf die Bildinhalte ab: Fotos zeigen unter anderem Personen, urheberrechtlich geschützte Gegenstände, Marken und fremde Designs sowie Künstler bei der Aufführung ihrer Werke. Zu prüfen ist damit immer auch, ob Sie das Motiv in dem von Ihnen zugedachten Kontext in einem sozialen Netzwerk zeigen dürfen (siehe Abschn. 1.1 zur Prüfung der Motivwiedergabe und Abschn. 5.2 bis 5.8 zur Rechteklärung der Motivwiedergabe). Besondere Aufmerksamkeit verlangen Personenfotos, die Sie ohne Einwilligung oder Model-Vertrag auf der Rechtsgrundlage des Art. 6 Abs. 1 Buchst. f DSGVO oder als „öffentliche Stelle" auf der Rechtsgrundlage Art. 6 Abs. 1 Buchst. e DSGVO verbreiten (siehe Abschn. 3.1 zur Erlaubnis der Personenfotografie).

Sind Ihnen der Urheber und die Quelle des Bildes bekannt? Wenn Sie nicht wissen wer das Foto angefertigt hat und aus welcher Quelle es stammt, sollten Sie immer auf das Hochladen verzichten.

Haben Sie eine „Social Media Lizenz" für das betreffende Netzwerk erworben? Wenn es sich um ein Bild einer Fotoagentur handelt, vergewissern Sie sich, dass die Agentur Ihnen auch eine Lizenz zur Nutzung des Fotos in sozialen Medien erteilt hat (siehe Abschn. 4.3). Handelt es sich um ein Foto, dass Sie im Rahmen eines Fotoauftrags erworben haben, muss sich auch hier ergeben, dass Sie zur Vergabe einer Lizenz zu Gunsten eines Netzwerkes durch den Fotografen berechtigt sind (siehe Abschn. 4.1.2).

Form der Bildnachweise eingehalten? Fotoagenturen geben genau vor, wie Sie bei Nutzungen in Netzwerken die Quelle und den Urheber anzugeben haben. In den AGB einiger Agenturen wird bestimmt, dass der Bildnachweis auf der Pixelebene des Bildes zu erbringen ist.

Dürfen Sie die Bildinhalte (das eigentliche Motiv) posten? So wie auch in der linken Spalte bei Fotos aus eigener Produktion, ist zu prüfen, ob Sie berechtigt, sind abgebildete Personen, Marken, Künstler bei der Aufführung, urheberrechtlich geschützte Gegenstände und fremde Designs in dem von Ihnen geplanten Zusammenhängen in ein soziales Netzwerk posten zu dürfen. Sind Personen im Bild, benötigen Sie eine Rechtsgrundlage entsprechend Art. 6 Abs. 1 DSGVO zur Rechtfertigung der Verbreitung.

Ihr Transfer in die Praxis

Die Risiken des Kontrollverlustes über Ihre eigenen Fotos oder über Fotos aus eigener Produktion Ihrer Organisation können Sie in sozialen Medien wie auch sonst im Internet abmildern:

- Behalten Sie Ihre hochwertig gestalteten Fotos. Für soziale Netzwerke tut es auch meist als Teaser ein weniger individuelles Bild.
- Seien Sie besonders wachsam bei Personenfotos. Sie benötigen eine Rechtsgrundlage gemäß Art. 6 Abs. 1 DSGVO für die Verbreitung.
- Versehen Sie Fotos am unteren Bildrand dezent mit dem Namen Ihrer Organisation und dem Namen des Urhebers.
- Laden Sie immer nur eine Kopie des Fotos mit der gerade noch benötigten Auflösung in das betreffende Netz.

6.4 Linksetzungen und „Teilen"

Die zahlreichen technischen Interaktionsmöglichkeiten im Internet bewirken die Verbreitung von Inhalten auf unkomplizierte Weise und oft ohne das Zutun des „Einstellers". Ist das Bild einmal in das Netz entlassen, nimmt es einen Weg, den nicht mehr allein der ursprüngliche Nutzer beeinflussen kann. Auch das sogenannte Teilen über einen Share-Button in soziale Netzwerke stellt eine Verbreitung über Linksetzungen dar. Diese zentrale Funktion der Linksetzungen hat es jedoch unter urheberrechtlichen Gesichtspunkten in sich.

Mit den EuGH-Entscheidungen zur Linksetzung ist für die urheberrechtliche Haftung nicht mehr der Eindruck des „Zu-eigen-Machens" fremder Inhalte maßgeblich. Entscheidend ist, ob der ursprüngliche Inhalt von einem Berechtigten öffentlich zugänglich gemacht wurde.

Die Wiedergabe von legal veröffentlichten Beiträgen durch Linksetzungen stellt damit grundsätzlich keine neue Veröffentlichungshandlung dar und bedarf grundsätzlich nicht der Zustimmung der Rechteinhaber der durch Linksetzungen verbreiteten Inhalte.

Mit Linksetzungen auf fremde Inhalte können Sie dennoch (ungewollt) zur Verbreitung rechtswidriger Inhalte beitragen. Dieses kann dazu führen, dass Sie hierfür haften.

Diese Haftung kann urheberrechtlich begründet sein sowie auch im Zusammenhang mit den wiedergegebenen Bildinhalten stehen. So kann z. B. ein Foto, das Personen zeigt und weder mit der Einwilligung des Urhebers noch mit der der gezeigten Personen in das Netz hochgeladen wurde, bei einer Verlinkung auf dieses Bild zur Haftung des Linksetzenden führen.

Grundsätzlich gilt für jede Art der Linksetzung eine Pflicht zur Überprüfung der Rechtmäßigkeit der Inhalte, auf die der Link verweist. Diese Pflicht zur Prüfung ist verletzt, wenn der Linksetzende erkennen konnte, dass es sich um offensichtlich rechtswidrige Inhalte handelt.

6.4.1 Kleine Link-Kunde

- Hyperlinks sind elektronische Verknüpfungen zu elektronischen Dokumenten. Im World Wide Web sind diese Querverweise elementar für die Verbreitung von Informationen. Je nach Wiedergabefunktion werden Hyperlinks unterschiedlich benannt.
- Surface-Links verweisen auf die Eingangsseite (Startseite = Homepage) einer Internetpräsenz eines fremden Anbieters. Für den Besucher ist ersichtlich, dass er auf eine fremde Seite zugreift.
- Deep-Links sind Verknüpfungen zu einer Unterseite oder sogar zu einzelnen Dateien, z. B. ein Foto einer Internetpräsenz. Wird mit einem Deep-Link ein fremder Inhalt wiedergegeben, ist für den Besucher erkennbar, dass der Inhalt sich auf einer fremden Seite befindet.
- Inline-Links, auf fremde Inhalte gesetzt, zeigen diese ohne einen Adressenwechsel. Durch dieses Einbetten fremder Inhalte besteht der Eindruck, dass der fremde Inhalt auch beim Anbieter gespeichert ist und der Inhalt somit von ihm stammt.

- Framing, auch Enbedding genannt, basiert auf einem Inline-Link. Dieser ist so programmiert, dass der verlinkte Inhalt ohne Adressenwechsel in einem Rahmen auf der Seite der Linksetzenden erscheint. Der Ausdruck Framing stammt daher, dass die über eine Verknüpfung eingebetteten Inhalte in einem Rahmen (Frame) wiedergegeben werden.

6.4.2 Die Entscheidungen des EuGH zum Framing

Nach der Rechtsprechung des Europäischen Gerichtshofes (EuGH) wird urheberrechtlich nicht mehr unterschieden zwischen einem „einfachen" Hyperlink und dem Framing. Das vereinfacht den Informationsaustausch und entspricht auch der „Idee Internet".

Werke, die auf Websites frei zugänglich sind, haben in der Regel alle Internetnutzer als Publikum. Somit soll die Verlinkung auf diese Inhalte grundsätzlich auch keine erneute Veröffentlichungshandlung darstellen, über die der Rechteinhaber bestimmen kann. Dieses gilt selbst dann, wenn es so erscheint, als wären die fremden Inhalte Bestandteil der eigenen Website.

Dennoch ist dieses „Verlinkungsrecht" ohne Einwilligung des Urhebers auf gewerblichen (!) Websites zum Schutz der Interessen des Urhebers nicht schrankenlos. Denn, wenn der Linksetzende mit Gewinnerzielungsabsicht fremde Fotos wiedergibt, soll dem Urheber auch ein Recht auf Ausgleich zustehen, wenn die Fotos unberechtigt in das Internet gelangt sind.

Unter Teilen von Inhalten wird die Verbreitung über einen Share-Button verstanden. Mit ihm können Inhalte gezielt in die Timeline eines Account-Inhabers eines sozialen Netzwerkes verbreitet werden. Die Funktion kann mittels Share-Button in die Unternehmens-Website eingebunden werden und sie findet sich in sozialen Netzwerken als zentrale Funktion der User unter jedem Inhalt.

Für die urheberrechtliche Zulässigkeit der Linksetzung im Internetauftritt eines Unternehmens ohne Einwilligung der Berechtigten gelten folgende Kriterien (vgl. Abb. 6.3):

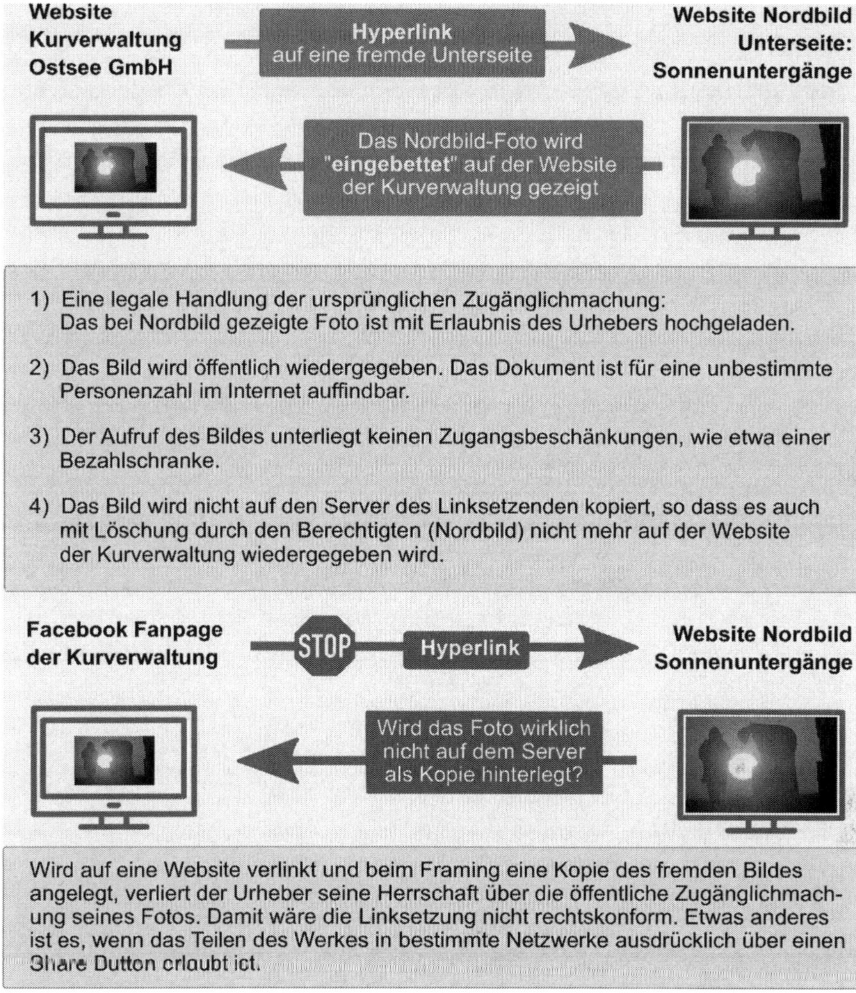

Abb. 6.3 Framing – Beispiel für erlaubte und nicht erlaubte Wiedergabe eines Bildes über Linkeinbettungen

- Der verlinkte Inhalt muss ursprünglich durch den Urheber selbst oder einen von ihm Berechtigten hochgeladen worden sein.
- Die zu verlinkenden Werke müssen im Internet durch die Rechteinhaber öffentlich wiedergegeben werden. Das ist der Fall, wenn die Werke für eine unbestimmte Zahl von Internetnutzern im Internet gefunden werden können.

- Die Verlinkung darf kein neues Publikum ansprechen, an welches der Urheber ursprünglich nicht gedacht hat. Wird eine Bezahlschranke mit der Verlinkung überwunden, so wäre mit der Wiedergabe der Inhalte ein neues Publikum angesprochen.
- Die Verlinkung darf nicht dazu führen, dass der Urheber seine Herrschaft über die öffentliche Zugänglichmachung verliert. Das bedeutet, er muss technisch in der Lage bleiben, den Inhalt zu löschen und damit auch die Wiedergabe seiner Inhalte aus den verknüpften Seiten zu entfernen.

Rechtsprechung des EuGH zur Linksetzung
„Die Einbettung eines auf einer Website öffentlich zugänglichen geschützten Werkes in eine andere Website mittels eines Links unter Verwendung der Framing-Technik, wie sie im Ausgangsverfahren in Frage steht, allein stellt keine öffentliche Wiedergabe im Sinne von Art. 3 Abs. 1 der Richtlinie 2001/29/EG des Europäischen Parlaments und des Rates vom 22. Mai 2001 zur Harmonisierung bestimmter Aspekte des Urheberrechts und der verwandten Schutzrechte in der Informationsgesellschaft dar, soweit das betreffende Werk weder für ein neues Publikum noch nach einem speziellen technischen Verfahren wiedergegeben wird, das sich von demjenigen der ursprünglichen Wiedergabe unterscheidet."[7]

„Im Übrigen kann, wenn Hyperlinks mit Gewinnerzielungsabsicht gesetzt werden, von demjenigen, der sie gesetzt hat, erwartet werden, dass er die erforderlichen Nachprüfungen vornimmt, um sich zu vergewissern, dass das betroffene Werk auf der Website, zu der die Hyperlinks führen, nicht unbefugt veröffentlicht wurde, sodass zu vermuten ist, dass ein solches Setzen von Hyperlinks in voller Kenntnis der Geschütztheit des Werks und der etwaig fehlenden Erlaubnis der Urheberrechtsinhaber zu seiner Veröffentlichung im Internet vorgenommen wurde. Unter solchen Umständen stellt daher, sofern diese widerlegliche Vermutung nicht entkräftet wird, die Handlung, die im Setzen eines Hyperlinks zu einem unbefugt im Internet veröffentlichten Werk besteht, eine ‚öffentliche Wiedergabe' im Sinne von Art. 3 Abs. 1 der Richtlinie 2001/29 dar."[8]

---

[7] EuGH, Beschluss v. 21. Oktober 2014, AZ. C-348/13.
[8] EuGH, Urteil v. 08. September 2016, AZ. C-160/15.

Grenzen des Framings

Auch bei der rechtlichen Beurteilung des Framings ist zwischen der urheberrechtlichen Befugnis der Wiedergabe eines fremden Werkes und der Berechtigung, den Bildinhalt zeigen zu dürfen, zu unterscheiden. Grundsätzlich können Linksetzungen auch die Persönlichkeitsrechte abgebildeter Personen verletzen. So kann dieses dann der Fall sein, wenn Fotos von einer privaten unbekannten Website durch Linksetzungen einem breiten Publikum zugänglich gemacht werden. Derartige Verbreitungshandlungen stellen eine „Verarbeitung personenbezogener Daten“ dar und diese bedürfen einer Erlaubnis gemäß Art. 6 DSGVO (siehe Abschn. 3.1.4). Auch ist es grundsätzlich möglich mit urheberrechtlich unproblematischen Verbreitungen gegen das Wettbewerbsecht zu verstoßen, wenn auf Grund des Umfanges des Framings der fälschliche Eindruck erweckt werde, dass zwischen dem „Betreiber der Internetseite der Kläger und dem Betreiber der Internetseite des Beklagten eine Zusammenarbeit bestehe.“[9] Denkbar ist es auch, dass „geframte“ Fotos, fremde Marken zeigen und diese in dem neuen Umfeld eine „markenmäßige Nutzung“ darstellen (siehe Abschn. 5.7) und damit die Gefahr einer Markenrechtsverletzung besteht.

Ihr Transfer in die Praxis

Das Teilen von fremden Fotos im Wege des Framings fremder Inhalte auf Ihre Webpräsenz erfordert nach den Entscheidungen des EuGH nicht zwingend die Einräumung von Nutzungsrechten. Jedoch bestehen Prüfungspflichten bezüglich der Rechtmäßigkeit der Wiedergabe des fremden Fotos in der ursprünglichen Quelle.

Es empfiehlt sich beim zukünftigen Lizenzerwerb der Fotos, die Sie auf Ihrer Unternehmens-Website einstellen und die Sie zum Teilen freigeben wollen, die Nutzungsberechtigungen hierfür ausdrücklich eingeräumt zu bekommen. Dieses kommt auch Ihren Nutzern zugute, die dann nicht in eine „Haftungsfalle“ geraten, wenn die Berechtigungen fehlen.

---

[9] LG Düsseldorf, Urteil v. 14. November 2018, Az. 12 O 69/18.

6.5 Rechtspflichten und Haftung bei Social-Media-Interaktionen

Bei der Einrichtung und Nutzung von Websites in sozialen Medien bestehen für Unternehmen, Vereine und öffentliche Einrichtungen die gleichen Rechtspflichten, wie sie auch bei dem Betrieb eigener Websites unter der Unternehmens-Domain bestehen. So haftet beispielsweise der jeweilige Account-Inhaber der Facebook-Seiten (Fanpages), der rechtswidrig Fotos einstellt.

Da der Inhaber einer Fanpage zwar haftet, aber aufgrund der vom Plattformbetreiber aufgestellten „Spielregeln" nur in engen Grenzen die Herrschaft über Datenerhebungen und Verbreitungswege von Inhalten behält, bestehen gegenüber Print- und Websiteveröffentlichungen erhöhte Sorgfaltspflichten für Unternehmen, Vereine und öffentliche Einrichtungen. So sind fotografierte Personen über die Risiken der Verbreitung ihrer Fotos in sozialen Netzwerken aufzuklären (siehe Abschn. 3.1.7) und Arbeitgeber haben Fürsorgepflichten gegenüber minderjährigen Auszubildenden einzuhalten, so dass Facebook-Postings durch Arbeitgeber nicht zu rechtfertigen sind (siehe Abschn. 3.1.12 „Einwilligungen unter Berücksichtigung der Fürsorgepflichten")

6.5.1 Soziale Medien und der Datenschutz

Rechtlich verantwortlich ist für den eingestellten personenbezogenen Content zunächst der Account- bzw. Fanpage-Inhaber. Werden Personenfotos gepostet, bedarf es dazu einer Rechtsgrundlage gemäß Art. 6 DSGVO (siehe Abschn. 3.1.6).

Zu trennen von Ihrer Verantwortung am Anfang einer Datenverarbeitungskette mit dem Posten eines Personenfotos sind die Datenverarbeitungen, die Facebook vornimmt. Auf Auswertungen Ihrer Inhalte auf Ihrer Fanpage, Besucherdaten und dem User-Verhalten auf Ihrer Fanpage haben Sie wenig Einfluss. Dennoch sind Sie hierfür (mit-) verantwortlich. Nach Auffassung der Datenschutzkonferenz (DSK), dem Gremium der unabhängigen deutschen Datenschutzaufsichtsbehörden des Bundes und der Länder, verstößt die Praxis der Datenerhebung auf Facebook-Seiten gegen das europäische Datenschutzrecht. Denn es werden personenbezogene Daten sowohl von Mitgliedern als auch von Nicht-Mitgliedern durch Facebook erhoben, sobald eine Fanpage besucht wird oder eine beliebige Website, die über Facebook-Verknüpfungen verfügt, besucht wird. Ob und inwieweit die inzwischen von Facebook vorgefertigten Verträge zur gemeinsamen Verantwortlichkeit (Art. 26 DSGVO) zwischen Facebook und den Fanpage-Inhabern rechtlich ausreichend sind, ist bisher ungeklärt. Davon unabhängig besteht weiter das Problem der weitgehenden Datenerhebungen von Nicht-Usern bei dem Besuch einer Website, die Informationen an Facebook übermittelt.

Bei der nunmehr durch den EuGH angenommenen gemeinsamen Verantwortung nach Art. 26 DSGVO von Facebook und dem Fanpage-Inhaber, ist Letzterer auch für die durch Facebook allein getätigten Datenverarbeitungen mitverantwortlich.[10]

In der Konsequenz sind die Unternehmen, Vereine und öffentlichen Einrichtungen damit für die umfangreichen Datenverarbeitungen durch Facebook datenschutzrechtlich (mit-) haftbar. Für die Veröffentlichungen von Personenfotos als „personenbezogene Daten“ bedeutet dieses, dass sowohl das Unternehmen wie auch Facebook für datenschutzrechtlich nicht legitimierte Nutzungen („Datenverarbeitungen“) auf Facebook haften. So ist die Gesichtserkennung mit einer aktivierten Voreinstellung sehr wahrscheinlich eine rechtswidrige Datenverarbeitung, wenn diese nicht durch eine vorherige Einwilligung der fotografierten Person legitimiert ist. Zurechenbar ist diese rechtswidrige Verarbeitung dann sowohl dem Fanpage-Betreiber wie auch Facebook als Provider.

Da der Fanpage-Inhaber nicht wissen kann, welche Datenverarbeitungen Facebook tatsächlich im Verborgenen vornimmt, er aber dennoch dafür mit Facebook gemeinsam Verantwortlicher sein soll, besteht für Unternehmen, Vereine und öffentliche Einrichtungen als Account-Inhaber einer Fanpage zur Zeit ein rechtlich schwer übersehbares Risiko bei dem Unterhalt einer Fanpage.

---

[10] „Der Betreiber einer Facebook-Fanpage ist *gemeinsam* mit Facebook für die Verarbeitung der personenbezogenen Daten der Besucher seiner Seite verantwortlich.“ EuGH, Urteil v. 05. Juni 2018, AZ. C-210/16.

6.5.2 Haftung bei Social-Media-Interaktionen

Für die selbst eingestellten Fotos haftet der jeweilige Inhaber einer Webpräsenz in einem sozialen Netzwerk. Mit der Nutzung der von sozialen Netzwerken bereitgestellten Kommunikationsmöglichkeiten sind jedoch auch Verbreitungen von Fotos verbunden, die nicht als eigene Inhalte in die Timeline eines Unternehmens hochgeladen wurden. Es stellt sich somit die Frage, ob und wann Unternehmen für rechtswidrige Inhalte haften, die von fremden Nutzern verbreitet werden und in der Timeline des Unternehmens wiedergegeben werden. Ebenso ist danach zu fragen, ob das Unternehmen haftet, wenn es mit fremden, rechtswidrig eingestellten Inhalten interagiert und so Fotos in der Wiedergabehäufigkeit „vermehrt". Denn im Ergebnis führen die Interaktionsformen „Abonnieren", „Teilen", „Liken" und „Kommentieren" zur „Vermehrung" fremder Inhalte durch Verlinkung. Dieses geschieht nicht allein innerhalb der Timelines der jeweiligen Plattform. Mit der Bereitstellung von Teilen-Funktionen in andere Netzwerke wird die Verbreitung rechtswidriger Fotos nicht auf ein einziges Netzwerk beschränkt bleiben.

Mit der EuGH-Rechtsprechung zum Framing sind für gewerbliche Account-Inhaber Prüfungspflichten bei ihren Wiedergabehandlungen durch Verlinkung auf fremde Fotos anzunehmen. Jedenfalls dann, wenn der Link kommerziellen Interessen des Linksetzenden dient.

Die Abbildung (Abb. 6.4) basiert auf den Interpretationen der Entscheidungen des EuGH zum Framing. Eine Rechtsprechung zu den verschiedenen Interaktionsformen und ihren zivilrechtlichen Folgen besteht bisher nicht. Wenn nach den Grundsätzen der Störer- und Verbreiterhaftung Handlungen und Verbreitungstechnik zu beurteilen sind, dann ist unübersehbar, dass jede (!) Interaktion mit einem zu Unrecht wiedergegebenen Bild die Störung zumindest aufrechterhält und sogar zur Verbreitung des Inhaltes über weitere Wiedergaben in den Timelines weiterer Account-Inhaber des sozialen Netzwerkes führt.

Abb. 6.4 Fotopostings des Unternehmens – Haftung in der Social-Media-Kommunikation

6.6 Schutzmöglichkeiten von Bildern

Ist ein Bild einmal in das Internet gelangt, ist es einer Vielzahl von Verbreitungs- und Wiedergabemöglichkeiten ausgesetzt. Bilder „vermehren" sich von ihrer ursprünglichen redaktionellen und technischen Quelle in manchmal neue und unerwünschte redaktionelle Zusammenhänge.

Wiedergabe der Mediendatei unterdrücken
Bildveröffentlichungen durch das Wiedergeben einer Datei, die Sie auf Ihren Webserver geladen haben, können in den „Content“ verlinkt sein. Wird das Bild angeklickt, erscheint es in voller hochgeladener Größe. Das ist nicht immer sinnvoll. Insbesondere dann nicht, wenn zu befürchten ist, dass Nutzer die rechte Maustaste verwenden („Grafik speichern unter“) und Ihre oder auch fremde Fotos von Ihrer Website in bester Qualität herunterladen können.

Es empfiehlt sich dringend, Verlinkungen auf die Mediendatei in Ihrem Content-Management-System zu unterbinden. Lesen Sie auch die AGB Ihrer Fotoagenturen, ob diese Verlinkung ausdrücklich zum Schutz vor unberechtigter Nutzung untersagt ist.

6.6.1 Wiedergabe durch Teilen von Inhalten Ihrer Website in soziale Netzwerke verhindern

Für Fotos auf Ihrer Organisations- oder Unternehmens-Website gilt: Wenn Sie sogenannte Sharing-Buttons anbringen, sollten Sie eine Social-Media-Lizenz für das betreffende Foto erwerben. Denn mit der Teilung in soziale Netzwerke ist in der Regel die Einräumung von Nutzungsrechten für das betreffende Netzwerk verbunden (siehe Abschn. 6.3.1). Genau für diesen Fall der Unterlizenzierung, ein Bild zur Nutzung an einen Dritten weiterzugeben, benötigen Sie die Berechtigung. Denn, mit dem Teilen „verlässt“ das fremde Foto Ihre Website und es wird im Rahmen einer neuen Lizenzerteilung in einem sozialen Netzwerk wiedergegeben.

Auch kann es bei fremden, wie auch bei eigenen Fotos sein, dass mit der Verbreitung über soziale Netzwerke, das „Recht am Bild“ abgebildeter Personen verletzt wird. Dieses ist dann der Fall, wenn die Einwilligung der Abgebildeten sich lediglich auf eine Veröffentlichung auf Ihrer Unternehmens-Website bezieht.

Es besteht jedoch die Möglichkeit, durch entsprechendes Programmieren das Teilen eines Beitrages ohne das wiedergegebene Foto zu ermöglichen. Der Beitrag wird durch einen Nutzer über den Share Button geteilt, aber es erscheint in der Wiedergabe des Beitrages in dem betreffenden sozialen Netzwerk ein anderes Bild, für das Sie eine Social-Media-Lizenz erworben haben.

6.6.2 Wiedergabe durch Suchmaschinen verhindern

Was dem einen recht ist, kann für den anderen unangenehme Folgen haben. Die einfachste Möglichkeit, persönliche Daten im Internet aufzufinden, ist die Nutzung von Suchmaschinen wie Google und Yahoo. Insbesondere die Wiedergabemöglichkeit von Personenfotos über Suchmaschinen erzeugt Vorbehalte zur Einwilligung in die Veröffentlichung von Personenfotos im Internet. Werden keine technischen Vorkehrungen gegen das Erfassen von Bildern auf Ihrer Website durch Webcrawler getroffen, werden auch einzelne Mediendateien Ihrer Internetpräsenzen durch Suchmaschinen indexiert und angezeigt. Treffen Sie also keine technischen Vorkehrungen, werden Ihre Inhalte bei Suchanfragen als Vorschaubild der Mediendatei im Inhalt der Suchanfrage angezeigt.

6.7 Rechtskonforme Bildnachweise erstellen

Eine oft zeitraubende Arbeit in der Redaktion ist das Recherchieren und Verfassen von korrekten Bildnachweisen. Hier sollten Sie ganz besonders gründlich arbeiten. Denn fehlerhafte oder unterlassene Bildnachweise sind einer der häufigsten Gründe für Abmahnungen. Die unterschiedlichen Wiedergabemöglichkeiten von Fotos im Internet machen es auch dem sorgfältigen Bildnutzer nicht einfach, seinen Verpflichtungen zur Angabe von Urheber und Bildquelle nachzukommen.

Ärger lässt sich in vielen Fällen vermeiden, wenn die Erbringung von Bildnachweisen zuvor mit dem Urheber abgesprochen ist. So kann die Vereinbarung über die Platzierung des Namens des Urhebers auch als Absprache in einen Fotoauftrag aufgenommen werden.

Bestandteile eines Bildnachweises

Ein Bildnachweis besteht in der Regel aus der Urhebernennung und der Angabe der Quelle. Beide Angaben können als gesetzliche Pflicht wie auch als vertragliche Pflicht bestehen. Bei Agenturfotos ist als Quelle die Agentur zu nennen. Zum Bildnachweis können je nach Lizenzvereinbarung auch zusätzliche Angaben, wie z. B. die Domain des Urhebers oder der Agentur gehören.

Bei den honorarfreien Fotos, die unter den Creativ Commons Lizenzen angeboten werden, ist Bedingung, dass im Bildnachweis enthalten sind: der Name des Werkes mit einem hinterlegten Link auf die Quelle des Bildes, der Name des Urhebers und die Bezeichnung der Lizenz mit einem Link auf den Lizenztext.

Pflicht zur Namensnennung des Urhebers

Wie bei kaum einer anderen Frage des Bildrechtes, schlagen die Emotionen der Fotografen hohe Wellen, wenn die Namensnennung unterbleibt oder nicht entsprechend der Vereinbarungen vorgenommen wurde. Dieses liegt auch daran, dass die Namensnennung eine nicht zu unterschätzende werbende Funktion für die Arbeit eines Berufsfotografen erfüllt.

Die Pflicht zur Urhebernennung für Lichtbildwerke folgt aus § 13 Urheberrechtsgesetz (UrhG). Gemäß § 72 Abs. 2 UrhG gilt die Pflicht zur Urhebernennung entsprechend für Lichtbilder.

Die Namensnennung ist ein elementares Urheberpersönlichkeitsrecht des Fotografen. Das Gesetz verschafft dem Fotografen ein vorbehaltloses Recht auf die Nennung seines Namens. Das Urheberpersönlichkeitsrecht des § 13 UrhG auf Anerkennung der Urheberschaft gibt dem Fotografen das Recht zu bestimmen, ob und in welcher Art (Künstlername, Pseudonym) sein Name genannt wird.

Die Namensnennung des Urhebers ist stets erforderlich. Außer bei einem vertraglichen Verzicht des Urhebers auf die Ausübung seiner Rechte aus § 13 UrhG, so z. B. wenn der Fotograf seine Namensnennung nicht wünscht.

Auch wenn Sie es häufig sehen können, dass der Fotograf eines Werbefotos nicht genannt ist, ist daraus nicht zu schließen, dass dieses nicht notwendig ist. Vielmehr ist häufig zwischen Fotografen und Auftraggebern bei Werbefotos vereinbart, dass keine Namensnennung erfolgt.[11]

Ist zwischen Nutzer und Fotografen keine Regelung vereinbart, müssen Sie die Namensnennung nahe am Bild platzieren. Das trifft für jede Art der Bildwiedergabe – auch für Vorschaubilder im Internet – zu.

Werden Namen der Urheber genannt, werden damit auch personenbezogene Daten im Sinne der DSGVO verarbeitet. Wie immer, bedarf es

[11] AG München, Urteil v. 24. Juni 2015, Az. 142 C 11428/15.

dafür einer Rechtsgrundlage entsprechend des Art. 6 DSGVO. Diese besteht nach Art. 6 Abs. 1 Buchst. c DSGVO auch dann, wenn die „Verarbeitung zur Erfüllung einer rechtlichen Verpflichtung" erforderlich ist, der der Verantwortliche unterliegt. Die Anerkennung der Urheberschaft gemäß § 13 UrhG ist eine „Rechtspflicht" im Sinne der DSGVO.

Namensnennung des Urhebers bei Agenturfotos

Grundsätzlich kann der Fotograf aus seinem Urheberpersönlichkeitsrecht direkt gegen den Nutzer vorgehen, wenn die gesetzlichen Regelungen nicht eingehalten werden.

Die Lizenzen und AGB der Stockagenturen enthalten meist „mildere" Regelungen zur Namensnennung des Fotografen. Welche Regeln gelten nun, wenn Ihr Vertragspartner eine Agentur ist und eigene Regeln zur Namensnennung des Urhebers aufstellt?

In der Praxis läuft es so ab: Der Fotograf hat einen Vertrag mit der Fotoagentur geschlossen. Diese darf Dritten Nutzungsrechte an den Fotos des Fotografen einräumen. Dafür wird der Fotograf an dem wirtschaftlichen Erfolg beteiligt. Zu den Lizenz-Angeboten der Agentur gehört nun, dass z. B. bei werblichen Nutzungen der Fotograf nicht angegeben werden muss und ansonsten der Bildnachweis im Impressum des Nutzers ausreichend ist. Beide Regelungen entsprechen nicht den Anforderungen der gesetzlich bestimmten Anerkennung der Urheberschaft. Nun ist ja aber gerade der „laxe" Umgang mit der Namensnennung als Lizenzrecht zum Geschäftsmodell geworden. Der Vertrag zwischen Agentur und dem Fotografen sieht dann meist vor, dass der Fotograf der Agentur versichert, er werde nicht aus seinem Urheberpersönlichkeitsrecht bei unterlassenen oder unzureichenden Angaben vorgehen. Wie die Vergangenheit gezeigt hat, kann sich der Nutzer nicht darauf verlassen. Im besten Fall übernimmt dann die Agentur den durch die Abmahnung entstandenen Schaden des Bildnutzers, der ja auf die Lizenzbedingungen der Agentur vertraut hat.

Namensnennung bei Lichtbildern

Nach § 72 Abs. 1 UrhG gilt die Pflicht zur Nennung des Urhebers auch für den Lichtbildner. Unter Lichtbildern sind Fotos zu verstehen, die keine persönliche Note aufweisen. Berühmt sind die Fotos von

Sehenswürdigkeiten, die von einer Bodenmarkierung aus, von allen Teilnehmern einer Reisegesellschaft aufgenommen werden.

Auch Reproduktionen eines Gemäldes können nach neuerer Rechtsprechung Lichtbilder sein, wenn sie technisch einen gewissen Aufwand (z. B. spiegelfreie Ausleuchtung) aufweisen. Diese Reproduktionen bedürfen daher der Nennung des „Reprografen".

Beispiel Maklerkatalog: Die häufig rein dokumentarischen Abbildungen von Gebäuden bedürfen der Namensnennung insbesondere dann, wenn sie von einem beauftragten Berufsfotografen hergestellt wurden. Denn für den Fotografen hat die Namensnennung auch an Lichtbildern hier eine Werbefunktion. Anders ist es, wenn der Fotograf auf die Namensnennung verzichtet.

Pflicht zur Namensnennung der Bildquelle

Die Namensnennung der Quelle ist in den Fällen des § 63 UrhG eine gesetzliche Pflicht. Wird beispielsweise ein Foto aus einem Bildband als Bildzitat wiedergegeben, so ist dieses ein Fall zur gesetzlichen Pflicht der Quellenangabe. Der Verlag hat einen Anspruch auf Nennung.

Die Nennung der Quelle wird vertraglich häufig auch über die AGB oder in individueller Absprache bestimmt. So ist es Bestandteil des Lizenzvertrags mit Bildagenturen, dass diese auch als Bildquelle genannt werden.

Ein wenig versteckt, daher oft übersehen, findet sich eine gesetzliche Pflicht zur Quellenangabe eines Bildinhaltes bei der Abbildung fremder geschützter Designs (§ 40 Nr. 3 DesignG). Werden geschützte Produkte beispielsweise zur Besprechung im Bild vorgestellt, gehört zum Bildnachweis die Nennung des Inhabers (meist das Herstellerunternehmen) des geschützten Designs.

Bildnachweise bei Creativ Commons Lizenzen

Werden die Bildnachweise nicht entsprechend der Lizenzbedingungen erbracht, erlischt die Lizenz. Die Bildnutzung wäre dann rechtswidrig. Die Vergangenheit hat gezeigt, dass Fotografen, die ihre Fotos unter Creativ Commons Lizenzen zur honorarfreien Nutzung anbieten, bei fehlerhaften Urhebernachweisen Mahnverfahren einleiten.

Bildnachweis „Foto: privat“

Nicht selten wird der Bildnachweis „Foto: privat“ für Fotografien gewählt. Dabei handelt es sich meist um Fotos, die der Redaktion aus dem privaten Fundus einer Person zur honorarfreien Veröffentlichung zur Verfügung gestellt werden. Ist diese Person der Urheber des Fotos und auch damit einverstanden, dass seine Bildautorenschaft nicht kenntlich gemacht wird, ist gegen diese Praxis nichts einzuwenden.

Problematisch kann es jedoch dann werden, wenn das weitergegebene Foto von einer anderen, fremden Person fotografiert wurde.

Ein nicht seltenes Beispiel aus der täglichen Arbeit

Ein Gastautor wird von der Redaktion einer Zeitung um ein Autorenfoto gebeten. Er übermittelt sein Porträtfoto, das vom Inhaber eines Fotostudios vor einiger Zeit als Bewerbungsfoto aufgenommen wurde. Hat der Fotograf dem Gastautor nicht die Weitergabe zur Veröffentlichung des Bewerbungsfotos als Autorenbild unter Verzicht seiner Namensnennung ausdrücklich erlaubt, ist die Nutzung des Bildes durch die Zeitung rechtswidrig. Der Inhaber des Fotostudios kann von der Zeitung Schadensersatz wegen der unerlaubten Bildnutzung und der fehlenden Nennung seines Namens verlangen. Bei Berufsfotografen ist der unterbliebene Bildnachweis keine Lappalie. Denn die Namensnennung erfüllt eine für die Arbeit des Fotografen werbende Funktion.

Mit dem Bildnachweis „Foto: privat“ kommen Redaktionen also häufig nicht ihrer Pflicht zur Nennung des Urhebers nach.

Bildnachweise im Impressum

Eine Pflicht zur Angabe von Bildnachweisen nach dem Telemediengesetz im Impressum besteht nicht. Weder für eigene Fotos noch für fremde Werke. Die Urheber- und Quellenangaben sind nicht Pflichtbestandteile eines Impressums.

Eine vertragliche Pflicht zur Angabe von Bildnachweisen im Impressum einer Website kann natürlich dann bestehen, wenn dieses so mit der Agentur vereinbart ist. Aber Vorsicht: Der Urheber hat ein Recht darauf, dass sein Name so am Werk platziert ist, dass es der Wiedergabe zuordenbar ist. Kann der Betrachter den Bildnachweis nur mit Mühe über das Aufrufen des Impressums erkennen, ist es zweifelhaft, ob der Nachweis der Urheberschaft den gesetzlichen Anforderungen (§ 13 UrhG) entspricht.

Ihr Transfer in die Praxis

Vor der Veröffentlichung von Fotos aus den privaten Bildbeständen sollte durch die Redaktion geklärt werden:

- Wer hat das Foto tatsächlich aufgenommen?
- Ist der Urheber mit der Veröffentlichung einverstanden?
- Wenn ja, zu welchem Honorar?
- Verzichtet der Urheber auf Namensnennung oder wünscht er sogar keine Namensnennung? (Auch Letzteres kommt vor.)

6.8 Praktische Lösungen der Platzierung von Bildnachweisen

Dieses Kapitel zeigt Ihnen Möglichkeiten, wie Sie Ihrer gesetzlichen Pflicht zur „Anerkennung der Urheberschaft" nach § 13 Urheberechtsgesetz (UrhG) bei Internetverwendungen von Fotografien und Grafiken technisch nachkommen können.

Es geht dabei zunächst um die Urhebernennung direkt an der Abbildung für die Fälle, in denen der Urheber oder die Bildagentur dieses so bestimmen. Wurde keine Absprache über die Platzierung des Nachweises getroffen, ist die Nennung des Namens nahe an dem wiedergegebenen Bild die rechtlich sicherste Form der gesetzlichen Namensnennungspflicht nach § 13 UrhG nachzukommen.

Die Nennung des Urhebers bei der Wiedergabe digitaler Bilder ist nicht immer einfach

- Die Nennung des Urhebers ist grundsätzlich bei jeder Verwendung eines Fotos im Internet erforderlich.
- Ist zwischen dem Urheber und dem Bildnutzer keine Regelung zur Platzierung der Namensnennung getroffen, ist die Urhebernennung so vorzunehmen, dass Foto und Urheber eindeutig zuordbar sind. Die sicherste Art hierfür ist die Namensnennung direkt am Bild.

Auf Websites und in sozialen Medien werden Fotos wiedergegeben

- im Fließtext einer Website
- bei dem Aufruf von Fotos über Verlinkungen in den gespeicherten Inhalt
- bei der Nutzung als Vorschaubild
- und bei der Nutzung als Header-Foto einer Website

6.8.1 Urhebernachweise bei Fotografien im Fließtext der Website

Die Anzeige des Urhebernamens in der Bildunterschrift ist einfach und schnell mit dem Content-Management-System (CMS) in der Bildunterschrift zu verwirklichen. Darf das Foto geteilt werden, ist darauf zu achten, dass der Name am geteilten Bild im neuen Wiedergabemedium erhalten bleibt. Das ist technisch nicht immer möglich. Hier ist die im Abschn. 6.8.7 dargestellte Bearbeitung der Datei (siehe nachfolgend) die sicherste Lösung.

6.8.2 Urhebernachweise bei in das CMS verlinkten Fotografien

Auch die Wiedergabe der abrufbaren einzelnen Mediendatei kann eine Darstellung eines Werkes sein, welche der Nennung des Urhebers bedarf. Eine Möglichkeit zur Platzierung der Urhebernennung ist die Verwendung eines sogenannten Caption Containers zur Erstellung der Bildunterschrift im Ihrem Content-Management-System. Die Namensnennung des Urhebers erfolgt auch hier in der Bildunterschrift. Sie wird sowohl am Bild im Fließtext des Artikels gezeigt, wie auch bei Zugriff auf die Mediendatei durch Anklicken des Bildes.

Die Abb. 6.5 zeigt die Optik bei der Verwendung eines transparenten „Caption Containers". Dieser kann so programmiert werden, dass die Bildunterschrift mit Namensnennung auch außerhalb des Motives angezeigt wird.

Abb. 6.5 Nennung des Urhebers über den „Caption Container" im CMS managen

Wollen Sie verhindern, dass sich Bild und Urhebernachweis bei der Nutzung der rechten Maustaste voneinander lösen, kann dieses durch die Nennung des Urhebers in der Pixelebene der Bilddatei („grafische Metadaten") erreicht werden (siehe nachfolgend Abschn. 6.8.7).

6.8.3 Urhebernachweise durch Verlinkungen in ein Verzeichnis

Eine nicht ganz rechtssichere Praxis, aber meist akzeptiert, besteht in der Möglichkeit über oder unter einem Foto eine Verknüpfung mit dem Text „Bildnachweis" zu setzen. Wird der Link angeklickt, führt er auf eine Unterseite der Website mit einem Verzeichnis der Bildnachweise. Die Unterseite informiert dann neben dem Thumbnail des Fotos über die Urheberschaft und Quelle des Fotos.

6.8.4 Urhebernachweise bei Vorschaubildern – Transparentes GIF

Das Dateiformat GIF eignet sich gut für Vorschaubilder. Der Name des Urhebers kann in einer dem Bild zugefügten transparenten Ebene entsprechend sechs Punkt und dabei scharf wiedergegeben werden. Aufgrund der reduzierten Farbwiedergabe eignet sich das GIF jedoch nicht für großformatige Bildschirmwiedergaben. Denkbar ist auch das gleiche Verfahren im PSD-Format. Dieses Format würde jedoch, mehrfach auf einer Internetseite verwendet, zu langsamen Ladezeiten führen.

Die Namensnennung des Urhebers kann bei Vorschaubildern in einer transparenten und dem unteren Bildrand zugefügten Ebene erfolgen. Die Abb. 6.6 zeigt die Bearbeitung mit Photoshop.

Abb. 6.6 Namensnennung des Urhebers in der Bearbeitung mit Photoshop

6.8.5 Urhebernachweise bei Vorschaubildern – Mouseover

Vorschaubilder sind die kleinen Fotos in Beitragsanrissen auf der Startseite oder in der Timeline eines Accounts der sozialen Medien. Auch hier ist die Urhebernennung erforderlich. Es sei denn, mit dem Urheber ist vereinbart, dass er auf die Namensnennung verzichtet.

Da die Namensnennung bei den Mini-Fotos ausgesprochen schwer ist und grafisch unschön wirkt, ist häufig zu sehen, dass der Name durch „Mouseover" angezeigt wird. Hierbei wird die Maus über das Bild bewegt. Es erscheint dann ein kleines Kästchen mit Angaben zur Urheberschaft und Quelle.

Zweifelhaft ist, ob diese technische Art der Namensnennung rechtlich ausreichend ist. Die Nachweise zur Urheberschaft sind bei Smartphones so ausgeschlossen. Weiter ist es auch problematisch, wenn der Name des Urhebers nur über Zwischenschritte dem Betrachter des Bildes zugänglich wird.

Ein Mouseover (vgl. Abb. 6.7) kann den Namen des Urhebers anzeigen. Diese Praxis ist bei Vorschaubildern häufig zu sehen. Ausreichend für eine rechtskonforme Urhebernennung ist diese Art der Platzierung nicht, wenn sie nicht ausdrücklich vereinbart wurde.

Abb. 6.7 Mit Mouseover den Namen des Urhebers anzeigen ist nicht mehr ausreichend. Denn bei der Nutzung eines Smartphones scheidet diese Art der Anzeige von Bildnachweisen aus

6.8.6 Urhebernachweise bei Fotografien im Header der Website

Bei Fotografien, die im sogenannten Header, der Kopfzeile einer Website, Verwendung finden, sind grafisch zufriedenstellende Lösungen zur Namensnennung des Urhebers schwer möglich.

Die Namensnennung des Urhebers am Werk unterhalb und außerhalb der Kopfgrafik ist grafisch unschön. Eine Lösung kann die Platzierung des Namens im Motiv (vgl. Abb. 6.8) selbst sein. Dieses ist jedoch nur dann rechtmäßig, wenn dem Verwender ein Bildbearbeitungsrecht zur Veränderung der Bildinhalte eingeräumt wurde.

6.8.7 Urhebernachweise in sozialen Medien

Die Wiedergabe des Urhebernamens und der Quelle in einer Pixelebene des Fotos am Motivrand wird bei sogenannten „Social Media Lizenzen" der Fotoagenturen (z. B. Adobe Stock) zu einer Nutzungsbedingung. Aber auch Ihre eigenen Bilder können Sie so vor Missbrauch und „Verwaisung" schützen. Natürlich kann unerlaubt der Urhebernachweis aus dem Foto durch Ausschnitt entfernt werden. Dennoch stellt die vorsätzliche und manuelle Entfernung des Urhebernachweises eine Hemmschwelle dar.

Namensnennungen zur Urheberschaft können natürlich auch im Text des Postings vorgenommen werden. Diese Lösung hat aber, nicht nur wegen

Abb. 6.8 Platzierung des Namens des Urhebers im Motiv

der Zeichenbegrenzung auf Twitter, erhebliche Nachteile. Da soziale Netzwerke Metadaten zur Urheberschaft aus der Bilddatei entfernen, ist es sinnvoll, Bildnachweise in der Pixelebene des Bildes anzulegen. Damit bleibt eine Zuordnung der Urheberschaft (z. B. auf Twitter) auch dann erhalten, wenn die Bilddatei von Nutzern über die rechte Maustaste „Grafik anzeigen" wiedergegeben und über „Grafik speichern" heruntergeladen wird.

Die Namensnennung wird mit einem Bildbearbeitungsprogramm unter dem Motiv auf einer „angestückten" Ebene vorgenommen. Wird die hochgeladene Datei auf Twitter angeklickt, bleibt der Nachweis der Urheberschaft unter dem Foto als Bestandteil der Bilddatei sichtbar (vgl. Abb. 6.9). Es handelt sich dann um „grafische Foto-Metadaten" zur Urheberschaft.

Mit Bildbearbeitungsprogrammen kann das Foto mit einem weißen (unteren) Rand als Bestandteil der Datei ergänzt werden. Der Name des Urhebers kann auf dieser Fläche als Pixelebene mit dem Textwerkzeug des Bildbearbeitungsprogramms eingefügt werden. Dieser Vorgang kann auch mit Bildmanagement-Systemen automatisiert werden.

Ihr Transfer in die Praxis

Die dargestellten Methoden zur Nennung des Urhebers bei der Verwendung digitaler Fotos und Grafiken haben sowohl rechtliche wie auch grafische Vor- und Nachteile.

Die sicherste Art der Namensnennung am Werk ist die Platzierung unter dem Motiv in einer „angestückten" Bildebene. Die Datei kann sich so nicht durch das Teilen in soziale Netzwerke und die verschiedenen Möglichkeiten des Abrufes von der Namensnennung lösen.

Abb. 6.9 Urhebernennung bei Twitter

6.9 Fotos zur Veröffentlichung an Multiplikatoren weitergeben

Die Weitergabe von Fotos zur Veröffentlichung an Zeitungen, Fachzeitschriften, Nachrichtenportale, Fernsehsender und Nachrichtenagenturen ist ein Bestandteil jeder Öffentlichkeitsarbeit. Auch hierbei ist wieder in zwei Richtungen zu denken: Darf ich das fremde Werk anderen Personen zur Veröffentlichung zur Verfügung stellen und darf ich andere Personen berechtigen die Bildinhalte (Motive) zu zeigen?

Für diese sogenannten „Hand-out-Fotos" benötigen Sie stets ein Recht zur Unterlizenzierung Ihrer Multiplikatoren.

Ein Recht zur Unterlizenzierung kann bestehen, wenn

- es sich um Fotos handelt, die Arbeitnehmer Ihres Unternehmens in Erfüllung arbeitsrechtlicher oder dienstrechtlicher Pflichten erstellt haben,

- die ausschließlichen Nutzungsrechte erworben wurden und der Urheber zustimmt,
- die Unterlizenzierung von Multiplikatoren mit dem Fotografen oder der Fotoagentur vertraglich vereinbart wurde.

6.9.1 Bilddownload-Service für die Presse

Bilder zum Download durch Multiplikatoren anzubieten ist ein Service, der zum professionellen Standard der Öffentlichkeitsarbeit von Unternehmen und öffentlichen Stellen gehört. Die Vorteile eines Download-Services von Pressebildern betreffen sowohl die Bildsuchenden als auch die Pressestellen: Fotos, Grafiken und Videos sind unbürokratisch und rund um die Uhr verfügbar. Der „Kunde" spart Zeit und Sie müssen nicht jede Anfrage einzeln per Mail oder Telefonat beantworten. Wenn Sie einen Downloadbereich für externe Nutzer eines Online-Archivs einrichten wollen oder schon eingerichtet haben, sollten Sie einige rechtliche Aspekte regeln.

Zu regelnde Rechte und Pflichten des Bildanbieters
Folgende Rechtssphären beteiligter Personen sollten Sie berücksichtigen, wenn Sie für die Öffentlichkeitsarbeit ein Online-Pressebildarchiv einrichten wollen oder betreiben:

- Rechte der Fotografen und Grafiker als Urheber sowie die Rechte der Fotoagentur als Ihr Vertragspartner
- Rechte, den Bildinhalt zeigen zu dürfen: Persönlichkeitsrechte fotografierter Personen (DSGVO), Marken- und Designrechte, Urheber- und Leistungsschutzrechte

Abb. 6.10 zeigt Ihnen in der Übersicht, welche Rechte und Pflichten Sie bei der Unterhaltung eines Online-Archivs für Downloads durch die Presse regeln müssen.

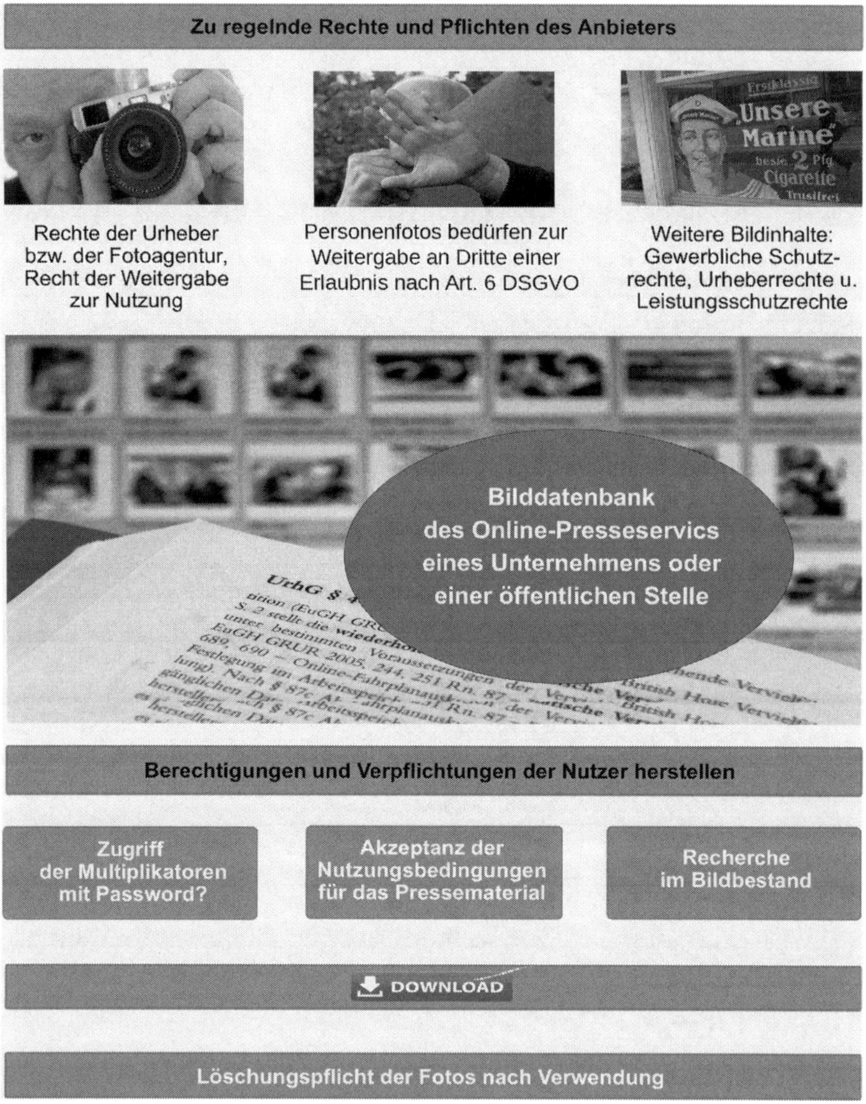

Abb. 6.10 Zu regelnde Rechte und Pflichten des Anbieters eines Online-Archives

6.9.2 Berechtigung Dritter fremde Fotos nutzen zu dürfen

Voraussetzung für Ihren Bilddownload-Service ist, dass Fotografen, Grafiker und Video-Produzenten Ihnen Nutzungsrechte einräumen. Dazu gehört zunächst das Recht, die Fotos, Grafiken oder Videos in Ihrem Online-Archiv bereitzustellen und diese damit im Internet öffentlich zugänglich machen zu dürfen. Die Besonderheit bei Bildern im Presse-Service einer Organisation: Sie benötigen bei fremden Werken das Recht, diese an dritte Personen, also hier an Ihre Multiplikatoren, im Rahmen Ihrer Pressearbeit zur Nutzung weitergeben zu dürfen. Sie müssen also vom Urheber oder über die Bildagentur das Recht zur „Unterlizenzierung" eingeräumt bekommen.

Wird ein „einfaches Nutzungsrecht" von einem Fotografen oder über eine Fotoagentur erworben, ist das Recht zur Unterlizenzierung ausdrücklich zu regeln. Denn anders als bei einem ausschließlichen Nutzungsrecht besteht hier nicht die gesetzliche Möglichkeit, Dritten Nutzungsrechte am Lizenzgegenstand einzuräumen.

6.9.3 Berechtigung Dritter zur Wiedergabe der Bildinhalte

Zu trennen von Ihrer urheberrechtlichen Berechtigung, ein fremdes Bild in Ihrem Online-Archiv zeigen zu dürfen und es zur Veröffentlichung weitergeben zu dürfen, ist Ihre Berechtigung, bestimmte Bildinhalte zu veröffentlichen und zur Veröffentlichung durch Dritte weiterzugeben.

Persönlichkeitsrechte fotografierter Personen

Zeigen Ihre Fotos oder Videos identifizierbare Personen, sind deren Persönlichkeitsrechte zu wahren. Sie benötigen eine Rechtsgrundlage gemäß Art. 6 DSGVO zur Veröffentlichung des Fotos in Ihrem Online-Archiv. Darüber hinaus benötigen Sie die Berechtigung der gezeigten Personen, ihre Fotos an Ihre Multiplikatoren zur Veröffentlichung zur Verfügung zu stellen (ausführlich siehe Abschn. 3.1.7).

Dem Einwilligenden muss der Anlass der möglichen Veröffentlichungen und der Kreis der möglichen Multiplikatoren zur Kenntnis gebracht werden.

Beispiel für eine Konkretisierung Veröffentlichungsmedien: „Fachzeitschriften, Zeitungsverlage inklusive der Online-Ausgaben sowie in den sozialen Netzwerken Twitter und Facebook."

Marken- und Designrechte

Im gewerblichen Bereich ist zu beachten, dass mit der Darstellung fremder Produkte, Firmennamen und Firmenlogos schnell gewerbliche Schutzrechte verletzt werden können. Sind Logos, Firmennamen und im Design geschützte Gegenstände im Bild, ist Vorsicht ratsam.

Erscheinen die genannten Elemente in Ihren Fotos, darf auf keinen Fall der fälschliche Eindruck entstehen, Ihr Unternehmen hätte mit den fremden Zeichen, Namen und Produkten etwas zu tun. Eine Ausnahme von diesem Grundsatz besteht allein für Produktdarstellungen, deren Funktion ohne das Zeigen des fremden Produktes nicht zu vermitteln ist.

Insbesondere darf Ihr Unternehmen nicht von der Darstellung der genannten Themen profitieren (Image) oder diese Themen in einem für die Rechteinhaber schädlichen Zusammenhang zeigen.

Urheber- und Leistungsschutzrechte

Vorsicht ist auch bei der Abbildung urheberrechtlich geschützter Gegenstände geboten.

Gerne werden sogenannte Symbolfotos mit Gegenständen angefertigt. Bietet beispielsweise ein Unternehmen Fotos mit urheberrechtlich geschützten Figuren zur Symbolisierung eines Sachverhaltes an, ist das, sofern nicht eine Zustimmung vorliegt, ein Verstoß gegen die Rechte des Herstellers als Inhaber der ausschließlichen Nutzungsrechte.

Ein häufiger Fall eines zu beachtenden Leistungsschutzrechtes ist das der Künstler an ihrer Aufführung, § 77 UrhG. Für die Abbildung (Foto und Film) sowie auch die Audiowiedergabe einer Darbietung bedarf es der Zustimmung der Künstler. Dieses wird häufig bei der Verwertung von Handout-Fotos eines Events, bei dem die Künstler beispielsweise im Rahmenprogramm aufgetreten sind, übersehen.

Berechtigungen und Verpflichtungen der Nutzer herstellen

Handout-Bilder sind kein „Freiwild". Zum Schutz Ihrer Bildlieferanten und zum Schutz Ihrer Organisation ist es angebracht, Ihren Pressebildbestand in einem geschützten Bereich und nur mit Nutzungsbedingungen vorzuhalten und herauszugeben.

Auf der anderen Seite sollten Zugangsbeschränkungen und Nutzerbedingungen sich nicht bürokratisch und hürdenreich gestalten. Denn Sie wollen ja, dass Ihre Öffentlichkeitsarbeit von möglichst vielen Multiplikatoren in Anspruch genommen wird.

Zugangsbeschränkungen

Zu überlegen ist, ob Sie den Zugang zum Downloadbereich der Service-Bilder nur gegen ein angefordertes Passwort öffnen. Der Vorteil liegt in der Beschränkung des Nutzerkreises und einer möglichen Erfassung des Nutzerkreises über die Passwortanfragen. Der schwerwiegende Nachteil ist die unfreundliche Barriere der Anfrage und der damit entstehende Zeitaufwand des Zugriffs auf die gewünschten Bilder.

Recherchemöglichkeiten bei älteren Personenfotos einschränken

Eine weitere Überlegung ist bezüglich der Recherchemöglichkeiten anzustellen: Sollen nur aktuelle Fotos zugänglich sein oder wollen Sie Ihren Nutzern erlauben, auch ältere Bilder anzuschauen und herunterzuladen? Letzteres kann zu rechtlichen Problemen führen, wenn der aktuelle Anlass eines Fotos zur Berichterstattung längere Zeit zurückliegt. Siehe hierzu Abschn. 6.10.

Nutzungsbedingungen der User

Sie können Nutzungsbedingungen für Ihre Bilder in Ihren AGB bestimmen und, noch besser, auch in den Metadaten der Bilddateien. Diese werden in den Redaktionen über Bildredaktionssysteme auch wahrgenommen; zumeist über das IPTC-Feld „Caption" oder auch „Beschreibung" genannt.

Zusatzinformationen zur Nutzung in der Bildbeschreibung anzusiedeln, entspricht auch der Verfahrensweise der Bilderdienste der Nachrichtenagenturen. Die Nutzungsbeschränkungen an dieser Stelle sind damit für Redakteure nicht überraschend.

Ein Beispiel für eine in der Caption verfasste Bedingung wäre der Zusatz zur Bildbeschreibung: „Nur zur aktuellen Berichterstattung im Zusammenhang mit unserer Pressemitteilung zur Bilanzpressekonferenz vom 21. Mai 2017. Kein direktes Hochladen der Fotos in soziale Netzwerke."

Ein wichtiger Punkt der Nutzungsbedingungen ist die Nennung von Urheber und Quelle. Die Angaben sollten ebenfalls in der Bilddatei selbst hinterlegt sein. Hierfür ist das IPTC-Feld „Copyright-Hinweis" gedacht.

Löschungspflicht
Zu guter Letzt sollten Ihre Nutzungsbedingungen einen Hinweis zur Löschung der heruntergeladenen Bilddateien nach der Verwendung enthalten. Damit ist eine Archivierung durch die Multiplikatoren Ihrer Öffentlichkeitsarbeit auszuschließen und das Bild kann nicht in einem neuen, vielleicht von Ihnen unerwünschten, Zusammenhang veröffentlicht werden.

6.9.4 Pressemitteilung mit Bild im E-Mail-Versand

Versenden Sie Pressebilder per Mail an Ihre Multiplikatoren, benötigen Sie auch für diese Fotos die urheberrechtliche Nutzungsberechtigung zur Unterlizenzierung.

Sollen Ihre Fotos Beachtung finden, sollten Angaben zur Nutzung und Angaben zur Erstellung der Bildnachweise enthalten sein. Diese Angaben gehören nicht in den Text der Mail, sondern in die IPTC-Felder des Fotos. Redakteure schauen sich Fotos in Redaktionssystemen an, die die Metadaten des Bildes anzeigen. Sind diese nicht vorhanden, landet das Bild meist gleich im Papierkorb.

IPTC-Felder, hier dargestellt im Bildmanagementsystem FotoStation, sind ausgefüllt als Metadaten Bestandteil einer Bilddatei (vgl. Abb. 6.11). Redakteure lesen die Metadaten der Bilder. Aus ihnen können die Nutzungsbedingungen ersehen werden und wie der Bildnachweis zu erbringen ist. Rechtlich auch bedeutsam ist, dass die journalistischen Angaben zum Aufnahmedatum, zum Herausgabedatum des Bildes, zum Aufnahmeort und zu den handelnden Personen (unter Einhaltung der DSGVO)

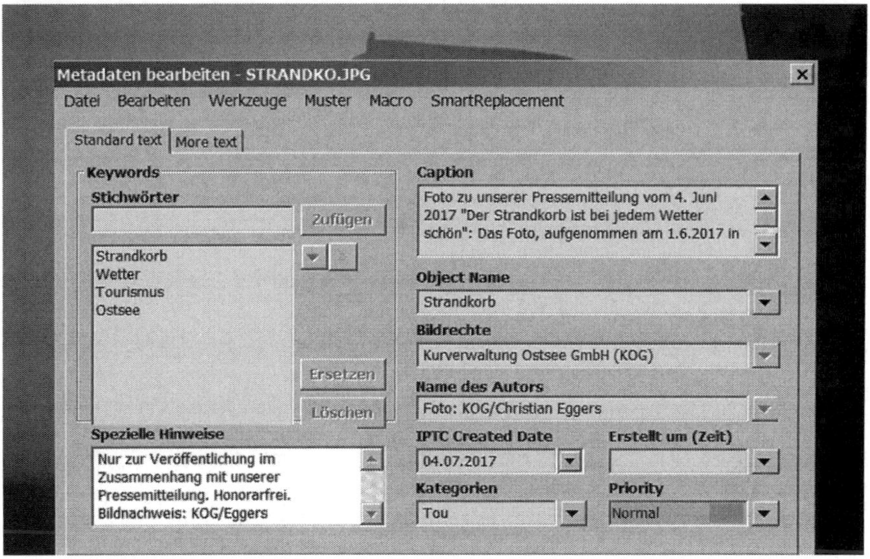

Abb. 6.11 Die IPTC-Felder enthalten die Metadaten des Fotos

in der Bildbeschreibung enthalten sind. Denn so können Sie auch sicher sein, dass Ihr Bild nicht in falschen Zusammenhängen veröffentlicht wird.

6.10 Löschungspflichten von Online-Archivfotos einer Pressestelle

Rechtswidrige Veröffentlichungen lösen eine Löschungspflicht aus. Betreiber von Online-Archiven, in denen personifizierte Altmeldungen abrufbar sind zur Löschung älterer Personenfotos verpflichtet sein, wenn sie ohne einen Erlaubnistatbestand des Art. 6 DSGVO veröffentlicht wurden. Wird eine Einwilligung widerrufen oder läuft die Nutzungsberechtigung bei Model-Verträgen ab, führt natürlich auch dieses zu einer Löschpflicht. Aber auch Fotos, die rechtmäßig auf einer „Interessen-Rechtsgrundlage" eingestellt wurden, müssen überprüft werden, ob das „Veröffentlichungsinteresse" bei länger andauernden Veröffentlichungen von zurückliegenden Ereignissen noch besteht (ausführlich auch Abschn. 5.1.4 und 5.1.5).

Haben Sie Fotos von Ihrer Website gelöscht, bestehen Besonderheiten für die Löschung von Fotos aus den Suchmaschinen-Caches. Denn hier kann der sogenannte Unterlassungsschuldner die Löschungshandlung nicht selber vornehmen.

Löschungspflicht von Personenfotos im Online-Archiv

Zahlreiche Unternehmen und öffentliche Einrichtungen bieten neben ihren aktuellen Mitteilungen die Möglichkeit zur Online-Recherche älterer Beiträge an. Meist werden die Fotos mit Beiträgen unter „Pressearchiv" für die Öffentlichkeit fein sortiert nach Jahren bereitgehalten. Um eventuellen Persönlichkeitsrechtsverletzungen vorzubeugen, haben einige Pressestellen die Praxis eingeführt, Personenfotos und Artikel, in denen Personennamen genannt werden, nach zwei bis drei Jahren aus dem Online-Archiv zu entfernen.

Unproblematisch sind die Fotos, die Sie mit der Einwilligung der abgebildeten Personen in das Online-Archiv eingestellt haben oder die Veröffentlichung auf Grund eines Model-Vertrages gerechtfertigt ist. Bestehen diese Rechtsgrundlagen, sind Sie auch nicht zur Löschung verpflichtet.

Denkbar ist es jedoch, dass Sie abgebildete Personen, beispielsweise als Teilnehmende eines Events, auf der Grundlage des „berechtigten Interesses" (Art. 6 Abs. 1 Buchst. f DSGVO) zur aktuellen Berichterstattung rechtmäßig veröffentlicht haben. Das hierfür erforderliche „berechtigte Interesse" als Kommunikationsrecht (siehe Abschn. 3.1.9) kann jedoch durch „Zeitablauf" verblassen. Damit wären ursprünglich rechtmäßige Veröffentlichungen eines Zeitgeschehens nach einer gewissen Zeit nicht mehr rechtmäßig.[12] Wann dieser Zeitpunkt eintritt, kann nur im Einzelfall ermittelt werden. Je unbedeutender und je lokaler das Ereignis, umso eher erlischt das Informationsinteresse der Allgemeinheit und die abgebildeten Personen haben damit ein „Recht auf Vergessenwerden" (siehe Abschn. 5.1.5).

[12] OLG Hamburg, Urteil v. 07. Juli 2015, Az. 7 U 29/12.

Löschungspflicht des Unterlassungsschuldners des Google-Caches
Sind Sie Ihren Löschungspflichten nachgekommen, sind die auf Ihrer Website gelöschten Fotos dennoch im Internet über Internet-Suchmaschinen auffindbar. So ist der Google-Cache eine Art temporäres Internetarchiv. Suchmaschinen wie Google speichern die in den Suchmaschinenindex aufgenommene URL. Da dieses Abspeichern durch Google immer nur in gewissen Zeiträumen passiert, wird stets die letzte aufgenommene Version von Website-Inhalten im „Gedächtnis" behalten und bei Aufruf durch den Nutzer gezeigt. Ist der Inhalt inzwischen auf einer Website geändert, kann der alte Inhalt im sogenannten Cache immer noch sichtbar sein. Hat der Websitebetreiber die Archivierung der URL unterbunden, was durch Programmierung möglich ist, wird natürlich auch kein Inhalt über den Cache wiedergegeben.

Problematisch ist die Wiedergabe von Fotos im Google-Cache dann, wenn eine Veröffentlichung rechtswidrig ist und der Rechtsverletzer seiner Löschungspflicht nachkommen muss. Trotz der Entfernung des Fotos von seiner Website erscheint es nun doch noch als eine dem Störer oder dem Täter zurechenbare Veröffentlichung in den Suchergebnissen. Dieses kann dann zu einer Vertragsstrafe aus der Unterlassungserklärung der Abmahnung führen, obwohl der zur Löschung Verpflichtete selbst keinen technischen Einfluss auf die Entfernung des Bildes nehmen kann.

Aber was muss der Unterlassungsschuldner tun, damit das betreffende Foto nicht mehr gezeigt wird und er seinen Verpflichtungen nachkommt? Die Rechtsprechung verlangt, dass der Unterlassungsschuldner einen Antrag auf Löschung an den Suchmaschinenbetreiber richtet. Dieser soll dann die Entfernung des beanstandeten Fotos aus dem Cache vornehmen. Damit hat der Schuldner seine Pflichten zur Unterlassung erfüllt. Eine Vertragsstrafe hat auch dann keine Grundlage mehr, wenn das betreffende Foto trotzdem noch wiedergegeben wird.[13]

[13] OLG Celle, Urteil v. 29. Januar 2015, Az. 13 U 58/14; OLG Düsseldorf, Urteil v. 03. September 2015, Az. I-15 U 119/14; OLG Stuttgart, Beschluss v. 10. September 2015, Az. 2 W 40/15.

6.11 Veröffentlichungen im Intranet

Von Intranet wird gesprochen, wenn ein Rechnernetz nicht öffentlich zugänglich ist und es unabhängig vom Internet genutzt werden kann. Das Intranet ist auf eine bestimmte Personengruppe beschränkt. Ein Firmen-Intranet ermöglicht es so, Vorgänge und Kommunikation des Unternehmens vor der Öffentlichkeit zu schützen.

6.11.1 Urheberrechte im Intranet

Werden Fotos im Intranet gezeigt, stellt sich die Frage, ob für diese Handlung die Einwilligung des Urhebers erforderlich ist. Auch wenn nur ein bestimmter Personenkreis Zugriff auf die Bilder hat, handelt es sich dennoch um eine „öffentliche Zugänglichmachung" gemäß § 19a UrhG. Hierfür bedarf es der Einräumung dieses Nutzungsrechtes durch den Urheber.

§ 19a UrhG erfasst auch das Intranet als Wiedergabemedium. § 15 Abs. 3 UrhG stellt den Begriff der Öffentlichkeit klar:

> „Die Wiedergabe ist öffentlich, wenn sie für eine Mehrzahl von Mitgliedern der Öffentlichkeit bestimmt ist. Zur Öffentlichkeit gehört jeder, der nicht mit demjenigen, der das Werk verwertet, oder mit den anderen Personen, denen das Werk in unkörperlicher Form wahrnehmbar oder zugänglich gemacht wird, durch persönliche Beziehungen verbunden ist."

Die Wiedergabe von Fotos in einem größeren Unternehmen, Verein oder einer öffentlichen Einrichtung, in dem keine engeren Bindungen zwischen den Mitarbeitenden bestehen, wird als öffentliche Wiedergabe eingestuft. Damit wären Fotos allein für eine Wiedergabe im Intranet zu lizenzieren. Nach der Rechtsprechung des EuGHs ist die „öffentliche Wiedergabe" auch schon dann gegeben, wenn die Wiedergabe geeignet ist, das wirtschaftliche Ergebnis eines Unternehmens oder einer Organisation zu steigern.[14]

---

[14] Vgl. Wandtke und Bullinger (2014), UrhG, § 15 Rn. 29.

6.11.2 Personenfotos im Intranet

Neben der urheberrechtlichen Berechtigung ein Bild im Intranet eines Unternehmens zu veröffentlichen, ist auch wieder auf die Bildinhalte selbst zu schauen. Befinden sich identifizierbare Personen auf den Fotos, so bedarf es für die „Verarbeitung personenbezogener Daten" einer Rechtsgrundlage gemäß Art. 6 Abs. 1 DSGVO. Mitarbeiterfotos werden gerne zur internen Kommunikation eines Unternehmens in das Intranet eingestellt (siehe auch Abschn. 3.1.11).

Vor Geltung der DSGVO wurde differenziert: Es ist darauf abzustellen, ob eine Veröffentlichung einem unbekannten Kreis von Personen zugänglich ist, oder nur einem kleinen Kreis von Mitarbeitenden, die sich untereinander kennen. Kennen sich die Mitarbeiter nicht persönlich aus der täglichen und engen Zusammenarbeit, tangiert eine Veröffentlichung im Intranet auch die Persönlichkeitsrechte des Arbeitnehmers. Die Einwilligung der Abgebildeten ist dann erforderlich. Kennen sich die Mitarbeitenden persönlich gut, bedurfte es zum Veröffentlichen ihrer Fotos keiner Einwilligung.

Schon vor der Geltung der DSGVO war das Veröffentlichen von Mitarbeiterfotos im Intranet nach Auffassung der Landesdatenschutzbeauftragten nicht ohne Einwilligung der betroffenen Mitarbeitenden möglich. Eine Lösung zur rechtskonformen Einwilligung gemäß § 4a BDSG (alte Fassung) und § 22 KUG bestand darin, dass den Mitarbeitenden lediglich die Möglichkeit angeboten wurde, ihr Bildnis in das Intranet einzustellen und die Mitarbeitenden diese auch selber löschen konnten. In diesem Fall konnte von einer rechtswirksamen Einwilligung der Mitarbeitenden ausgegangen werden. Nach der hier vertretenen Auffassung spricht auch unter Geltung der DSGVO nichts gegen diese Praxis, sofern sie dokumentiert wird und der Nachweis der Einwilligung durch den Arbeitgeber erbracht werden kann. Letzteres erscheint in der Praxis schwierig, wenn keine Dokumente zur Rechtmäßigkeit der Datenverarbeitungen im Netzwerk des Arbeitgebers zu den Veröffentlichungen vorliegen. Letztendlich wird der Arbeitgeber auch in diesen Fällen zu seiner Absicherung auf schriftliche Einwilligungen (siehe Abschn. 3.1.11) zurückgreifen müssen.

6.12 Vor der Druckfreigabe

Bevor eine Produktion gegenüber der Druckerei als druckreif erklärt wird, sollte die Redaktion nochmals die Auflagenhöhe erfragen. Denn diese kann sich im Laufe einer Produktion ändern, z. B. dann, wenn die Anzeigenabteilung des Verlages inzwischen eine größere Verbreitung akquiriert hat. Bei Fotos, deren Vergütung sich nach der Auflagenhöhe richtet, könnte dann eine Nachlizenzierung notwendig werden.

Im Bereich der hochwertigen Bildveröffentlichungen, wie z. B. Fotokalender und Bildbände, ist auf die ursprüngliche Farbwiedergabe der Fotos zu achten. Denn der Urheber hat hier meist ein Interesse und ein Urheberpersönlichkeitsrecht zur unveränderten Wiedergabe seiner Bilder.

Zu empfehlen ist vor der Druckfreigabe ein Prüfdruck einzelner repräsentativer Seiten. Diese können dann vom Autor als „Gut zum Druck" autorisiert werden.

Ihr Transfer in die Praxis

Bevor Sie Fotos oder Videos in soziale Netzwerke hochladen, ist stets zu klären, ob Sie urheberrechtlich dazu berechtigt sind. Denn mit dem Posten räumen Sie dem jeweiligen Netzwerk Nutzungsrechte an den hochgeladenen Inhalten ein. Hierfür bedarf es einer „Social Media Lizenz".

Linksetzungen auf fremde Inhalte sind urheberrechtlich dann erlaubt, wenn die zu verlinkenden Inhalte auch rechtmäßig vom Berechtigten veröffentlicht wurden. Zu bedenken ist, dass unabhängig von der urheberrechtlichen Seite auch die Bildinhalte selbst durch Ihre Linksetzungen verbreitet werden und somit z. B. bei Personenfotos wiederum eine Berechtigung dafür bestehen muss.

Soll ein Online-Archiv einer Pressestelle der Presse zugänglich sein, sollten Sie Rechte und Pflichten der Nutzer mittels eigener Allgemeiner Geschäftsbedingungen (AGB) regeln. Weiter benötigen Sie für das Bereitstellen von Personenfotos eine Rechtsgrundlage gemäß der DSGVO und die Zustimmung der Urheber, die fremden Werke Dritten zur Nutzung zu überlassen.

Literatur

Wandtke, Arthur-Axel; Bullinger, Winfried, Praxiskommentar zum Urheberrecht, C. H. Beck, 2014, München.

FSC
www.fsc.org
MIX
Papier aus verantwortungsvollen Quellen
Paper from responsible sources
FSC® C141904

Druck:
Customized Business Services GmbH
im Auftrag der KNV-Gruppe
Ferdinand-Jühlke-Str. 7
99095 Erfurt